성인언어

성인언어

— 정치적 올바름과 정체성 정치 비판

로베르트 팔러
이은지 옮김

도서출판 b

| 일러두기 |

1. 이 책은 Robert Pfaller의 *Erwachsenensprache*(S. Fischer, 2018)를 옮긴 것이다.
2. 주요 인명은 처음 1회에 한하여 원어를 병기하였다.
3. 원서의 주(註)는 모두 미주로, 번역도 이에 따랐다. 본문에 있는 모든 각주는 독자의 이해를 돕고자 역자가 덧붙인 역주이다.
4. 본문에 소개되는 책은 『 』으로, 논문은 「 」으로, 영화, 예술작품, 잡지, 음반은 < >으로, 인용문은 " "로, 강조 문구는 ' '로 표시했다.

"언어는 외교관의 속내[…]를 감추기 위해 존재한다는 탈레랑[1]의 말은 매번 다시금 인용된다. 하지만 정확히 말하면 이와 정반대되는 주장이 참이다. 어떤 사람이 남에게서든 자기에게서든 의도적으로 감추고자 하는 것은 그가 무의식적으로 자기 안으로 받아들인 것이다. 언어는 그것을 밝은 곳으로 가져간다."

— 빅토르 클렘퍼러Victor Klemperer(1985: 16)[2]

"갓난아이의 웃음이 꾸밈없다고 가정하는 것은 너무 성급하지 않을까?"

— 루드비히 비트겐슈타인Ludwig Wittgenstein(1980: 141)[3]

"그리고 모두가 자신의 험한 말을 주워 삼킨다면, 적이 저기 있는데 그에 대해 말하거나 분노하지 않고 그저 그를 죽이거나 내가 죽임당한다면, 세상이 얼마나 아름다울까. 그러면 적은 그저 내 아내를 범하거나, 내 고기[식량]를 먹거나, 내 뼈를 분지르고자 할 뿐, 그 이상을 원하지는 않는다. 혹은 적어도 그런 인상을 주지는 않을 것이다. 그런 점에서 우리는 젊고 강하며, 어떠한 갈채도 없이 그저 [칼로] 찌르고 죽인다. 그리고 너의 말은 나에게 암을 유발할 수 없다. 나는 단순하게 그리고 분노하지 않고 죽임 당했기에 죽을 뿐이다. 왜냐하면 내가 그저 길을 막았거나 [너에 비해서] 잘 먹었기 때문이다."

— 오스발트 비너Oswald Wiener([1969]: LXII)[4]

● ● ●

[1] 역주. 18~19세기 프랑스의 외교관으로 뛰어난 외교술을 발휘하였다.
[2] 역주. 독일의 문헌학자이자, 나치가 그들의 이데올로기를 확산시키고자 일상 언어를 통제하는 과정을 다룬 『제3 제국의 언어(LTI: Lingua Tertii Imperii)』의 저자이다.
[3] 역주. 분석철학의 대가. 『논리철학논고』와 『철학적 탐구』의 집필로 빈 학단과 일상언어학파의 시조가 되었다.
[4] 역주. 오스트리아의 작가이자 비너 그룹(Wiener Group)의 리더. 비너 그룹은 상황주의자들과 함께 유럽의 포스트모더니즘을 선도했다.

| 차 례 |

서문

    아래 사유의 출발점을 제공하는 것은 [1장에 소개할] (2016년 11월 대선이 있기 전에 겪은) 미국행 비행기에서의 경험이다. 이른바 '성인 언어'를 경고하는 사례는, 성숙한 성인을 더 이상 당연한 것으로 여길 수 없는 사회가 전개되고 있음을 상징적으로 보여준다. 일견 개인적인 삶과 관련된 것처럼 보이는 이러한 변화는 인간의 사회적 공동생활과 정치적 능력에 심각한 영향을 끼치는 결과를 초래한다. 성숙과 이에 따르는 것들을 기준으로 삼지 않고, 다양한 감수성과 출신 혹은 그 밖의 성향들을 공공연한 기준으로 삼게 된다면, 이는 단순히 신자유주의적 재분배로 수혜를 입은 자들이 (신자유주의적 재분배 안에서) 손해를 본 사람들을 지극히 사소한, 그리고 서로 경쟁하거나 적대하는 하위 그룹으로 잘게 쪼개는 데 성공했다는 것만을 뜻하지 않는다. 오히려 이는 그전까지는 충분히 연대할 수 있었을 대중을 분쇄하는 데도 성공하여, 그들이 그 모든 차이에도 불구하고 타협하여 함께 잘 살아갈 수 있을지, 또한 그들이 숱한 불평등을 과연 참아낼 수 있을지, 심지어는 이 모든 갈등하는 이해관계에서 도대체 무엇이 구성원들에게 이득이 될지를 따져 묻게 되는 것을 뜻한다.

오늘날 서구사회에서는 미국 대통령 선거 당시에 분명하게 드러난 것과 비슷한 모습이 도처에서 나타나고 있다. 즉 거의 모든 국가에서 정치적 대안은 다음의 두 선택지로 쪼그라들고 있다. 하나는 신자유주의적 자유무역정치와 긴축정책을 계속 유지하는 것이다. 이는 자국민뿐 아니라 멀리 떨어진 나라들까지도 궁핍으로 몰아넣으면서 이 모든 것을 감수성이 민감한 사람이나 부당한 차별을 받는 사람을 배려하는, 겉보기에만 헤빙직인 — 대부분 언어 영역에 한정된 — 미시정치들로 위장한다. 다른 하나는 다소 극단적인 우파 정치로서, 위와 같은 배려에 기꺼이 또 천박하게 야유를 보내며, 또한 그런 배려 대신에 사람들의 실제적이거나 망상적인 근심에 할 수 있는 대로 노골적인 이름을 갖다 붙인다. 자유무역을 아주 약간 억제하는 대신 금융시장을 그 이상으로 풀어주어, 적어도 최상위 부자들이 더 많은 이득을 얻도록 돕는데 앞의 경쟁자[미시정치와 그 복무자]와 거의 동일한 수준으로 기여한다. 특이한 것은, 궁극적으로 보면 서로 매우 비슷한 이 선택지들이, 어떠한 타협도 불가능한 두 개의 전혀 다른 세계인 양 문화적으로 서로 엇갈리고 있다는 것이다. 그리하여 예컨대 도널드 트럼프Donald Trump의 경쟁자들은 그 후보자[트럼프]를 비난하게 만들었던 것들, 가령 파렴치함, 여성이나 특정 민족을 향한 혐오 발언, 혹은 진실을 부주의하게 다루는 것 등이 추종자들의 눈에는 결함이기는커녕 오히려 후보자를 지지하는 근거가 되었다는 데 경악하게 되는 것이다.

이러한 다소 피상적인 정치적 대안들과, 이 대안들을 특징짓는 의사소통 문제 및 언어 혼란에 관하여, 이 책은 '성숙'이라는 특정한 태도를 제안함으로써 해결책을 제시할 것이다. 성숙이란 살면서 겪는 불쾌하거나 해로운 일과 이로 인해 불가피하게 뒤따르는 현상으로부터 그것을 견뎌내거나 극복할 수 있는 고유한 가능성을 발견하는 것이다. 오로지 이런 방식을 통해서만 그 해악들 가운데 공적인 차원[시민의 영역]에서 극복해야 하는 것들과 정치에 책임을 돌려야 하는 것들을 분간해낼 수 있다.

지난 수십 년 동안 유사[사이비]정치는 그 사이의 경계를 꾸준히 지워왔으며, 정치적 사안보다는 특별히 성인이 온전히 자기 스스로 다룰 수 있는 것들을 취급해왔다. 유사정치는 사람들의 감수성을 고취함으로써 그들을 오히려 어린애로 만들어버렸다. 이를 통해 사람들의 연대는 도리어 해체되고 말았다. 성인이 그러하듯이 보편적인 것을 주목하고 통합하는 대신에, 감수성이 예민하게 된 사람들은 자기만의 걱정거리를 특별하게 다루거나 과대평가하는 경향이 있다.

이러한 배경에서 다시 성인이 되고 성인에 걸맞게 말하기 시작하는 것은 결코 쉬운 일이 아니다. 인종차별 반대나 성차별 반대, 혹은 모든 종류의 소수자를 위한 할당제를 마련하는 등 그 자체로는 중요하게 여겨지는 많은 정당한 실천들이, 이러한 실천을 신자유주의적 정치 내부에 종속시키는 음험한 작용을 통하여, 좋은 동기임에도 좋지 않은 평판을 받게 된다. 그러한 실천의 언어들은 당장 듣기에는 어렵지 않게 수용될 만한 것들이지만, 더 이상 진보적인 호소가 아니라 단지 사회의 아래쪽 절반을 더욱 분열시키는 데 적합한 것으로 보인다. 가령 오늘날 '인종차별 반대'를 외치는 사람은 보편타당한 휴머니즘적 이상의 가치로 이해받기를 더는 기대할 수 없다. 오히려 그는 도심의 교외나 농촌 지역에서 불안정하게 살아가는 주민들을 탈계급화하려고 시도하여, 종국에는 저 휴머니즘적 이상이라는 특출한 자본마저 그들로부터 빼앗아가려는 사람으로 간주되어야 한다.

우선 언어에서의 성숙이란 이러한 모호함을 인지할 수 있다는 것을 뜻한다. 즉 어린애처럼 좋은 생각만을 고집하기보다는 자신으로부터 [객관적인] 거리를 확보하여, 다른 사람이 정말로 생각하고 있는 것을 성인 자신이 생각하고 있는 것과 동일한 수준으로 고려하는 것이다. 그 밖에도 성숙은 앞서 표현하였듯이 삶의 불가피한 해악들에 맞서는 저항력을 키우는 것으로서, 이 또한 성인언어의 특징이다. 때때로 우리는 유일한 선인善人으로서 다른 사람들과 연대하여 서 있기 위해 조금은 불쾌하게 말하는 것을 감수하게 된다(이러한 태도는 특별히 신자유주의적이고 포스트모던한 언어를 고려하기 위한 것으로 '비판적 선함critical goodness'이라고 명명할 수도 있다). 또한 우리는 불쾌하게 하는 언어로 다른 사람을 즉시 낙인찍지 않기 위해 우리의 감수성을 제어할 필요가 있다. 그럴 때 우리는 언어란 언제나 특정한 분열을 드러내고 있음을 알아차릴 뿐만 아니라, 단어[그 자체가 좋고 나쁘냐]가 아니라 오히려 단어와 어떻게 관계 맺느냐가 [좋은] 언어를 특징짓는다는 것을 알아차릴 수 있다.

　이러한 상호적인 분열을 인지함으로써만 비로소 우리는 자신을 다른 사람들과 즉각 분리시키거나 우리의 잘못 추정된 원인에 근거해 잘못된 반대 근거를 제시하지 않고 다른 사람들과 대화할 수 있다. 성인언어만이 연대의 언어와 행동을 가능하게 한다. 평등이 불가능한 것이 아닌 사회에서 말이다.

1. 성인언어

성인은 조심하세요!

최근에 나는 암스테르담에서 미국으로 가는 비행기를 탄 적이 있다. 유럽 정기항로로 운항하는 이 기체가 아직 유럽 영토에 머무르고 있을 때 나는 비디오 모니터를 통해 미하엘 하네케Michael Haneke의 영화 <아무르 Amour>를 감상하려고 했다. 2012년 칸 영화제에서 황금종려상을 수상한, 엠마누엘 리바Emmanuelle Riva와 장─루이 트린티냥Jean-Louis Trintignant이 노부부로 분하여 부인의 뇌출혈 이후의 고통을 그려낸 그 영화 말이다. 그런데 영화가 시작하기 전 다음과 같은 안내문이 고지되었다. 이 영화에는 아마도 당신의 기분을 해칠 수도 있을 'adult language', 즉 성인언어가 나올 수 있으니 주의하라는 것이다. 나는 충격을 받았다.

무엇보다도 <아무르>는 포르노나 성적인 측면이 강조된 영화가 아니다. 이는 두 노인 사이의 절망적이고 헌신적인 사랑에 관한 영화다. 그럼에도 나는 경고를 받아야 했을까? 그렇다면 그런 경고문 없이 볼 수 있는 영화가 있기는 한 것일까? 그뿐만 아니라 중요한 것은 이것이 관객층이 점차 줄어들어서 이제 더 이상 이전처럼 많이 제작되지 않는 고전적 양식의 예술작품이자, 작가영화라는 사실이다. 따라서 <아무르>의 관객은 일반적으로 무엇을 보게 될지 알고 있을 것이다. 하지만 설혹 이를 몰랐거나 어떤 착오로 인해 연애의 갈등을 다룬 모험영화나 섹시 코미디, 혹은 포르노를 기대한 사람이 있다면, 그는 정말로 경고를 받았어야 했을까?

앞서 말했듯이, 서로 다른 문화의 경계를 넘어가고 있다는 점이 나의 당혹감을 고조시켰다. 나는 어딘지 둔감한 유럽적인 문화에서 널리 알려진 것처럼 민감한 미국의 문화로 막 옮겨가는 중이었다. 그리고 확실히 유럽 항로는 일종의 선취 내지 앞지른 순종의 일환으로, 혹은 미국 영토 내에서 미국 승객이 벌일 수도 있을 법적 소송을 예방하고자, 아직 유럽에 있으면서도 미국의 규준을 적용하고 있었다. 이에 나는 다소 빈정이 상했다. 그렇다면 나는 이제까지 유럽에 사는 유럽인으로서 나를 신뢰하고 또 나를 통해 유지되는 문화적 전제와 놀이 규칙을 따라주기를 요구받았던가? 여기서 나는 극도로 청교도적인 미국에 맞춰주어야만 하는가?

다른 한편으로, 여기서 내가 횡단하는 것은 문화의 경계보다는 시간의 경계에 좀 더 가깝다. 오늘날 미국에서는 이미 벌어지고 있지만 유럽에서는 여전히 기이하게 여겨지는 것들 — 예컨대 금연이나, 피부색이나 여러 자질구레한 문법에 대한 증폭된 관심 — 은 아마도 가까운 장래에 유럽에서도 보편적인 규범이 되어 있을 것이다. 그렇게 된다면 나는 물론 그 사안에 더욱 분노할 것이다. 내가 생각하기에 미국인이나 최소한 미국적인 분위기를 주도하는 대부분의 인사들은 자신들의 개성에 아주 깊이 몰두하고 있는 게 분명하다. 그러나 그것을 우리에게까지 강요해서는 안 된다. (물론 유럽에도 동일한 것을 추구하는 사람들이 있다는 것을 언급해두어야겠다.)

하지만 여기서 가장 내 마음에 들지 않는 것은 무엇인가? 나는 꼭 필요하지는 않은 경고를 종종 받지는 않는가? 이러한 종류의 경고의 특성은 무엇인가? 여기서 가장 먼저 알게 되는 것은 내가 **성인으로서**[성인임에도 불구하고] 성인언어에 대해 경고받았다는 것이다. 이 영화가 18세 이상 관람가라는 것은 전혀 언급되지 않는다. (어차피 <아무르>는 십대 청소년이 보고 싶어 할 만한 영화가 아니다.) 말하자면 모든 성인이 성숙하게 처신하지는 못한다는 것, 마음에 들지 않는 언어가 나오는 영화를 비판적으로 판단하거나 혹은 [자율적 판단으로] 화면을 켜고 끌 만한 역량이 부족할 수도 있다는 판단이 당연시되는 것이다. 이것을 나는 오늘날의 문화적 현상이나 징후를 보여주는 새로움 내지는 수상쩍음으로 여긴다. 즉 성인이 성인답게 행동하는 것이 충분히 어려울 수도 있으며, 성인으로서 마땅히 짊어져야 할 책임감이 더 이상 모든 성인에게 강요되어서는 안 된다는 명백한 전제가 있는 것이다.

아무려나 좋다. 나는 운 좋게도 책임감이 있고, 나만큼 책임감이 있지는 않은 다른 이들을 위해 여기서 무언가를 시도하려고 한다. 왜 이것이 나를 그토록 분개하게 하는가? 생각건대, 나의 분노는 이 상명하복의 섬세함(왜냐하면 여기서의 권위는 상사가 예민하게 부하의 눈치를 봐야 하는 식의 권위이기 때문이다)이 모욕적으로 여겨지는 데서 연유한다. 그렇다면 이는 왜 모욕적인가? 왜냐하면 이는 특권화된 서구 자본주의 국가들의 문화권에서 바로 지금, 혹은 지난 이삼십 년간 현저하게 가혹해진 [부자는 더욱 부유해지고, 가난한 자는 더욱 가난해지는 극심한 빈부격차의] 사회적 상황과는 의심스러우리만치 대조적이기 때문이다. 여기서 사람들은 겉으로만 사람들을 배려할 뿐이고, 언어적 측면을 제외한 나머지 면에서는 조금도 그들을 배려하지 않는다. 그리고 아마도 그들에게는 전자보다 후자가 더 유용할 것이다.

가혹해진 상황

우리가 덜 야만적이면 좋겠지만,

상황이 꼭 그렇지마운 않다

— 브레히트Bertolt Brecht, 『인간의 처지의 불확실성에 관하여』

내 눈앞에 보이는 것은 모두가 아는 것이지만 누구도 전체적으로 조망해본 적은 없는 것이다.[1] 신자유주의적 긴축정책은 최근 몇 년간 부유한 서구 국가들을 붕괴시켰을 뿐 아니라 수백만 명의 유럽 사람들을 실직 상태와 가난으로 몰아넣었다. 또한 지금까지 문명화된 기준과 형식을 충족시킨 노동과 좋은 삶에 있어서 당연하게 여겼던 것들, 즉 공공재에 속했던 많은 것들을 파괴했다. 기차는 갑자기 갈팡질팡 달리고, 연금기금은 투기의 대상이 되고, 건강과 교육은 비합리적인 비용 절감의 압력에 속수무책으로 무너지고, 노동은 빌어먹을 [함량 미달의] 일자리 Job로 변질되고, 상품은 계산된 짧은 수명 덕분에 빨리 망가지거나 사용자 인터페이스가 자주 갱신되어 다루기 어렵게 되고, 시민의 권리는 (심지어 때로 친숙하기까지 한) 비밀정보기관의 감독 아래에서 그 형식을 잃고, 인간의 기본권(예컨대 식수의 공급과 같은)이 논의의 대상이 되고, 민주적 자치는 자유무역협정을 위해 희생당하고, 대학은 과도한 규정으로 스트레스를 주는 교육기관이 되어 사람들에게 학점과 졸업장과 여러 지표 등 관료적으로 표현되는 것들을 수행하도록 지시한다.

미국이 주도하는 이러한 정치는 또한 극도로 공격적이다. 미국과 나토NATO 안팎에서 미국과 함께 하는 여러 동맹들은 명백히 세속화된 방식으로 이라크, 리비아, 시리아와 같은 아랍 국가들을 '인도주의적 전쟁'과 '정권 교체'를 빌미 삼아 차례차례 군사적으로 공격하였다.[2] 특별히 독일 기본법의 관점에서는 [전쟁 참여의 명분 자체에는 문제가 없으니까] 그저 현재 독일 연방군이 병력을 투입한 전장의 숫자만이 놀라움의 대상일지도 모르겠다.[3] 이러한 전쟁행위는 처음에는 대부분 그곳에 민주주의를 정착시킨다는 구실로 정당화되지만, 번번이 민주주의와 전혀 무관한 상황을 만들어놓았다. 전쟁 대신 서구의 '민주적인' 개입이 이루어진 장소에서는 영구적인 내전 상태인 '파탄 국가'만이 발생한다.[4] 여기서 냉전 종식 이후 식민주의의 새로운 유형이 명백하게 나타난다. 냉전 시기에 거대 경제블록인 나토와 바르샤바 협정은 착취 지역에 어느 정도라도 기능하는, 대부분 독재적이나마 연합된 속국을 건립하는 데 관심을 가진 반면, 가능한 한 독자적으로 지배하는 '자유' 서방은 여전히 국가로서의 어떠한 지위도 작동하지 않는 지역을 생산한다. 그랬을 때 서구의 민영회사들이 다양한 토착 갱단들과 더불어 명백히 더 좋은 돈벌이가 되는 원료 거래를 계약할 수 있기 때문이다.[5] 이는 고전적인 식민주의에 비해서 '포스트 식민주의'가 갖는 가혹한 형식으로 판단된다.

궁극적으로 이러한 이미지는 세계에서 가장 부유하고 강대한 국가가 자국민을 어떻게 다루는지에 대한 통찰을 통해 보완된다. 2차 세계대전 직후 미국이 소비사회에 대한 희망을 여전히 견인할 것으로 여기면서 모두 혹은 적어도 다수를 위한 번영을 약속하고, 이를 가까운 장래에 타국 사람들에게도 약속할 것처럼 보였다면, 이 약속은 냉전 종식 직후에는 아무 소용이 없게 된 것처럼 보인다. 2015년 43,100,000명의 미국인이 빈곤선 이하의 삶을 살고 있고, 이는 [전체 인구의] 13.5%에 해당한다.[6]

이와 더불어 세이셸 군도 바로 뒤에 있는 이 나라는[1] 가장 높은 체포율을 자랑한다. 미국 시민 100,000명 중 대략 700명이 감옥에 갇혀야 하는 것이다. 이는 2백만 명 이상이라는 총계에 이른다.[7] 2017년 초 대통령직에서 물러난 오바마는 이러한 상황을 선언적이고 법률적인 논고에서 정확히 다음과 같이 언급하였다.

> 우리는 구금에 연간 800억 달러를 지출하게 할 수는 없다. 전체 성인의 거의 3분의 1에 해당하는 7,000만 명의 미국인들의 범죄 기록을 없던 것으로 할 수는 없다. 60만 명의 수감자를 사회에 재편입시키기 위한 더 나은 프로그램 없이 매년 석방시킬 수는 없다. 혹은 지금 이 순간 미국 교도소에 있는 220만 명의 사람들과 더불어 매년 미국 교도소에 수감되거나 거기서 석방되는 1,100만 명의 남녀의 인간성을 간과하게 할 수는 없다. 그 밖에도 우리는 여전히 많은 미국인을 통해 사법 체계 인식에 불평등을 초래하는 인종차별의 유산을 부정할 수 없다.[8]

대단히 신중하게 표현된 마지막 문장은 단지 미국 교도소 내의 높은 흑인 비율만을 가리키지 않는다. 최근 몇 년간 비무장 흑인들이 경찰 검문 중에 목숨을 잃는 상황이 눈에 띄게 많아진 것 또한 암시하는 듯하다.

(그 밖에 이러한 상황에서 당사자에게 적절한 명칭에 대해 고민하는

---

[1] 역주. 아프리카 동쪽 인도양에 위치한 세이셸 군도는 지상 낙원으로 불릴 정도로 아름다운 경관으로 세계자연유산에 등재되어 있으며 세계 유명 인사들의 휴양지로 사랑받는 곳이다. 세이셸 군도는 위치상 미국의 반대편에 자리하고 있다. 저자는 미국의 참상을 극대화하기 위해 이와 같이 설명하고 있는 것으로 보인다.

것이 얼마나 이상하고 우스운지가 명확히 드러난다. 여기서의 고민은 결국 당사자의 고민이 아니다. 이 위생적인[차별이나 혐오와 같은 해로운 요소가 완전히 멸균된] 표현을 향한 노력은 그 표현이 가리키는 집단으로 부터 유래하지 않는데, 그들은 전혀 다른 고민을 갖고 있기 때문이다. 그들이 자신들의 것이 아닌 이 고민을 통해 돌봄을 받는다고 느낄지는 의문이다.)[9] 물론 유럽의 가장 부유한 국가들은 그처럼 상당수의 불명예 스러운 통계에 있어서 그들의 위대한 모범[미국]에 크게 뒤지지 않는다. 유럽연합 내에서 가장 부유한 국가인 독일에서는 인구의 15%가 빈곤하 게 살고 있으며, 어린아이의 5분의 1[이 처한 어려운 상황][10]은 최근 수십 년간의 사회적 발전에 대해 유사하게 의미 있는 빛을 던져준다.

서구와 서구의 지배를 받은 세계에서 냉전 이후 실현 가능하게 되었던 — 그들의 입장에서는 조야한 — 발전은 이처럼 지극히 간결하고 조잡 하게 요약될 수 있다. 절망하지 않되 가능한 한 단호하게 우리는 오늘날 이른바 신자유주의가 불러일으킨 영향을 유념해야만 한다. 서구 자본주 의 세계의 주요 권력은 단지 자신들의 헤게모니 아래에 있는 다른 나라들 에 좀 늦어질지라도 부유하게 될 것을 요구하기만 한 것이 아니다. 심지어 그들은 매번 각 나라에 부의 성장 과정에서 '엘리베이터 효과'의 도움으로 빈곤층 또한 계급이 상승하게 될 것을 약속했다. 경제학자 사이먼 쿠즈네츠Simon Kuznets의 '곡선'은 이를 냉전 시절 희망적으로 예언한 바 있다. "성장은 모든 보트를 들어 올리는 파도와 같다."[11] 처음에 는 이것이 사실로 입증된 것처럼 보였다. 실제로 2차 세계대전 이후 첫 십 년간 자본주의 국가의 비약적인 경제 성장은 사회적 불평등을 눈에 띄게 줄여주었다. 따라서 인구의 가장 부유한 상위 10%의 소득은 국가 소득의 30~35%를 넘지 않았다. 그러나 1970년대 이후로 이는 다시 엇갈린다.[12] 21세기 초반에 사회적 불평등은 1920년대의 규모로 늘어났다. 이제 상위 10%는 다시금 국가총소득의 45~50%를 벌어들인다.[13] 탈산업화와 사회 복지 축소로 인해 실업자와 비정규직은 더 이상 빈곤의 곡선에서만 발견되지 않는다. 경제가 성장할 때마저도 더 이상 일자리가 추가로 만들어지지 않는다. '이른바 세계화는 최초에 일어났던 희망과는 달리 특권화된 사회의 특권화된 부분에만 도움이 된다는 것이 점점 더 분명해지고 있다.[14] 저개발국가원조기구 옥스팜Oxfam이 2017년 1월 발표한 보고에 따르면 8개 국가가 50% 정도의 극빈층을 소유하고 있다. 그들의 지분은 세계 전체 부의 0.2%에 불과하다. 세계 인구의 가장 부유한 [상위 1%]는 세계 전체 부의 50.8%를, 즉 인구의 나머지 99%가 가진 것보다 훨씬 많이 가지고 있다.[15]

세계는 알랭 바디우가 일목요연하게 요약하였듯이 크게 세 부분으로 쪼개진다. 가장 부유한 10%가 가용 자원의 86%를 소유한다. 전 세계 인구의 40%에 해당하는, 거의 압도적으로 서구 출신인 중산층은 14%를 소유한다. 나머지 50%는 거의 아무것도 소유하지 않는다. (s. Badiou 2016: 31)

잔혹한 현실, 섬세한 정치

한편으로는 비행기에서 내가 경험한 개인적인 에피소드가, 다른 한편으로는 사회 복지와 풍족한 삶을 신자유주의가 파괴하고 불평등을 강화하는 전반적인 실태가 동시에 관찰된다. 우리가 살고 있는 세계는 사람들을 가난이 당연시되고 가망 없는 상태로 점점 더 세게 몰아붙이는 동시에 성인에게 성인언어를 주의하라고 경고한다. 전자와 후자는 명백히 서로 연관되어 있다. 전자와 후자 모두 동일한 힘에 의해 가속화되기 때문이다.

동일한 이유에서 미국과 그 동맹들은 세계를 의심스러운 전쟁과 반란과 내전으로 덧씌우고, 평화롭게 남아 있는 부분은 긴축정책을 통해 빈곤으로 몰아넣을 뿐 아니라, 세계를 위생적이고 무해無害한 언어의 이데올로기로 뒤덮는다. 따라서 낸시 프레이저의 '전진하는 신자유주의'는 일견 해방적이고 진보적이지만 세계의 착취를 심화시키는 관심사의 연합에 꼭 들어맞는 개념으로 여겨진다.[16] 성인은 성인언어에 대해, 불쾌한 농담에 대해, 모욕적으로 느껴질 수도 있는 사실적인 논증에 대해, 담배문화와 의견 불일치에 대해 주의받고, 하이힐 혹은 스커트와 블라우스에 대해 충고받고, 중성적인 헐렁한 옷을,[17] 성별에 걸맞은 직업명을, 성별에 적합한 언어를, 세 번째 화장실 문을 만들거나 두 번째 문을 폐쇄하라고 권장받고, 사람이 뒤따라 들어오는 문 앞에서 향수를 사용하거나 경멸적인 용어를 쓰거나 정중하거나 비난하는 제스처를 사용하는 것을 금지당한다.

서구와 그 밖의 나라들이 2차 세계대전 이후 미국으로부터 섹스와 마약과 록앤드롤뿐만 아니라 복지 및 보편적 자유를 단호히 요구할 것을 배웠다면, 이제 그들은 도처에 확산된 예민함으로 인해 그러한 요구를 제발 좀 줄이라는 것[새로운 요구]을 경악 속에서 경험하였다. 일반적으로 존재했던 복지에 대한 신자유주의의 공격을 포스트모더니즘이 이데올로기적 프롬프터prompter[배우에게 대사를 알려주는 도우미]로서 도우러 갔다. 왜냐하면 포스트모더니즘은, 오늘날 우리가 알아차릴 수밖에 없듯이, 신자유주의의 이데올로기에 다름 아니기 때문이다.

'백인 앵글로색슨 프로테스탄트 남성'[와스프WASP]의 업적에 잠깐이나마 여성을 비롯하여 전 세계의 다양한 인종, 종교 혹은 비종교, 성별 혹은 하위문화 집단들도 곧장 접근 가능할 것처럼 보였었다면, 이제는 새로운 바람이 불기 시작했다. 대부분의 복지와 장래 전망은 다시 눈에 띠게 형편없어졌다. 동시에 이제 사람들은 소위 '백인' 보편성을 요구하는 대신에 그들 고유의 것 — 이른바 그들의 '정체성'을 자각할 때 일이 가장 잘 풀릴 것이라고 믿게 되었다.[18] 주요 자본주의 국가들과 그 엘리트들의 헤게모니는 따라서 '부정적인 헤게모니'로 탈바꿈하였다.[19] 기득권 엘리트들은 차별받는 계급과 지역에 '얼른 너희도 우리와 같은 것을 가져!'라고 소리친다. '포스트 식민' 지역의 특권적 대표자들의 도움을 받아 '너희들 자신의 것에 머물러라!' '너 자신이 되어라!' 하고 의미심장하게 속삭이는 것과는 다르게 말이다. 첨예화된 약탈은 그전까지의 착취와 같이 전리품에 대한 장래의 몫을 기대하게 함으로써가 아니라, 오히려 전리품을 현명하게 포기할 것을 호소함으로써 정당화되었다. 신자유주의적 이윤의 포도가 대다수에게 너무 높이 매달려 있어서, 포스트모던한 여우는 그것이 근본적으로 시다고 선언하였다.

모더니즘이 평등의 정치적 의무를 졌었다면, 포스트모더니즘은 불평등, 정체성 그리고 '다양성'의 정치를 통해 두각을 드러냈다.[20] 사회적 부의 확실한 부분에 대한 요구는 더 이상 충족될 수 없게 되었을 뿐 아니라, 다만 특수한 감수성에 대한 진부하고 상징적인 인정만이 일어난다. 아무도 더 이상 앞을 향해, 더 나은 장래로 시선을 향하지 않았기에, 이제는 다수가 뒤를 향해, 자신들의 출신이나 소위 정체성에 시선을 돌리도록 고무되었다. 그리고 선두에는 어떠한 전망도 주어지지 않은 것처럼 보였다. 치솟는 실업률과 줄어드는 소득을 고려했을 때 물질적인 전망이나, 사회의 총체적 서사라는 형상으로서 관념적인 전망 그 어떤 것도 말이다. 왜냐하면 낯선 국가들의 폭증을 인도주의적인 의무로 정당화하는 것이 결코 관건이 아니라면, 이제 관건이 되는 것은 포스트모던적 방식으로 지치지 않고 평등에 대한 모든 보편적인 요구를 늙거나 죽은 백인 남성의 특정한 발명품으로 폄하하는 백인 남성들 자신이기 때문이다.

신자유주의적이고 포스트모던한 다양성 정치가 진정으로 공격하는 것: 시민성의 원리

그러나 이와 더불어 위험에 처해 있는 것은 특별히 백인 남성에게 속해 있던 것이 아니다. 포스트모던 이데올로기가 신자유주의적 재분배의 작동 하에 '백인 남성 이성애적'인 것으로 낙인찍은 것은 실제로는 시민 혁명의 결정적인 성과, 즉 성숙한 시민의식의 원리였다. 특히 영국과 프랑스에서 승리를 거둔 부르주아지는 역사상 최초의 사회적인 계급으로서, 스스로를 단지 특수한 계급이 아니라 오히려 다른 모든 이들이 출신과 소속에 상관없이 접근 가능한 보편적인 계급으로 간주하였다. 칼 마르크스Karl Marx와 프리드리히 엥겔스Friedrich Engels는 시민 계급의 이러한 '동일시하는' 원동력을 국제적인 관계에서 다음과 같이 신랄하게 묘사하였다.

> 부르주아지는 모든 생산도구의 신속한 개선과 대단히 편리해진 교통수단을 통해 가장 야만적인 국가들을 포함한 모든 곳을 문명화한다. 그들이 만든 상품의 저렴한 가격은 중국의 성벽[만리장성]을 모조리 쳐부수고, 야만인의 완고한 외국인 혐오를 항복시키는 무거운 대포다. 그들은 모든 국가로 하여금 망하고 싶지 않으면 부르주아지의 생산양식을 습득하라고 강요한다. 부르주아지는 그들로 하여금 소위 문명화에 스스로 뛰어들라고, 즉 부르주아지가 되라고 강요한다. 그들은 한 마디로 그들 자신의 형상을 따라 세계를 창조한다. (Marx/Engels [1848]: 466)

사회 간의 국제적인 관계에서의 구도는 사회 내부의 계급 관계에도 적용되었다. 즉 왕은 거지, 생산수단 소유자, 그리고 임금노동자와 똑같이 동등한 시민이 되어야 했다. 부르주아지의 이러한 요구의 은밀한 구속과 허위는 확실히 노동계급에서 맨 먼저 나타났다. 유럽의 많은 나라들은 각고의 노력 끝에 소유계급의 저항에 대항하여 노동자와 여성의 보통선거권을 관철시킬 수 있었다. 하나 그만큼 노동계급은 부르주아지가 발전시킨 보편성에의 요구 — 인간이자 시민으로서의 정체성 — 를 더욱 고집하였다. 이는 주지하듯이 1871년 국제 노동자연맹의 투쟁가[인터내셔널가] "인터내셔널은 인권을 위해 싸운다"로 불린다.[21]

이미 19세기에 제국의 부르주아지는 또한 모든 사회계급의 구성원들을 부르주아로 변화시키고 모든 지역의 거주민들을 상품교환의 힘을 빌려 '문명화'시켜야 한다는 요구를 지지하였다. 이러한 구실 아래에 실제로는 전혀 다른 이해가 관철되고 전혀 다른 현실이 세워졌을 수도 있고, 그리하여 예컨대 많은 식민지가 그전에 지배당했을 때보다 부르주아의 통치하에서 훨씬 더 위계적인, 말하자면 훨씬 더 반동적인 계급 상황을 형성했을지도 모른다.[22] 그럼에도 마르크스와 엥겔스의 인용문이 보여주는 것은, 당시에 서구 자본주의는 그 누구도 근본적으로 문명화할 수 없다고 보지 않았으며, 자본주의 세계시민으로 교육받아 인간성을 생성하는 것은 결코 오래 걸리지 않을 시간문제로 간주되었으리라는 것이다.[23]

이 정치 프로그램에 특정한 도덕이 상응한다. 인간, 즉 시민이 되고 싶은 이는 맨 먼저 계약을 맺을 능력이 있어야 하고, 또한 읽고 쓸 줄 알아야 한다. 보편적인 취학의무는 다양한 출신의 여기저기 퍼져 있던 젊은이들을 기본적인 시민 교양을 구사할 수 있는 위치로 옮겨놓았다. 문자를 깨침으로써 책임감을 부여하고 규율화하는 이러한 프로그램은 또한 다양한 형태의 예법을 가르침으로써 보완되었다. 상품교환과 이에 꼭 필요한 법률체계를 작동함에 있어, 아울러 상업적, 군사적 세계정복에 필수적인 학문에 관련된 사람들 간에는 평등이 필수적이라는 [역사적] 경험을 통해, 부르주아지는 정치 및 언론과 같은 공론장Öffentlichkeit에 대한 특정한 형식 또한 만들어냈다. 공동의 이해를 논의하고 판결을 준비하며, 결정할 수 있는 공회Forum가 그것이다. 또한 이 공론장은 최소한 허구적으로라도 평등이 실현되는 장소였다. 공론장이 근거하는 원칙이란 보편적 복지에 대한 영향력을 고려하여 논거를 평가해야 하며 그것을 진술하는 사람을 고려하지 않고 측정해서는 안 된다는 것이었다. 이 원칙에는 관련된 사람들 또한 해당되었다. 그들에게 요구되는 것은 자신들의 사적인 이익과 개인적 선호를 배제할 수 있는지 여부였다. 이는 정치적 협의의 규칙이었을 뿐 아니라 공론장에서의 모든 태도에 요구되는 도덕적 이상이기도 했다. 즉 이는 대단히 보편적인, 다시 말해 세련된 형식으로 잘 훈련된 태도에 근거한 것이었다. 이 태도에 '도시화urbanity' 내지 '문명화'와 같은 명칭을 지어 붙였다. 리처드 세넷Richard Sennett은 다음과 같이 적고 있다.

> '문명화'와 '도시화' 사이에는 긴밀한 관계가 있다. 문명화는 타인을 마치 이방인인 것처럼 대하며, 거리감을 두고 사회적 관계를 맺는 것을 뜻한다. (Sennett 2001: 336)

세넷이 상세하게 설명하듯이, 거리감을 허용하거나 심지어는 적극적으로[주도적으로] 형성하고 이를 통해 사회적 연대를 조성하는 능력이 요구하는 것은 공론장에서 어느 정도 겉치레를 하는 것이다. 즉 사람들은 마치 타인을 잘 모르는 것처럼 굴어야 하고, 그럼에도 불구하고 타인들의 안부에 대해 관심이 있으며, 또한 혼자서도 건강하고 행복한 것처럼 굴어야 한다.[24] 스스로에게 무심하게 대하는 이러한 능력은 세넷이 단언하듯이 문명화된 태도의 중요한 전제이다. "자기 자신이 타인에게 부담이 되는 것은 문명화되지 않은 것이다." (Sennett 2001: 336)

공론장에 고유한, 이른바 진정한 자기 자신을 억압하는 바로 이 능력은 성숙한 시민성의 중요한 미덕이다. 이를 행하면 존경을 받는다. 그리고 포스트모더니즘이 암시하기 시작한, 자신[자아]의 소위 정체성의 가치나 상처받기 쉬운 성정에 대해서는 결코 그렇지 않다. 배우인 사샤 배런 코언Sacha Baron Cohen은 이러한 왜곡을 아주 적절하게 패러디했다. 그가 연기한 인물 알리 지Ali G는 교양과 거리가 먼 교외 출신의 힙합 가수이자 쇼 진행자로서 놀랍도록 사소한 단서를 가지고 아무 추측이나 남발한다. 그는 자신의 인터뷰 파트너에게 뭔가 전혀 예측 불가능하고 터무니없는 말을 한 뒤에 "리스펙트!" 하고 외치고는 래퍼들이 하듯이 서로의 주먹을 맞부딪친다. 그러니까 리스펙트는 자신의 무지함에 값하는 것이지, 지적으로 좀 더 높은 곳을 지향하는 능력이 퇴화한 것은 아닌 셈이다. 이것이야말로 포스트모더니즘이 존중할 가치가 있는 것으로 간주하는 것으로서, 타인들의 정체성과 세련된 방식으로 교제하는 잠깐 동안만 그들을 용인하는 무능력함이 바로 그것이다.

시민성의 이러한 공적인 차원이 단지 일부 '백인 남성'의 변덕이라는 비방, 불이익을 당하거나 과소 평가받은 모든 집단으로 하여금 그들의 변덕을 공공연하게 드러내라는 격려는 평등의 공간을 파괴한다. 평등은 성숙, 즉 사적이고 개인적인 것을 외면하고 오직 공적인 관계만을 다루는 능력을 전제로 하기 때문이다. 이와 반대로 공적인 장소를 개인의 감수성, 즉 기분이 잘 상하고, 억압받은 것을 곧바로 표현하는 능력에 예속시키는 것은 시민의 정치적 참여 능력을 제한하는 가장 강력한 원천이다.

다양성이 평등을 대체하다

포스트모더니즘 기획으로서의 정체성 정치와 소위 정치적 올바름이라는 언어통제는 이러한 배경에서 평가되어야 한다. 여러 평론가들이 이미 추정한 것처럼 평등이 증가한다고 해서 그전까지 배제되어온 집단들이 그들의 몫에 속하는 자본주의적 번영과, 근대적인 평등과 자유를 얻으려는 노력이 고무되는 것은 결코 아니다. 예컨대 마티아스 두시니Matthias Dusini와 토마스 에드링거Thomas Edlinger가 정치적 올바름에 관해 쓴 — 매우 다양한 측면에서 꼼꼼하게 작성된 — 책에서 서술한 것과 같은 상황이 아니다.

현실의 불평등한 경험으로 자극받은 개인에 대한 사회의 약속에 신중하고 충실하게 응하고자 하는 이는 거의 불가피하게 실망하거나 분노하게 될 것이다.

그리하여 모두를 위한 동등한 권리의 정치에 대한 선전은 역설적이게도 그러한 정치를 위반했는지 여부에 민감하게 반응하는 감수성과, 극도로 미시적인 차이의 나르시시즘을 촉진하였다. (Dusini / Edlinger 2012: 20)

그럼에도 그 반대가 참이다. 미시적 차이를 다루는 포스트모던 정치는 평등에 대한 모더니즘의 약속을 통해 환기된 감수성의 결과물이 아니다. 오히려 사정은 정확히 정반대다. 포스트모던 정치는 헤게모니 집단이 평등의 모더니즘을 포기하였을 때 선언되었다. 다양한 존재들의 상이한 권리에 대한 프로파간다가 발생한 시점은 소득 격차가 다시 극적으로 벌어지고 신자유주의 엘리트들이 모두가 평등할 권리를 더 이상 유토피아로 고수하지 않게 되었을 때였다.[25] 포스트모더니즘의 정체성 정치와 언어정치는 평등의 정치를 개시하고 전개하는 게 아니라, 오히려 그것을 종결짓고 대체한다.

예외가 질서를 대체하다

그런데, 지구화된 세계의 극빈층이나 차별받는 자들에 대한 염려가 시민적 보편주의를 논리적으로 계승하는 거 아니냐는 반론이 제기될 수 있지 않을까? 한 사회의 상태는 그곳이 극빈층을 어떻게 대하는지를 통해 가장 잘 드러나지 않을까? 그리고 어떤 근본적인 차별 대우를 통해 차별받는 이들로 하여금 다른 집단들과의 차이를 줄이고 이를 통해 비로소 동등해지도록 도와서는 안 되는 것일까?

여기서도 나의 개인적 경험을 예로 드는 것이 현실의 상황을 설명하는 데 도움이 될 것 같다. 나이지리아 출신으로 핀란드에 살고 있는 친구가 한 컨퍼런스에서 이야기하기를, 핀란드에 도착한 직후에 어학 수업 후원을 요청하였다고 한다. 스칸디나비아 국가들은 통합을 위한 합리적인 노력을 무조건적으로 지원할 것이라고 생각하기 쉽지만, 전혀 그렇지 않다. 그 친구는 어떠한 후원도 받을 수 없으리라는 설명을 들었다. 다만 그녀가 주의력결핍과잉행동장애ADHS를 앓고 있다는 의사 진단서를 제시할 경우에는 어학코스 비용 전체를 핀란드 당국으로부터 받을 수 있다는 것이었다.

이 사례는 충분히 일반화시킬 수 있어 보이며,[26] 포스트모더니즘적 보편성에 종속된 전제의 결정적인 핵심을 포함한다. 즉 사회의 빈곤층을 가늠하는 척도는 그들의 행동 전체라는 것이다. 신자유주의적, 포스트모더니즘적 사회가 빈곤층에 요구하는 것은 이들이 다른 모든 이들처럼 가능한 한 잘 살 수 있게 되는 것이 아니다. 사회는 오히려 빈곤층을 제외한 다른 모든 이들이 안심하고 타락할 수 있을 예외만을 항상 요구한다. 이는 1990년대 이래로 서구사회에서 '피해자 배틀'이 발발하는 것을 가능하게 했다.[27] 차상위계층은 거의 모든 사회보조금을 받을 수 없으므로, 극빈층이 될 수 있도록 끊임없이 노력해야만 한다.

관리자가 피해자를 대체하다

신자유주의 정치가 극빈층과 더불어 나머지 모두도 지원하기보다는 오로지 그들만을 지원하거나 혹은 아무도 지원하지 않듯이, 개별적으로 지원받은 집단 내부에서도 그렇게 한다. 예컨대 신자유주의 정치는 여성 전체를 지원하기보다는 주로 정치적 계급과 학문적 환경 내의 특정한 대표 여성들만을 지원한다.[28] 또한 종교적, 인종적, 성적 소수자 집단이 아니라 그들을 대변하는 특정인들만을 지원한다. 적절한 위원회 없이는 어떠한 언어 규정도 없고, 권한이 부여된 노동 영역 없이는 새로이 대두된 문제도 없고, 감시단체 없이는 어떠한 차별 반대 지침도 없고, 정신치료법에 대한 의학적 내지 법률적 상담 기관 없이는 어떠한 학생들의 [정신적] 어려움도 없을 것이기 때문이다. 이 모든 조치들을 통해 해당 집단에 모종의 효과가 나타나기 훨씬 전에 먼저 관련 행정기구 내부가 대신 이득을 본다. 캠벨Campbell과 매닝Manning은 이렇게 말한다.

최근 수십 년 동안 사법부와 행정부가 비약적으로 증가하였고 대학 행정 관리의 범위가 크게 성장하였다. 또한 고위 행정부의 급여가 증가하였으며, 사회감시특별중개소가 신설되어 집단들 간에 벌어지는 인종적, 민족적 내지 여러 다른 성향의 위법 행위와 맞서 싸움으로써 '사회적 공정성'을 고양하는 것을 핵심으로 삼는다. (Campbell / Manning 2014: 710)[29]

차별받는 이의 이름으로 말하고 행동하는 자리가 특혜가 되도록 위임받은 모든 배타적 사회 집단의 창출은 현존하는 차별을 안정화하고 점증하는 불평등을 방지하는 데 효율적인 조치이다. 사회 내 소득 격차가 격화되면, 분배를 둘러싼 논쟁은 더욱 거세진다. 어느 지배 상황에서든 그렇게 하는 것이 협력자를 양성하기에 유리하기 때문이다. 대체로 각 상황의 기구 안에 많지는 않아도 어느 정도의 능력을 제시하는 사람들은 바로 그 기구의 제어기능을 사회적으로 다소간 향상시키고 활용하게 할 수 있다. 분명한 방식으로 협력자들은 이에 대해 후원자들에게 감사하고자 노력하게 된다. 또한 그들은 영리한 사리 추구를 통해 그들이 대변하는 모든 과제와 관심사를 항상 광범위하게 행하고 전진시켜 자신이 불필요하지 않게 한다. 강력한 열정으로 모종의 차별대우에 항상 맞서 싸우고 이를 통해 그들 자신을 향하는 모든 비판을 제압하며, 그들은 이 차별대우가 결코 완전히 끝나지 않으리라는 것을 가능한 한 많이 염려한다. 예를 들어 대학 내 동등한 대우를 위해 작업하는 공동체는 여성의 학문경력을 장려하기 위해 '젠더 경쟁력'을 강력히 요구하는 공고문을 제출한다. 이는 젊은 여성학자들이 더 나은 기회를 얻기 위해 젠더 관련 주제에 더 많이 종사해야 하는 결과를 초래한다.

그러나 그렇게 하여 그들은 다른 문제는 소홀히 하게 되며, 그 결과 대학은 특정한 내용을 목표로 설정해야 할 뿐만 아니라, 심포지엄이나 TV토론의 주최자들은 사회적으로 필요한 다른 주제에 딱 적합한 여성 전문가를 찾기가 점점 더 어려워진다. 따라서 여성은 계속해서 다른 여러 영역에 대한 대표성이 떨어지게 된다. 직업공동체는 그만큼 더 불가피하게 우리[남성]의 활동을 요청할 수밖에 없다.

이처럼 꼼짝없이 통제당하는 사회는 다중으로 분열하게 된다. 위임받은 계급은 생산성을 중시하는 기구에서 관료적인 기구로 분열된다. 차별받는 머나먼 이웃들을 향한 숭고한 도덕 감정과 그들로부터 차별의 높은 이익을 얻는 중산층은, 그러한 감정과 그에 속하는 경직된 학문적 은어로부터 떨어져 있을 수밖에 없는 하층으로부터 분열된다. 피해자집단 및 이익집단은 다른 집단으로부터 분열된다. 평등을 위해 투쟁하거나 공정한 경쟁을 요구하는 이들은 특혜를 요구하는 집단으로부터 분열된다. 이처럼 해방의 외양 아래 전혀 반대의 것이 실현된다. 연대뿐만 아니라 성숙함 또한 저지당한다. 평등을 향한 노력은 중요하지 않은 경미한 문제 영역으로 방향을 틀고, 정당한 분노는 곤혹스러울 만큼 정확한 언어규제로 인해 재갈이 물리거나 의기소침하게 된다.

선의의 용어들이 불쾌한 것이 되다

행정 및 사법 기관의 모순적 역할은 포스트모더니즘 정치의 가장 두드러진 특징인 합법적인 실패의 근거이다. 서유럽 국가들에서 여권신장에 대한 거센 요구가 진행된 3~40년 동안 여성에게는 기껏해야 예술, 문화학 내지 심리치료와 같이 쇠퇴하는 직업 영역에서 좀 더 많은 몫이 만들어졌지만, 소득수준은 전혀 조정되지 않았다. 젠더적으로 올바른 언어습관을 형성하는데 통제적 방식으로 간섭하는 것은 어떠한 만족할 만한 기호를 만들어내기는커녕 외려 언제나 불만족스러운 기호만을 만들었다. 돌연 내삽-I[內揷I, Binnen-I[2]가 마치 콜럼버스의 성별 중립적인 달걀인 것처럼 보였다면, 이내 트랜스젠더는 무시당한 것처럼 느꼈고, 그러자 등장한 이른바 '부각시키기underscore'를 통한 보호는 그동안 대다수에게 평가절하된 것 같았다. 따라서 자신의 위치로부터 무조건 반드시 별표를 향해 [특수하고 예외적인 쪽으로] 가야만 한다. 그러나 이것이 이상적인 해결책인지, 모든 집단의 감수성에 들어맞는 톱니바퀴의 정확한 숫자를 확보하고 있는지는 여전히 지켜볼 일이다.

또한 유럽 대학의 볼로냐 개혁은 최초에 의도한 것과 달리 학업과정 간의 더 나은 비교 가능성을 전혀 이루지 못했을 뿐만 아니라, 대학 내 학업(연구) 지향 강의의 점수를 집계하여 타 대학과 조율하는 다수의 유럽 학점 이수 시스템European Credit Transfer and Accumulation System, ECTS 구축에만 여전히 몰두하고 있다.

동일한 것이 시험에 대한 스트레스, 의견 불일치나 생소한 주제에 대한 성취 등 대학생의 일상적 문제에 대한 점증하는 '치료Medikalisierung'에도 적용된다. 프랑크 푸레디Frank Furedi가 통찰하였듯이, 오늘날 상담 기관 설립의 폭증을 통해 학생들이 겪는 문제의 수치와 어려움이 해결되기보다는 오히려 — "자성[자기 성취] 예언self-fulfillung prophecies"(Furedi 2016: 39)을 본보기 삼아 — 높아지는 것처럼 보인다.

대학이 치료행위를 제도화하는 데 재원을 투자할수록, 이 제도는

· · ·

[2] 역주. 독일어에서 직업을 가리키는 명사. 복수형의 I를 대문자로 표기한 여성형 어미를 사용하여 남녀 구분을 없애도록 고안된 성평등 표기법.

역설적으로 학생들이 정신적 고통의 증상을 진술하도록 고무시킨다.

(Furedi 2016:47)

분명한 것은, 특정한 차별이나 불공평을 근절하려는 위원회의 위임을 받은 자가 차별이나 불공평이 존속하는 한에서만 자신의 자리를 보장받는다면, 그는 결코 어떠한 좋은 제안도 하지 않고 아무런 구제책도 강구하지 않는 꾀를 부릴 수도 있다는 것이다. (이러한 이유에서 고대 중국에서는 틀을 완전히 뒤집어서 의사로 하여금 자신의 환자가 건강한 한에서만 보수를 받도록 하였다.) 오히려 [더 정확히 말해] 그는 매번 들쑥날쑥한 해결책을 유포하여 회복에 대한 매번 새로운, 따라서 영구적인 필요성을 이끌어내게 될 것이다.

이는 가령 위와 같은 위원회가 제안하는 언어정치의 영역에서도 나타난다. 무엇이든 충족할 수 있는 표현은 존재하지 않는다. 사람들은 성별 중립적인 언어를 광적으로 요구하지만, '대표자와 그 대리인'이라는 형식을 성 중립적이자 어느 정도 발음할 만하고 작성할 만하게 표현할 수 있을 어떠한 제안도 존재하지 않는다. '유색인'이나 '니그로' 같은 표현이 금기시된다면, '흑인'을 우선 내세울 수 있다. 그러나 이 또한 모두를 충족시킬 수 없다는 것이 곧 드러나고, '아프리칸'이나 '아프리칸 아메리칸'과 같이 뭔가 새로운 것을 다시금 요구하게 된다. 이 후자의 것은 그럼에도 전혀 좋은 해결책이 아니다. 이는 우피 골드버그Whoopi Goldberg나 그의 동료인 모건 프리먼Morgan Freeman처럼 자신들이 결코 '아프리칸 아메리칸'이 아니라 '아메리칸'임을 주장하는 사람들을 불쾌하게 한다.[30]

무엇보다도 특정한 단어를 다른 단어로 대체하려는 이 속수무책의 시도는 언어가 어떻게 기능하는가와 관련하여 근본적인 무지함을 보여준다. '적절한' 단어가 '부적절한' 단어를 대신하도록 조작하는 것이 어떠한 흔적도 남기지 않으리라고 생각하는 것은 순진하기 그지없다. 자크 라캉은 하나의 기표를 다른 하나로 대체하는 것은 언제나 제3의 기표를 발생시킨다고 언급한 바 있다.[31] 대체 조작을 통해 만들어진 새로운 단어는 기존의 부적절한 단어의 의미와 동일한 것을 결코 가리키지 않는다. 오히려 이제부터 그것은 기존의 단어뿐만 아니라 대체 작업을 비롯하여 그 작업이 그전까지 가리키던 것까지도 가리키게 된다. 새로운 단어를 언급할 때 종종 불가피하게 일어나는 대화의 중단은,[32] 부적절한 것을 지우려는 시도가 부지중에 드러내는 징후이다. 따라서 식탁 위의 얼룩을 행주로 덮으려고 하면 그것이 행주에 다시금 드러나는 것처럼, 기존 단어의 부적절함 또한 새로운 단어를 다시금 덮치는 것처럼 보이며, 그 어떤 단어도 자신의 자칭 순수함을 유지할 수 없게 된다.[33]

우리는 우피 골드버그의 제안을 따라 장래에는 예컨대 머리카락 색깔에 대해 흔히 그러듯이 피부색 또한 덜 언급하기로 결정할 수도 있을 것이다. 그러나 자신의 피부색 때문에 차별받는다고 느끼는 사람은 이 상황을 어떻게 명명할 수 있을까? 그리고 그러한 상황을 위한 단체는 뭐라고 불러야 하며 그들이 행하는 정책은 뭐라고 지칭해야 하는가? 또한 그 밖에도, 이것이 다른 이유로 차별받는 집단의 투쟁에 어떤 영향을 미칠 것인가? '가시성'이 자칭 해방적 목표라면, 그 때문에 많은 여성 대표들이 직업명의 영역에서 여성의 '가시성'을 위해 투쟁하고 있다면, '흑인 여성들'이나 '아프리칸 여성들'(혹은 그들이 뭐라고 불리든 간에)은 그들의 뒤통수를 치는 것이 아니라 그들의 고유한 '비가시성'을 요구하는 것이다! 물론 여기에는 포스트모더니즘적 노력이 거듭 실패하는 또 다른 전형적인 이유가 드러난다. 즉 그러한 노력의 근본적인 전제에는 미완의 모순이 있다. 목표가 가시성이어야 한다면, 제3의 화장실문, '여 장관Ministerin'('장관 부인Frau Minister' 대신에), "'여' 박사Dr.in', "'여' 교수Prof.in'나 'Prof.x'를 대령하라! 혹은 그 대신에 성별 특유의 차이를 사라지게 해야 할까? 그렇다면 제2의 화장실문을 가져가고 곧장 유치원의 아이들에게, 대학의 교사에게 가서 '그'나 '그녀'는 더 이상 쓰지 말고 오로지 '그것'만 말해라![34] (왜 거기에서 예컨대 "'여' 박사Dr.in' 가 되어야만 하는지 누구도 언급하지 않을지라도) 이에 관여하는 사람들 의 광신적인 측면은 따라서 다음과 같이 언급될 것이다. 그들은 그들 고유의 소망과 제안에 나타나는 이러한 모순을 수상하게 감지하고는 있지만, 그것을 단지 바깥을 향해, 소위 그들의 반대자들에게 투사할 뿐이라고.

한 인종 집단의 구성원이 '집시'로 불리지 않으려면 '신티와 로마'[3]의 형식이 요구된다. 다음과 같은 경우를 고려하지 않는다면 말이다. 예컨대 체코공화국의 특정한 민족집단은 자신들이 신티Sinti[4]도 로마Roma[5]도 아니고 차라리 '집시'로 불리기를 원한다고 한다.[35] 그러나 그러한 '변두 리 집단 문제'를 제외하면 호의적인 주류 집단에 따르는 문제도 있다. 주류 집단 중 거의 아무도 모르는 사실은 '신티와 로마'의 형식이 일찍이 수량이나 성별에 따라 문법상으로 변화해야 했다는 것이다. 예컨대 남자 집시 한 명과 여자 집시 두 명은 다음과 같이 불렀을 것이다. "신토 한 명과 롬니야 두 명ein Sinto und zwei Romnija." 유사한 것이 '부각시키 기underscore'의 경우처럼, 작성하기만 하고 결코 발음하지는 않게 되는 정치적 올바름의 형식에도 해당된다.

결국 정확한 명칭 내지 소위 '가시성'(그 부적절함이 적절한 단어를

* * *

[3] 역주. 동남부 유럽 출신으로 독일에 거주하는 집시들을 지칭하는 표현.
[4] 역주. 독일이나 네덜란드 출신 집시.
[5] 역주. 동유럽 출신 집시.

위해 노력하는 사람을 불쾌하게 하는 것처럼 보이는, 기묘하게 실패한 개념)[36]을 둘러싸고 언어를 혁신하려는 노력은 그전까지 등한시되어온 집단에게 그동안 명명 가능했던 특정한 사태를 장래에도 계속 명명하기 어렵게 하는 중대한 문제를 발생시킨다. 모든 것이 젠더화되어야 한다면, 철도여직원은 철도직원에게 더 이상 이렇게 말할 수 없다. "이봐요, 아저씨, 어쨌든 우리는 전부 철도직원이에요!" 올바르게 손질한 언어세계에는 바로 이 공통성과 보편성을 위한 언어가 더는 없다. 이러한 방식으로 연대가 악화되는 것을 포스트모더니즘적 상징정치 및 유사정치가 전혀 의도하지 않은 것은 아닐 것이다.

언어를 통한 세계 변혁의 가능성과 한계

포스트모더니즘적으로 언어를 조정하려는 노력의 구조적 실패는 그러한 노력의 중대한 정당성에 대한 설명이, 즉 단어는 이미 그 자체로 행위이며 변화된 언어는 곧 변화된 행동으로 이어진다[37]는 주장이 어째서 거짓으로 드러났는지를 설명해준다. 물론 일련의 문화영역에서는 실제로 특정한 단어(혹은 특정한 기호)가 특정하게 지시된 현실을 산출해내기도 한다. 예컨대 사람들이 공손한 표현이나 행위를 주고받는 것은 칸트가 언급하였듯이 실제 그들의 관계를 주고받는 것이다.[38] 마술이나 심리극의 상징적인 행동은 종종 실제로 놀라울 만한 변화를 가져오기도 한다. 인류학에서는 이러한 종류의 사례를 통해 '상징적 효과'라는 개념을 발전시켰다.[39] 그러나 상징적 효과의 성과는 결정적인 조건에 종속되어 있다. 그것은 언제나 그러한 사례를 오직 육안으로 판단하는 가상의 '순진한 관찰자'를 속여야만 한다.[40] 따라서 육안은 언제나 완벽해야 한다. 이 때문에 가령 악수와 같은 공손한 태도는 능숙하게 수행되어야 하며 ― 너무 약하지도 너무 세지도 않게, 너무 짧지도 너무 길지도 않게 등 ― 이를 위반했을 때 좋은 의도에서일지라도 결코 변명할 수 없다. 이런 의미에서 프랑스 철학자 알랭은 다음과 같이 설명한다. "예의 범절은 춤을 익히듯이 배워야 한다." (Alain 1982: 200) 기호는 따라서 완벽하게 '그럴듯함'을 만들어낼 때에만 그에 상응하는 현실을 산출해낸다. 의례적인 상투어를 서투르게 구사하거나 마법 주문을 [매끄럽게 발음을 살려 읽지 않고, 그저] 의미에 맞춰 읽는 것은 아무 효과가 없다. 언어를 정화하려는 노력은 신경질적이고 언제나 매끄럽지 못하며 의도만 좋지 한 번도 잘 만들어진 적은 없어서 매번 기껏해야 하나의 경우만을 산출해낸다. 즉 주기적으로 새로운 제안을 만들어내야 하는 올바름 위원회를 영구적으로 지속시킬 뿐이다. 저토록 서투른 노력을 하는 평론가들에게 언어는 살아 있으며, 따라서 스스로 변화하는 것이라는, 보수주의적 비난을 통해 이의를 제기하는 것은 잘 와닿지 않는다. 언어를 인위적으로 변화시키려는 노력이 미숙하다면, 그 노력을 선호하는 사람이 있을지라도 언어는 결코 변화하지 않는다.

말이 현실을 대체하다

그러나 포스트모더니즘적 언어창조가 완벽하고 철저하게 진행되지 않는 경우에는 지시되는 현실에 실제로 영향을 주는 것처럼 보인다. 물론 이 경우에 나타나는 것은 완화된 말이 결코 더 나은 현실을 초래하는 것이 아니라, 오히려 더 나은 현실을 불가능하게 하고 대체하는 것이다. 실제 대학정치에서의 언어창조는 이를 잘 보여준다. 그곳에서는 거의 모든 표현들이 항상 그것과 반대되는 것을 가리킨다. 예컨대 '평생교육'은 학생이 겨우 6학기 이수 후에는 대학을 떠나야 함을 의미한다. '대학수업 공개'는 배타적으로 돈을 지불한 소수가 정말로 흥미로워할 부분의 학습을 유보하는 것을 의미한다. '이동성 확장'은 보다 높은 시험 압박을 통해 연구를 위한 해외 체류의 부담을 더욱 가중시키는 것을 의미한다. '자기 주도적 교육'은 학생이 해야 하는 모든 것을 규정하는 것을 의미한다. '품질 보장'은 의심스럽지만 비용이 많이 드는 측정과 통제를 위하여 (대부분 적절치 않은 인사를 통해) 품질을 등한시하는 것을 일컫는다. '투명성'과 '공감 가능성'은 모든 것을 100페이지 이상의 문서로 작성하여 그 누구도 문서 전체를 한 번이라도 제대로 읽지 못하게 하는 것을 의미한다.[41] 언어에 의해 지시되는 보편성의 현실을 둘러싼 중세철학의 논쟁, 이른바 유명론 논쟁[42]을 본보기 삼아, 우리는 오늘날 현실로부터 말이 분리되는 현상을 '형식적 유명론'이라고 부를 수 있다.

현실이 언어를 통해 대체되는 이러한 논리에 대한 재미있는 사례가 반대되는 [수구적] 정치 진영에서도 발견된다. 슬라보예 지젝Žižek(2016)이 섬세하게 파악하였듯이, 도널드 트럼프의 언어적 탈선과 파렴치함은 그로 하여금 대통령 후보로서 (그전까지 공화당원에게 필수적이었던) 낙태에 대한 분명한 입장을 취하지 않고도 당 내부의 종교적 우파를 끝장내버릴 수 있게 해주었다. 여기서는 상스러움이 도그마적이고 종교적인 태도가 요구되는 벅찬 현실을 매우 호의적으로 대체하고 있다. 그러한 상스러움은 쉽게 가질 수 있고 다수에게 훨씬 더 파급력이 있으며 매체에도 더 효과적이다. 우파가 이러한 수지맞는 사업에 주력할 수 있게 된 것은 전통적인 '가족의 가치'에 정향된 언어검열과 청교도적인 정숙함의 과제를 감사하게도 정치적으로 올바른 유사좌파가 넘겨받은 뒤부터다.[43]

그 밖에도 이러한 위치 변동이 증명하는 것은 표면적인 해방과 추정상의 진보는 — 조숙한 아이가 초자아[44]를 학습할 때와 똑같이 — 단지 그전까지 타자에 의해 금지당했던 것을 스스로 포기하기 시작하는 것이 핵심이라는 점이다. 오랫동안 보수주의자들이 사회에 성을 금지하려고 노력해왔다면, 어느 날 갑자기 들고 일어난 좌파가 그렇게 노력해야 할 이유를 대신 찾아주었다. 옛 빅토리아 시대에는 가부장제도가 여성으로 하여금 상스러운 것과 엮이는 것을 방해했었다면, 1980년대의 보수적인 전환 이후로는 포스트모더니즘적이고 포르노 적대적인 페미니즘이 그러한 역할을 자처했다. 그런 한에서 여기서 '진보'와 '해방'이라는 단어는 종종 그에 상응하는 현실을 대체한다.

자신의 결점으로 먹고사는 사람들

언어가 현실을 가리키기를 포기한 것 외에도 이와 유사한 두 번째의 포스트모더니즘적 현상이 발견되는데, 바로 자신의 결점으로 먹고사는 사람들이다. 수많은 국가의 정부들이 더 이상 적대적인 이웃들과의 평화를 도모하지 않음으로써 재선을 확실시하고 있다. 예전보다 빈곤해진 중산층의 선택을 받을 미국의 대통령들은 조세정책을 통해 그들을 더욱 빈곤하게 하고 더욱 분노하게 하여 바로 그 덕분에 이후에 또다시 선택을 받을 것이다. 그 밖에도 부적절하고 불분명하며 결함투성이인 대학 규정을 공동으로 개발하는 정부 관료들은 그 불분명한 위치를 통해 대학을 구제할 후보자로서 총장직의 적임자로 거듭난다. 정치인들은 더욱더 격분하여 소위 현실을 변화시키는 언어를 위해 투쟁하는데, 이를 통해 실제로는 그들이 현실을 전혀 변화시킬 수 없다는 사실로부터 관심을 돌릴 수 있기 때문이다. 언어조정자들은 해결책 자체가 아니라 해결책에 대한 수요만을 매번 새로이 창출해낸다. 마찬가지로 경영관리자들은 효율적이고 순조롭게 임기가 만료되도록 하는 게 아니라 관리에의 필요만을 계속해서 만들어낸다.

또한 호의적인 위원회이자 대학 내에 삽시간에 퍼진 신자유주의 원칙 — 일방적 해고의 방식으로 강사를 희생하는 — 을 따르는 '정신 건강 서비스Mental Wellbeing Services'는 프랭크 푸레디Furedi(2016: 34)가 언급하듯이 다음과 같은 원칙에 따라 작동한다. 가령 집안에서 대학에 입학한 첫 세대에 속하는 대학생에게 자신감을 얻는데 필수적인 지적 자산을 공급하기보다는 오히려 '1세대 대학생first-generation students'으로서의 정체성을 길러준다. 또한 뭔가를 시도하는 데 여러 가지 어려움을 겪는 학생에게는 격려의 메시지를 보내는데, 이는 물론 엄밀히 말해 언제나 금치산 선고일 뿐이다. 그들은 불안해하는 학생에게 혼자가 아니라고 확신을 시켜준다. 그럼에도 불구하고,

> 건강 서비스가 보내는 메시지는 대학생활의 요구사항을 스스로 잘 헤쳐나가는 것이 불가능에 가까운 것이라고 부지중에 실토한다.
> (Furedi 2016: 38)

신자유주의적 재분배로 인해 **빽빽**하게 생겨난 소규모 기관이나 위원회들은 해방이라는 명목하에 [이와] 정반대되는 것, 즉 번번이 해방의 이름이나 기호의 생성만을 촉진시켰다. 이는 분명 현실에 대한 그 어떤 변화는 고사하고 그에 대한 논의마저도 어렵게 만들었다. 원래 누군가로 하여금 자신의 생계의 근간을 이루는 입장에 대해 숙고해야 할 근거를 파악하게 하는 것이 가장 어렵기 때문이다.

위로부터의 차별 반대
식민적 탈식민화

세계가 황폐해지고 열등해지는 만큼 이를 미시적 차원에서 가시적으로 개선하려는 요구 또한 모두 위로부터 도래한다. NATO의 이익을 위해 우크라이나에 위험한 러시아 침략 정책을 추동하는 것을 조금도 주저하지 않는 유럽연합이 그러하다. 프랑스와 독일의 은행들은 그리스의 납세자들에게 자신들의 책임을 전가하기 위해 그들을 구제한다. 유럽연합은 그리스에 무자비한 긴축프로그램을 강요한 뒤에 그것이 가져오는 참혹한 결과를 근거로 이 프로그램에 자체적으로 요구되는 국제 부담조정기금마저도 그리스 시민의 잘못으로 간주한다.[45] 돌이켜 보면 유럽연합은 처음부터 철저하게 '실패한 국가failed state'를 의도하고 구성되었다. 자본의 이동성은 극도로 보장하면서 통일된 조세정책이나 사회정책도, 자율적 외교정책도, 모든 시민에 동등하게 적용되는 투표권도 없었다.[46] 바로 이 유럽연합은 다른 한편으로는 차별에 대한 일련의 지침들을 고안해내었다. 이는 리스본 조약 10항에 다음과 같이 명시되어 있다.

> 정책과 조치를 확립하고 실행하는 가운데 연합이 목표하는 것은 성별, 인종, 민족적 출신, 종교나 세계관, 장애, 연령이나 성적 지향을 근거로 한 차별과 맞서 싸우는 것이다.[47]

이들은 오래전부터 민주주의를 위태롭게 하는 수준으로 팽창한 경제적 불평등을 막고[48] 무화시키기 위해 아무런 조치도 취하지 않는 반면, 6개에서 8개에 달하는 불평등에는 주목한다. 이것이 의미하는 것은 같은 성별, 같은 연령 집단 등이 점점 벌어지는 소득 불평등의 양날이자, 양극에 점차로 균등하게 배치되도록 애쓰는 것과 다름없다.[49] 따라서 언젠가 EU의 고상한 계획이 현실화된다면, 비율상으로 남자와 똑같은 수의 여자가, 청년과 똑같은 수의 노인이, 백인만큼의 아시아인이, 무신론자만큼의 불교신자가, 마라톤주지만큼의 외발선수가, 이성애자만큼의 동성애자 등등이 찢어지게 가난하거나 지독히 부유하게 될 것이다. 그 외에도 여기서 드러나는 것은, '주요모순'이 '부차모순들'보다 우위에 있다는 후기 마르크스주의의 견해에 따르면, 어떠한 경우에도 다양한 투쟁들을 위계화해서는 안 된다는 포스트모더니즘적 테제가 틀렸다는 것이다.[50] 실제로 각각의 투쟁은 서로 동등하지 않다. 다양성을 위한 투쟁은 결코 평등으로 귀결될 수 없기 때문이다. 더 고약한 것은, 그러한 투쟁이 결코 다양성 그 자체(또는 다양한 소외 집단 자체)에는 도달할 수 없다는 것이다.[51] 그러나 평등을 위해 투쟁하고 해법을 내놓는다면 다양성과 관련한 문제는 더 이상 남아 있지 않을 것이다. 차별을 수단으로 삼아 사람들을 분할하는 그 어떤 불평등한 장소도 사회에 더 이상 존재하지 않게 될 것이기 때문이다. 또한 사람들은 평등을 향한 전망을 갖게 됨으로써 남들과 다른 점으로부터 남들보다 나은 점을 찾지 않게 될 것이기 때문이다.

다른 많은 관심사와 마찬가지로, 미국은 거대한 불평등에 대한 관심을 미시적 차이에 대한 관심으로 옮기는 데 있어서 주도적인 역할을 수행한다. 그곳에서는 수 세기 동안 지속된 노예제도의 전통으로 인해 사회적 계급 차이가 종종 피부색의 차이로 나타나기 때문에, 원인을 다른 데로 돌리고 영향을 제거하기 위해 계속 노력하기가 훨씬 쉽고 또한 시의적절하다. 자신이 어떤 계급에 소속되어 있는지는 당국을 통해 확인되지 않는 반면 '소속 인종' 및 성별과 그와 유사한 정보들은 질문받고 기록되기 때문에, 사람들은 오직 이러한 변수들을 근거로 "평등한 기회"를 위한 정책을 개발한다. 그리고는 어째서 더 많이 버는 직업은 모든 집단의 동일한 수의 지원자들이 자유롭게 접근할 수 없는지 의아해한다. 그리고 그것은 대체로 단지 이전의 '차별' — 자신의 결점으로 먹고사는 사람들에게 새로운 기회를 또다시 열어주는 — 을 통해 해명되곤 한다.

그런데 미 당국은 이러한 행동방식을 자국에서만 추구하지 않는다. 오히려 그것은 미국이 정치적, 문화적으로 수출하는 인기 상품이다. 미합중국은 아프가니스탄, 니카라과, 이라크, 리비아, 시리아, 예멘과 같은 국가를 군사적으로 공격하던 해에[52] 서구세계를 반反인종차별적 감수성의 프로파간다로 뒤덮었다. 계급 차이와 피부색이 크게 관련 없는 유럽에서도 이제는 점차 피부색에 신경 쓰고 '백색 특권'에 대한 예민함을 점차 발전시키기 시작했다. 그리하여 마치 이곳에서 수 세기 동안 수많은 백인들이 다른 백인에게 착취당한 적이 없는 것처럼 되었고, 여전히 그렇게 여겨지고 있다. 그 밖에도 '백색 특권'에 대한 이야기는 백인이 아닌 유색인 토착 엘리트들이 식민지 착취의 역사에 매번 깊이 연루되어 있는 공모관계라는 것을 부정한다.[53]

여기서 미국에 초점을 맞추는 것은 거시적인 정치적 문제에서 미시적이고 비정치적인 문제로 관점을 전환하는 법을 익히는 것을 의미한다. 특히 예술의 영역에서 이 미국발發 프로파간다는 이미 냉전 시기에 '흑인'과 같은 단어를 아동도서에서 제거할 것을 촉구해온 유럽인들 사이에서 반향을 일으켰다.[54] 유럽의 어느 나라에서도 미국처럼 아프리카에서 노예를 붙잡아오지 않았을 뿐 아니라 이 단어가 미국의 '니그로'와 같은 의미를 갖지 않는데도 말이다.[55] 그러니 긴축정책, 빈곤의 올가미나 하르츠 법안 Ⅳ[6] — 혹은 아프리카 국가와의 자유무역협정[56] — 에 몰두하는 그러한 참여는 얼마나 더 편하고 즐겁겠는가! 또한 역사상 한 번도 식민지를 가져본 적이 없는 나라들은 오늘날 자국의 예술대학 교수들이 포스트 식민주의 연구 과정을 갖추는 것을 중요하게 생각한다. 그렇게 사람들은 다양한 차이들에 민감해지게 되었을지도 모르지만, 이 차이라는 것은 어떤 경우에도 결정적인 역할을 하게 될 것으로 보이지 않는다. 이러한 정치의 내용과 형식 간에는 눈에 띄는 모순이 존재하기 때문이다. 모든 타율 상태에 반대하며 극도로 민감해진 존재는 바로 이 민감성 자체야말로 극도로 타율적이라는 사실과, 미국이 30년 전부터 나머지 국가들을 탈식민지화를 통해 식민화하는 데 관여하고 있다는 사실은 놀랍게도 [제대로] 주목하지 않고 있다.

하층계급의 이름으로 중간계급이 다른 중간계급을 아래로 내리누르다

또한 차별받는 집단과 소수자 집단을 위하는 포스트모더니즘 정치는 한결같이 위에서 내려오는 탑다운 방식이다. 정치적 올바름은 보통 거기에 연루된 이들이 부재함으로써 막힘없이 실현되는 특권층의 언어유희이다. 따라서, 반유대주의에는 유대인이 없고 인종주의에는 인종이 없듯이,[57] 반차별주의 담론에는 차별받는 자들이 없다. 중간계층의 차별받지 않는 구성원들이 정치적 올바름을 담지하지 않는 상황에 대한 비난은 대체로 또 다른 중간층에게서 발화된다.[58] 차별받는 인물은 단지 인질 역할을 맡아 적진의 배를 약탈함으로써 중간에서 특권층이 다른 특권층

• • •

[6] 역주. 2002년 구성된 독일의 노동시장 개혁 방안.

으로부터 이득을 취하게 해준다.

이것은 중간계급 구성원들 간의 경쟁이 보다 첨예해진 결과이다. 신자유주의적 분배를 통해 최상류층에 부가 쏠림으로써 중산층을 위한 자리는 보다 협소해졌다. 이는 교수임용 후보자들[시간강사들]이 부담이 되는 전우를 축출하기 위해 차별과의 투쟁을 벌이기 시작한 이유이다. 정치적으로 올바른 언어 사용은— 자선, 윤리적 패션, 친환경적 소비 그리고 채식 요리와 마찬가지로— 무엇보다도 차별의 자산이다. 이 무기의 도움으로 어느 정도 동등한 위치에 있는 사람을 효과적으로 [자신들과] 동등하지 않은 사람으로 만들 수 있다. 또한 그 때문에 올바름을 위한 노력은 결코 만족할 만한 결말에 이르지 못한다. 적절한 명명이라는 값비싼 재화는 계속해서 희소할 수밖에 없기에 더 많은 경쟁자들을 낮은 계급으로 떨어뜨릴 수 있기 때문이다.

정치적 올바름과 이에 상응하는 포스트모더니즘 정치의 이러한 구조적 기능은 유럽의 좌파들이— 맹목적으로든 기회주의로든— 저지른 가장 중대한 실수를 간과하게 된다. 약자에게 좋을 수밖에 없는 무언가가 다른 사람에게는 생각해봐야 할 것으로 보인다. 사람들은 약자를 위해 대가 없이 무언가를 하는 것에 의심을 품는 경우에 자신이 약자에게 엄격하다는 비난을 받지 않을까 두려워한다. 디트리히 디더리히센 Diedrich Diederichsen[7]과 같이 명민한 이론가조차도 1990년대에 정치적 올바름을 두둔하고픈 유혹을 느꼈다는 것은 늦어도 오늘날의 시각에서는 낯설게 느껴질 수밖에 없다. 디더리히센은 1995년 당시 유행하던, 언어를 표준화하려는 시도에서 생각지도 못한 것을 선제 공격한 것을 주목하라고 주장했었다.[59] 새로운 언어 경찰인 학교 교사와 모범생을 런던과

. . .

[7] 역주. 독일의 작가이자 문화평론가.

뉴욕 하위문화의 무단결석자와 비교하는 것은 대담하고 독창적인 생각이긴 했다. 물론 이 생각이 알프레드 히치콕이 말했듯이 그들의 흉한 머리를 치켜들게 할 가능성은 거의 없다. 그럼에도 미국발 언어정치가 특권층의 발명품이고 처음부터 모든 다른 계층의 저항적이고 저속하고 무례한 언어를 강등시키기를 노렸다는 것은 그 당시에도 알아차릴 수 있었다.

포스트모더니즘 유사정치가 좌파정치를 대체하고 비방하다

동일한 오판은 자신들의 진영에서 신자유주의적 정치에 크게 기여했던 유럽 사민주의에 곧 영향을 끼쳤다. 그들은 — 토니 블레어Tony Blair나 게르하르트 슈뢰더Gerhard Schröder의 회의실에서 특히 분명해졌듯이 — 종종 그들의 보수적인 경쟁자들보다 더 과격한 민영화와 사회적 영역의 예산 감축을 감행함으로써 정부 요직을 얻을 수 있었다. 그 결과 그들은 계급 격차를 줄이고자 조정하는 정치와 거리를 두어야 했고, 자신들의 어젠다를 치울 수밖에 없었다. 그렇게 하여 맨 처음에는 계급정치보다 여성정치가, 그다음에는 여성정치보다 동성애 혹은 퀴어 정치가, 최종적으로는 '다양성' 정치가 가장 선호되었다. 계급 혹은 집단의 문제를 해결하는 대신에 주변적 집단의 문제를 관심의 중심에 놓는 것이 선호되었다. 따라서 마치 그것이 그 자체로는 문제가 아니고, 반대로 오히려 다른 문제에 대한 해결책인 것처럼 여겨졌다. 그러나 어쨌든 퀴어가 있고 심지어 무성의 존재까지 있다면, 무엇하러 수많은 이성애자 혹은 동성애자의 문제로 괴로워하겠는가? 레즈비언 형상의 신호등을 통해 (물론 고작 [외지인에게 드러나는] 관광지구 내에서만) 감수성을 표출하고 심지어 국제적인 박수갈채를 받을 수만 있다면, 무엇하러 새로운 빈곤에 대해 논하고 이에 맞서 무언가를 행하겠는가?[60]

좌파정치가 포스트모더니즘 유사정치를 통해 이렇듯 잘못된 판단이나 선언을 내리자, 현재 다수를 점하고 있는 기존의 사민주의 핵심 지지층은 신 우파 진영으로 (혹은 점점 거대해져 가는 투표 불참자 진영으로) 몰려들고 있다.[61] 사민주의 정치가 공적인 인식에 있어서 내삽-I, 금연, 중간성별과의 교제에 대한 조언 외에 다른 것을 대변할 수 없다면, 사람들이 자녀의 교육을 위해 돈을 내야 하는지 우려하고 분노하며 다른 진영에 투표하더라도 전혀 이상하게 생각해서는 안 된다.[62] 그러므로 이제는 우파로부터 공격받는 상황을 사람들이 좌파 정치에 나서는 증거로 드는 것을 중단해야 한다.[63] 사람들이 강요된 '젠더'에 대한 실존적 고민으로 분노하는 것은 젠더가 진보적이라는 증거도, 화를 내는 사람들이 파시스트일 수 있다는 증거도 아니다. 정치적 올바름은 좌파 헤게모니의 성과가 아니다.[64] 결국 신 우파가 강해지고 있는 이유는 사민주의자들이 좌파 정치를 했기 때문이 아니라 그들이 오래전부터 더 이상 아무것도 하지 않았기 때문이다.

좌파를 통해 유사좌파의 상징정치를 비판하고, 진정한 좌파이자 모든 것을 평등과 복지에 초점을 맞춘 해방적 정치를 위해 유사좌파와 결별하는 데 실패한다면, 장래에는 수많은 나라에서 눈에 띄게 늘어난 우파의 승승장구를 그 무엇도 막을 수 없게 될 것이다.

2016년 11월 미 대통령 선거에서 도널드 트럼프가 당선되면서 한층 더 분명해진 것은, 빈곤해진 유권자의 대다수는 선별된 소수자의 지지를 통해 [참된] 평등의 대체물을 제공하려는 '진보적 신자유주의'의 약속을 더 이상 믿지 않는다는 것이다. 또한 우리 지식인들이 깨달아야 하는 것을 대중들은 명백하고 신속하게 파악했는데, 포스트모더니즘과 이에 속하는 유사정치의 이데올로기는 완전히 실패했다는 것이다. 포스트모더니즘과 유사정치의 이데올로기는 신자유주의의 공범이라는 사실을 간파당했으며 이는 더 이상 회복될 수 없다.

슬라보예 지젝과 낸시 프레이저 같은 이론가들이 정치적 올바름의 유사정치를 많은 유권자들이 트럼프에게 돌아선 이유로 진단한 이래로,[65] 신자유주의적 유사좌파 진영은 새로운 교활한 주장을 펼치고 있다. 난데없이 정치적 올바름은 한 번도 존재한 적이 없었다는 입장이 표명된다. 즉 정치적 올바름은 순전히 우파가 좌파를 조롱하고 논박하기 위해 고안해낸 발명품일 뿐이라는 것이다. 그러니까 갑자기 아무도 그런 적이 없던 것처럼 되어버린다. 모이라 바이겔Moira Weigel이 2016년 11월 30일 <가디언Guardian> 지에서 신중한 표현을 들어 묘사한 개념사[적 설명]에 따르면, 정치적 올바름이라는 표현은 맨 처음에는 1960~70년대 좌파 내부의 극도로 엄격한 편협함[정통주의]을 우스꽝스럽게 만들기 위해 오직 반어적인 용법으로 사용되었다. 1990년대에 우파가 이 표현을 발견하면서 비로소 그것을 좌파에 대한 무기로, 특히 대학 내에서 사용하였다.

> 좌파가 이 표현을 자기 운동 내의 도그마적인 경향을 점검하는 데 미처 사용하기도 전에 '정치적 올바름'은 갑자기 신보수주의자들의 테마가 되었다. 이들에 따르면 PC란 좌파의 정치적 프로그램이며, 미국 대학들과 문화 기관들을 통제하여 멈추게 하려고 한다. (Weigel 2016)

같은 맥락에서 2017년 2월 크리스티안 슈타스Christian Staas가 <디 차이트 Die Zeit>지에 부연 설명했다. 그에 따르면, PC의 대리인을 자처하는

사람이 나타난 적은 거의 없다. 약간의 예외를 제외하면,

> 기이한 것은, 실제로 존재하는 정치적 올바름에 대한 징조는 거의
> 발견되지 않는다는 것이다. 정치적 올바름의 호명이나 개념의 긍정적
> 인 사용만이 겨우 시도된다. 예외로 꼽히는 것은 클라우스 레게비Claus
> Leggewie와 같은 정치학자나 미국 전문가 한스 울리히 굼브레히트Hans
> Ulrich Gumbrecht와 같은 사람들이 새로운 올바름의 수호자를 자처함으
> 로써 개별적으로 보고하는 논의들이다. … PC에는 일말의 의혹도
> 없으며, 독일에서는 처음부터 반대자는 많았고 지지자는 없다시피
> 하였다. … 확실한 것은, '올바른 선언'은 없고, 정치적 올바름에 대한
> 정당프로그램도, 올바름과 관련된 법규로 억압받는 소수자에 대한
> 일반적인 설명도, PC 이데올로기를 학습시키는 원전도 존재하지 않는
> 다는 것이다. (Staas 2017)

결론 부분을 제외하면 이러한 주장은 사실일 수 있다. PC에 대한
강령적인 '성서'[정전]가 없다는 상황을 통해 PC가 이데올로기로 존재하
지 않는다고 결론 내려서는 안 된다. 이는 이데올로기의 존재 방식에
관한 매우 형편없는 오판이다. 알튀세르Louis Althusser(1969)에 따르면 이데
올로기는 관념이나 문자로 존재하기보다는 기관, 위원회, 협회, 실행
방법, 양육 습관, 겉보기에 자명한 '아비투스', 생생한 도덕 원칙, 유행
등과 같은 이데올로기적 '장치' 속에 존재하니 말이다. 그리고 특권화된
서구사회는 최근 수십 년간 현실에 대한 놀라운 맹목을 보여주고 있다.
누군가에게는 대학의 일자리 공고나 임용의 기회가 거의 주어지지 않는
다. 사회학자들은 예컨대 이주민들 사이의 범죄와 같은 특정한 소재에
대해 다뤄야 하는지를 놓고 스스로를 검열하거나 집단적으로 검열한다.

혹은 정치적으로 참여하는 대학생위원회가 부과한 언어규칙을 통한 복합적인 자기 훼방을 통해서 머리를 절레절레 흔들며 다음과 같은 마르크스의 말을 상기할 것이다. "늙은 몰로흐[8]가 지배하지 않았나…?"[66]

슈타스는 이와 반대로 모든 경험에 대한 자신의 고찰을 밝힘으로써 PC가 우파를 강화하는 데 기여한다는 비난에 대해 다음과 같이 대담하게 진술하며 자신과 타인들을 격려한다.

> 해방에의 과도한 노력이 필연적으로 그것에 반대되는 것을 산출한다는 주장은 따라서 그로테스크하기만 한 것이 아니라(그러한 논리에 따르면 전쟁은 평화주의자가 자신의 평화주의를 지나치게 밀어붙여서 일어난 것이다), 위험하기도 하다. (Staas 2017)

이는 그 자체로만 보면 매우 정확하다. 단지 전제가 잘못되었을 뿐이다. PC는 (이에 속하는 모든 정치, 가령 정체성 정치와 같이) '해방적 노력의 과잉'이 아니라 과소를 보여준다. 즉 해방적 노력에 대한 우스꽝스러운 캐리커처, 값싼 대용품 말이다. 해방적 관심사를 (그것의 제도화된 경영자를 제외하고) 그 누구도 진지하게 다루지 않을 때 그것은 협소해지며, 더 열렬히 추진되고 방어될 수 있는 곳으로 옮겨간다.

따라서 사회민주주의와 신자유주의적 유사정치의 나머지 대리인[지지자]들이 애초에 아무것도 없었다면 적어도 가장 차별받는 이들에게 무언가를 해주었으리라는 주장은 결코 정상 참작될 수 없다. 그전까지 가난한 사람을 예외로, 차별받는 이들을 그들의 대표자로, 현실을 단어로

• • •

[8] 역주. 소의 머리를 한 고대 신으로서 막대한 희생을 요구한다. 마르크스는 그룬트리세(Grundrisse)에서 돈을 몰로흐에 비유한 바 있다.

대체한 것 때문에 이는 아주 조금도 맞아떨어지지 않는다. 예컨대 대학에서 "여' 박사Dr.in' 내지 "여' 교수Prof.in'와 같은 성별 특화된 직업명을 여성을 위한 것으로 도입함으로써 무엇인가를 얻을 수 있다고 받아들일 지라도[67](낡은 생략이 어떠한 성별적 구획[독일어의 성별 어미]을 내보이지 않았고 따라서 이미 성별적으로 공정한 언어의 사례로서 평가받았을 수 있다는 점에서), 여기에는 그만큼 더 고통스러운 질문이 다음과 같이 제기된다. 소위 현실변혁 가능한 편협한 언어를 무기로 싸우는 씩씩한 여전사 및 전사들은 대학의 볼로냐 개혁이 진행되던 중에 '학사학위Bachelor'나 '석사학위Master'와 같은 매우 아름답고 고풍스럽지만 결코 성중립적이지는 않은 타이틀이 범유럽적으로 이행될 때 도대체 어디에 계셨나? 실제로 좀 더 위험에 처해 있던 이 시기에도 단지 미미한 저항만이 이러한 측면에서 유효했나?

차별받는 집단에 대한 포스트모더니즘 정치는 언어의 영역에서조차도 이 집단을 위해 조금의 배려도 허용하지 않는다. 따라서 평등의 정치 또한 소수자 집단과 소외 집단을 돕는 정치의 대척점에 서 있지 않기는 매한가지다. 포스트모더니즘 정체성 정치가 실제로는 양쪽의 목적 모두 충실하게 배반하고 있기 때문이다. 따라서 평등의 정치에 우위를 부여하는 것은 소외 집단을 소홀히 하는 것을 의미하지 않는다. 오히려 지속적이고 실질적인 배제를 통해 이 집단으로 하여금 소위 그들의 이름으로 발언하는 간부들에 의해 좌지우지되는 것을 끝장내버리는 것을 의미한다. 여기에는 가령 우파가 근본적으로 소외 집단이 모든 동등한 권리를 누리는 것을 광적으로 반대할 것이라는 상상, 그들의 유권자들 대부분이 근대적이거나 열린 사회를 지지하지 않으리라는 상상을 제거하는 것 또한 포함된다.[68] 이것이 실제로 작동하는 것은 저임금노동 내부의 첨예화되어가는 경쟁과 친숙한 생활환경의 상실을 통해 점증하는 불안감을 우파가 외국인 혐오로 교묘하게 헤게모니화할 때이다.[69] 그러나 다른 많은 소외 집단에 대하여 신우파정당의 유권자들은 일반적으로 이상하리만치 무관심하다. 그들은 대개 동성애자나 트랜스젠더에 대한 법적인 차별을 폐지하는 데 크게 반대하지 않는데, 왜냐하면 그들은 동등한 권리를 전적으로 옹호하며, 그 밖에도 그러한 문제들을 당연하게도 그들에게 잘 알려지지 않은 소규모 집단의 문제로 분류하지 않기 때문이다. 우파 포퓰리즘 정당을 향한 분노, 저항, 그리고 투항은 선거 유동표가 발생하는 환경에서 교양 있는 엘리트로 포착되는 사람들에게 그러한 관심사가 교육학적 불손함에서 도발적으로 접근할 때 발생한다. 바로 이것이야말로 사민주의 정당이 지난 수십 년간, 또한 최근에 소외 집단에 피해를 입히며 자행한 것이다. 가령 초기 스페인 국무총리 호세 루이스 자파테로José Luis Zapatero는 최소한의 여론 과반수를 동성애 자유 법안 도입을 위해서 뿐만 아니라 사회의 첨예한 대립을 위해서도 활용되어야 한다고 밝혔다.[70] 사민주의 정부를 경제 및 사회정책에 있어서 보수적 짝패와 차별화하지 않는 만큼, 그들은 문화 및 사회정책에 있어서 최소한의 차이를 강조하고 엄청나게 과장하기 시작했다.[71] 이러한 주제 전환을 향한 납득할 수 있는 짜증은 종종 '진보적인' 문화프로그램에 대한 분노로 폭발하거나, 적어도 그 분노가 순전히 문화적 잔재로부터 오는 것으로 그려질 수 있었다.

결국 좌파가 그러한 포스트모더니즘 유사정치를 비판함으로써 이 불가피한 과제가 더 이상 우파의 전리품이 되지 않게 해야만 한다. 왜냐하면 포스트모더니즘 신자유주의 사회민주주의는 앞서 언급했던, 자신의 결점으로 먹고사는 존재의 전형에 대한 좋은 사례이기 때문이다. 포스트모더니즘 신자유주의 사회민주주의가 우파를 강하게 만들어주는 동시에 우파로부터 공격받는 상황은 사회민주주의가 올바른 길로 가야 할 증거로 기능한다. 또한 심지어 그들에게는 스스로를 유일한 대안으로 제시할 기회가 있다. 실제로 좌파 진영에서 그들의 유사정치를 비판하는 이는 번번이 그들의 지지자들로부터 우파 내지 '음모론자', 그도 아니면 여성혐오자 내지 인종차별주의자로 비난받을 것이다. 이는 버니 샌더스 Bernie Sanders, 오스카 라퐁텐Oskar Lafontaine, 자라 바겐크네히트Sahra Wagen-knecht와 같은 정치인들과 슬라보예 지젝이나 다니엘 간저Daniele Ganser와 같은 이론가들이 종종 몸소 겪는 담론형태이기도 하다. 빈곤계층의 관심을 유지하고 우파의 기세를 꺾어버리기에 적합해 보이는 모든 것들은 유사진보적인 정치적 중도층의 건장한 기회주의자에 의해 '전면을 가로지른다'고 가차 없이 비난받는다.[72] 동시에 이 기회주의자들은 긴축 정책을 추동하고, 상류층을 위한 면세를 의결하고, CETA, TTIP, TISA와 같은 신자유주의 자유무역협정을 지지하고 시리아나 예멘과 같은 나라에 연방군의 군사 배치를 승인한다.

반동적 미모사[예민한 사람]: 가장 미미하게 무의미한 것을 위한 가장 거대한 파토스

다행히도 포스트모더니즘 유사정치는 그동안 제 스스로 눈에 띄게 왜곡되었다. 첫 번째로는 그것이 몰두하는 관심사의 너무나 터무니없는 사소함, 두 번째로는 그것의 부수적 피해가 갖는 위험성을 매우 분명하게 보여준다. 세 번째로는 그 기획이 철두철미하게 엘리트적인 성격을 띤다는 것이다. 이미 미국과 영국의 엘리트대학과 예술대학에서는 사육제 의상을 박해받는 소수자에 대한 공격으로 여기고 이를 퇴출시키기 위해 대단히 진지하게 싸우고 있다.[73] 대학 구내식당의 요리는 이국의 문화를 제국주의적으로 강탈한다고 문책을 받고, 세미나에서 '토착의 Indigenous'와 같은 단어의 첫 글자를 맞춤법에 맞게 소문자로 수정하는 것은 '미세 차별Microaggression'[9]로 비난받는다.[74]

사람이 자신의 삶에서 약간의 사치를 누릴 수 있을 만한 경제적 여유를 이룬다면 좋을 것이다. 교육현장은 더 엘리트적이고 따라서 더 사치스러울수록 마치 만발한 것처럼 그러한 주도권을 더욱 생산해낸다. 그곳에서는 감수성을 기르고 스스로를 피해자로 미화할 수 있는 모든 기회가 더욱더 서슴없이 포착되는데, 동시에 이 기회는 그들 고유의 특권의식을 도덕적인 것으로 전환할 수 있게 도와준다. 그러는 동안 동시에 사회적 관점에서는 다시금 절대적인 명성을 얻게 해준다.[75] 일곱 장의 매트리스 아래에 감춰진 완두콩을 여전히 감지할 능력이 있는 모든 것은 주지하듯이 공주님으로 간주된다.[10] 또한 그러한 유사정치적 감수성의 주도권은 한결같이 예술대학과 문화연구기관에서 맨 먼저 눈에 띄게 나타난다. (의학대학이나 공과대학에서는 명백히 덜하다.) 그러니까 무엇보다도 문화가 사치품이자 구별 짓기용 상품으로 제조되는 곳에서 그러한 셈이다.

그러한 사치품에 주목하는 생산 활동이 대학의 또 다른 측면에서 그리고 공공성의 연장선상에서 발생한다는 것에는 상당한 위험이 있

* * *

[9] 역주. 일상에서 은근하게 벌어지는 미묘한 차별을 가리킨다.

[10] 역주. 안데르센의 동화 「공주와 완두콩」에서 '진정한 공주'를 아내로 맞이하고 싶어 한 왕자를 위해 왕비는 매트리스를 여러 장 쌓아 올리고 그 아래에 완두콩을 한 알 숨겨둔다. 비바람이 부는 어느 밤 한 공주가 찾아와 그 위에서 하룻밤을 묵게 되고, 다음 날 아침 공주는 잠자리가 불편해서 한숨도 자지 못했다고 이야기한다. 왕자는 공주를 아내로 맞이한다. 이는 완두콩 한 알도 불편하게 느낄 만큼 예민한 감각이 상류계급의 특권과 같다는 것을 함축하고 있다. 본문에서 저자는 고학력 엘리트들이 그러한 예민한 감수성을 더 많이 소유하고 길러낼 수 있으며 이것이 곧 계급적 특권으로 환원되는 현실을 이 동화를 비유로 들어 설명하고 있다.

다.[76] 질병과 병약함[다치기 쉬움]이 절대시 되기 때문이다. 그것들은 '지연된 위험'에 대한 충분한 원인으로서 유효하다. 이러한 최상급의 우월성에 힘입어 개방적이고 비판적인 사고를 교환하는 공간으로서의 대학은 파괴된다. 누군가에게 어딘가 불쾌한 것을 포함하고 있는 모든 문학 텍스트는 학생들에게 꼭 필요한 소위 안전지대safe space에 대한 위협으로 간주될 수 있다. 홀로코스트, 폭력 내지 섹슈얼리티와 같이 어떤 문제적인 테마에 대한 모든 예술적 작업과 모든 철학적 논문은 추정컨대 학생들에게 정신적 외상[트라우마]을 입힐 수 있다. 이 때문에 학생회에서는 이른바 사전 고지trigger warnings를 요구한다. 학생들에게는 다루어질 자료가 트라우마를 유발할 수도 있는 요인triggers을 얼마나, 어느 정도 포함하고 있는지 고지되어야 한다.[77] (이 대목에서 어째서 이러한 감수성이 가령 의과대학에서는 나타나지 않는지 이해할 수 있다. 피를 전혀 볼 수 없는 사람이라면 결코 의학을 전공할 수 없다. 이러한 기본원리에 대해 그 역사상 매우 논쟁적인 것으로 유명한 예술, 문화학 그리고 철학의 영역에서 갑자기 그것이 더 이상 유효하지 않다는 것은 매우 기이할 뿐이다.) 결국 의견 불일치와 논쟁적인 견해는 대학에서 전면 금지되어야만 하는데, 최상의 선을 위해 고양된 학생들의 웰빙이 위험해질 수 있기 때문이다. 분명한 것은, '순위 매기기Ranking'를 끊임없이 욕심내고 학생들에게 '고객 만족'을 위한 최상의 지도원리를 제시하는 신자유주의화되고 경제화된 대학이 장래의 성숙하고 공적으로 능력 있는 시민을 양성하는 전통적인 교육 현장을 대체한다는 것이다.[78] 이러한 신자유주의적 민영화의 이해관계는 한껏 자극받은 미모사의 도움으로 관철된다. 대학은 모두가 비판적 시험에 응시할 수 있으며 신분에 상관없이 오로지 더 나은 논거만이 의미를 갖는, 사회에서 가장 열려 있는 공간으로 구성되는 대신에, 극도의 감수성과 신분 구별만이 가치를 인정받는 극단적으로 닫힌 공간으로 정의된다. 모두가 참작되고 '포함' 되어야 하며, 그 누구도 자신의 특수성에서 비롯한 아주 작은 걸림돌이나 도발도 마주쳐서는 안 된다. 프랭크 푸레디는 이러한 정치에 대한 공인되지 않은 모순에 대해 언급한다.

> 겉보기에 그러한 정치는 가치관에 얽매이지 않고 편견이 없는 것처럼 보이지만, 자신의 규범을 훼손하는 행동에 대해서는 무관용적 성향을 추구하고 있다. 그러한 정치는 수사적으로는 다양성을 설교하지만, 실제로는 의견의 다양성을 허용하기를 거부한다. (Furedi 2016: 9)

여기서 분명한 것은 포스트모더니즘이 좌파 자유주의 진영에서 장려한 이래로 사회 전체 영역에 요구하는 데 사용되어온 '포용Inklusion'과 같은 개념이 얼마나 위험하고 그릇된 길로 이끄는가 하는 것이다.[79] 그러나 포용은 일단 평등의 원칙이 폐기된 곳이라면 어디서든 성취될 수 있다. 가령 중세 사회는 고도로 포괄적인 사회였다. 그곳에서는 마을의 천치부터 왕까지 모두 각자의 (불평등한) 자리를 갖고 있었다. 마찬가지로 전통적이고 가부장적인 가정은 검은 양부터 대부[교부]에 이르기까지 모두를 포함한다. 누구도 배제되지 않는다는 것은 물론 포괄적인 환경이 구성원을 집단 내지 공동체의 내부에서 지배하고 조종하고 집단 내부의 모든 의견 불일치를 저지하기 위해 내적 억압기제를 충분히 사용할 수 있다는 것을 의미한다. 자신의 삶에서 포괄적 환경, 가령 시골의 마을공동체나 신도시 주택단지의 뒷담화가 오가는 곳을 언제든지 벗어날 기회가 있는 사람은 포용에 대한 말을 겁 없이 듣지는 않는다. 그리고 장 폴 사르트르Jean-Paul Sartre의 『출구 없는 방Huis clos』을 기억하는 이라면 모든 것을 단순히 한 곳에 가둬두는 것은 의견 불일치에 대한 문명화된 조정 덕분에 계속 발전할 수 있는 사회가 수용 가능한 원칙이 될 수 없다는 것을 예감할 것이다. 니클라스 루만Niklas Luhmann이 언급하였듯이 오히려 근대적 주체성과 개별성은 전통적인 사회형태를 극복하면서 비로소 '배타적 개별성'으로서 발생하였다.[80] 포용, 문자 그대로 포함은 열린 사회의 원칙에 정확히 반대되는 개념이다.[81] 그러나 어쩌면 이것이 증명하는 것은 대다수의 이론가들이 배제의 반대 개념을 단지 **포용**으로 밖에는 상상하지 못하는 이론적 환상의 결여에 불과할 수도 있다.

그럼에도 평등한 목소리로 말하고 의견 불일치를 해결하는 것이 마땅히 가능한 영역은 반드시 배타적이다. 예컨대 아이나 금치산자는 투표를 하거나 국회의원이 되어서는 안 된다. 술에 취한 사람은 강의실에서 소리 질러서는 안 된다. 정신 나간 소리를 지껄이는 사람은 상담을 지시받는다. 말을 할 수 없는 사람과는 함께 대화할 수 없다. 잠을 자는 사람도 마찬가지다. 또 심지어 모든 전제를 대화로 충족시키려 해도 매번 가능하지는 않다. 일정 정도만이 담화에 속할 수 있기 때문이다. 이것이 대의민주주의가 작동하는 방식이다.

따라서 개방적이고 평등하고 민주적인 사회는 평등한 목소리의 원칙을 위하여 배타적으로 작동하는 영역의 현존을 전제로 유지된다. 그러므로 인간적인 사회에서는 포용 대신에 모든 구성원에게 가치 있는 삶을 가능케 하는 것이 주요 원칙이 되어야 한다(가령 노동에 구속받지 않는 지대를 통해). 그 밖에도 포용의 원칙은 보편화되기보다는 오히려 감소되어야 한다. 사회는 구성원들이 다양한 정체성이나 공동체 집단에 포함되지 않고도 정치적 문화적으로 참여하고 사회적 연대의 기쁨을 누릴 수 있을 만큼 충분히 개방적이어야 한다.[82] 또한 평등을 목표로 하는 사회는 평등한 목소리의 원칙을 배타적으로 현실화하는 참여 영역을 필요로 한다. 물론 우리는 기구를 창설하고 정책을 발전시켜 많은 사람이 평등의 영역에 유입되도록 할 수도 있다. 그러나 가장 열린 사회에서조차 이는 모두에게, 그리고 삶의 모든 국면에서 가능하지 않다.[83] 가령 대학과 같은 평등의 영역을 포용의 영역으로 개조하라는 요구는 사회 내 평등의 원칙에 대한 위험하고 대단히 억압적인 공격이다. 이러한 위험의 한 예증을 영화관의 새로운 발전과 비교해볼 수 있을 것이다. 영화가 상업적인 이유에서 가능한 한 나이 제한 없이 청소년들도 접근 가능하도록 다수에 의해 조직된 이래로, 영화관은 '포용적'이긴 하지만 얼빠진 곳이 되었다. 그 결과 성인들은 더 이상 성인영화를 견뎌낼 만큼 충분히 성숙하지 않게 되었다.

2017년 5월 국제축구연맹FIFA은 이 '포용'이라는 파렴치한 전략이 노골적인 조롱이 된 사례를 보여주었다. 엄청난 부패 스캔들로 충격을 불러일으킨 이 연맹은 윤리위원회를 운영하고 있다. 그러나 이 위원회의 수사 활동이 현 권력자들과 그들의 음모를 공개적으로 위협하기 시작했을 때, 연맹은 놀랍게도 위원회의 의장 전원을 해고하기로 결정했다. 이유인즉슨 연맹이 고려해야 할 '지리적, 젠더적 다양성'의 의무를 새 의장들이 좀 더 충족시켜준다는 것이었다.[84] 평등의 조건이 작동하는 언제 어디서든 힘 있는 자에게 까다롭게 굴 때마다 그들은 신속하고 수월하게 포스트모더니즘의 '다양성' 내지 '포용성'을 호명한다.

점증하는 경제적 불평등을 통해, 그리고 국제적 재벌들의 권력과 전횡에 맞선 민주주의적으로 합법화된 정치의 증대하는 무기력을 통해 평등의 원칙이 전반적으로 심각하게 위협받고 있는 시점에서 포용에 대한 소위 휴머니즘적인 요구가 평등이 관철되고 있는 사회의 일부 영역에 출몰한 것은 우연이 아니다.[85] 포용을 통해 대학 내 평등이 파괴되는 것은 사회에서 어떠한 논의도 없이 불평등이 관철되는 데 유용하다. 대학은 어떠한 경우에도 더 이상 예전과 같이 사회적 진행 과정에 대한 비판적 대항 여론의 역할을 할 수 없다. 따라서 대학의 미모사는 신자유주의 '메뚜기'와 과두정치가들의 공범자인 것이다. (이러한 이해의 일치는 그 밖에도 그들의 계급 출신과도 거의 항상 일치한다. 드물지 않게 그들은 그러한 계급의 자녀들이다.) 이러한 맥락을 간파하지 못하고 평등의 영역에서 소위 휴머니즘적 포용 정치와 놀아나는 좌파는 계속해서 스스로의 명예를 실추시킨다. 이 모든 것을 좌파 정치를 위해서 유지해서는 안 되는데, 지금까지 좌파 정치는 스스로를 좌파로 잘못 간주하거나 좌파 행세를 하는 사람들에 의해 이루어져 온 것 같기 때문이다. 절대시되고 잘못 배치된 포용 정치는 민영화, 상속세 폐지, 자본과 조세 탈피에 대한 방관, 사회, 건강, 교육 영역의 단절과 마찬가지로 좌파 정치와 동떨어져 있다.

경찰과 검열에 대한 이른바 '좌파적' 요청의 이러한 흐름 속에서 용감하게 그리고 예측 가능한 방식으로 특수한 선의와 감수성에 대해 즉각 격렬하게 비판하는, 즉 대학이 대학에 대해 행했던 것을 기억하는 목소리는 드물고 귀해졌다. 시카고 대학의 학생 딘Dean과 존 엘리슨John Ellison은 2016년 여름 모교의 예비 학생들에게 보내는 공개서한에서 다음과 같이 밝혔다.

> 대학의 [학술적] 자유에 대한 우리의 의무는 이른바 '사전 고지'를 지지하지 않는 것, 초대한 강연자의 강연 주제가 논쟁적일 수 있다는 이유로 초대를 다시 취소하지 않는 것, 이념과 관점이 일치하지 않는 개인을 돌려보낼 수 있는 지성의 '안전지대'를 허용하지 않는 것을 의미한다….[86]

오늘날의 상황에 비추었을 때 이러한 종류의 일을 단호하게 밝히는 것은 의미 있다. 이전 세대는 일찍이 아이들에게 다음과 같은 노래를 불러줬었다. "곤봉과 돌멩이가 내 뼈를 부러뜨릴 수 있겠지만, 말은 결코 나를 해치지 못할 것이다sticks and stones may break my bones, but words will never hurt me."[87] 이와 반대로 오늘날에는 대학생들에게 공적이고 지적인 삶에 따르는 부차적인 현상을 견뎌낼 능력이 있음을 애써 상기시켜줘야만 한다.

물론 우리는 가장 상이한 출신의 사람이 대학생의 지위에 접근하게 해줄 모든 것을 할 수 있고 또 해야 한다. 그러나 일단 대학생이 되면 그들은 성인이며 따라서 그에 상응하는 대우를 받아 마땅하다. 대학 강의 내에서 감수성을 고려하는 사람은 (아마도 학생들은 단지 자신을 가르치는 사람에 대한 약간의 권력을 획득하기 위해 종종 발언할 것이다) 그들을 존중하는 것이 아니라 오히려 그들에게 성인으로서 — 나아가 미래의 경영진으로서 — 받을 만한 가치가 있는 존경을 허용하지 않는 것이다. 반면 학생들의 계속되는 미성숙은 — 가령 그것이 유럽의 볼로냐 혁신을 통한 주입식 학습의 조치로 가속화되었듯이 — 학생들의 손해뿐만 아니라, 궁극적으로는 대학 내 지적인 삶의 종말을 의미하기도 한다. 프랭크 푸레디가 정확히 간파했듯이, 학생들에게 (또한 사회에도) 필요한 것은 그들이 자유롭고 독립적인 삶을 대비하게 해주는 대학, 그들을 미숙하게 만들고 보호를 요청하는 탄원인으로 변신시키는 '안전지대'가 없는 대학이다.[88]

상처가 곧 진실이다. 잊혀진 인물들의 생성

또한 오늘날 섹슈얼리티에 대한 '편집증적인' 공포를 부추기는 것은 로라 키프니스Kipnis(2015)가 한 주목할 만한 에세이에서 언급하였듯이 이러한 미성숙의 한 측면이다— 바로 대학에서도 말이다. 점점 더 많은 학생들이, 이 경우에는 특히 엘리트대학에서, 교사로부터든 학우로부터든 성적인 것은 성가시거나 심지어 억압적으로까지 느낀다. 기대했던 대로 흘러가지 않거나 끝나버린 모든 것, 뒤늦게 실패로 끝난 것으로 여겨지거나 최초의 동의 이후에 차라리 하지 않았으면 좋았을 모든 것이 지금은 성폭행이었을 수도 있다는 혐의를 받는다. 자랑스러운 뉴욕 콜럼비아대학의 한 여학생이 2013년 언론의 주목을 받으며 며칠 동안 캠퍼스에서 매트리스를 질질 끌고 다니며 그녀를 (이런 매트리스 위에서) 성폭행했다는 혐의를 씌워 학우를 대학에서 추방시키려고 했다. 그 학생은 학내 위원회에서 무죄 판결을 받았고 어떠한 법적인 형사소송 절차도 받지 않았음에도 불구하고 캠퍼스에서 추방당했다. 혐의를 씌운 여학생의 행동에 대한 힐러리 클린턴Hillary Clinton과 마리나 아브라모비치 Marina Abramović의 열광적인 동의 속에서 그의 시민으로서의 현존은 오랫동안 실질적으로 파괴되었다.[89]

로라 키프니스가 언급하였듯이, 여기서는 안드레아 드워킨Andrea Dworkin이나 캐서린 맥키넌Catharine McKinnon과 같은 작가들에 의해 대표되는 성 적대적인 래디컬 페미니즘의 한 특정한 변종의 관점이 주류가 되었다. 이러한 견해에 따르면 가부장적 조건 하에서는 여성의 동의하에 이성애 간에 합의된 성관계란 원칙적으로 없다. 이성애 간의 성애적인 관계를 시도하는 모든 것은 결국 괴롭힘, 그러니까 성폭행이 될 것이다.[90]

그리고 이러한 견해에 따르면 모든 혐의 씌우기는 저절로 정당한 것이 된다. 고소인과 변호인을 규정하는 절차도 없고, 증인과 피의자의 증거를 검증하거나 경청하지도 않는다. 또한 소송 진행 중에 피의자의 무죄추정을 유지하고 괴롭힘[조리돌림]으로부터 보호해줄 어떠한 조치도 없다. 감수성 예민하고 끊임없이 포용에 마음 쓰는, 공론장을 도덕화하는 이 정치가 여기서는 무분별하고 배타적이며, 감수성을 훼손하는 이들을 질책함에 있어서 양심을 저버릴 만큼 가차 없는 것으로 드러난다. 그것은 그들을 주저 없이, 말하자면 비공식적으로 잊혀진 인물로 만든다.

이로 인해 발생하는 피해는 어마어마하다. 그것은 단지 발설하지 못하게 하거나 사라지게 하는 것에만 해당되지 않고, 상처받은 이나 모욕받은 이를 포함한 사회 전체와 관계된다. 사태의 모든 객관적 해결에 있어서 상처와 모욕에 대한 감수성의 우위를 허용하게 되면, 사회 내에서 구성원의 상징적 현존을 지우지 않으면서 유죄를 선고할 수 있는 공간은 모두 사라지게 될 것이다. 그들이 참회하거나 회복하여 사회에 복귀하고 재영입될 수 있는 절차 또한 없다. 그리하여 더 이상 정당하게 유죄판결 받은 이도, 처벌받은 이가 회복되는 경우도 없고, 단지 피의자가 된 잊혀진 사람만이 있듯이, 정치적 반대자는 더 이상 없고, 제거해야 할 적이 있을 뿐이다. 샹탈 무페가 정확하게 말했듯이, 경합agonism하되 평화롭게 해결할 수 있는 간극을 분실한 사회는 격노한 적대감의 폭발을 불러일으킨다.[91]

정치적 올바름은 — 빈약한 예술작품과 비슷하게 — 1990년대 이래로, 만족할 만한 성과를 통해서가 아니면 최소한 그것이 작동시키는 생산적인 논의 및 합의의 과정을 통해서라도 정당한 것으로 참작되어왔지만, 이제 이러한 주장들은 허위로 드러나고 있다. PC는 결코 '생산적인 의견 불일치를 일으키는 논쟁의 증가'를 대변하지 않는다.[92] 오히려 PC는 모든 논쟁을 도그마적으로 사전에 종결짓는다. 그리고 PC는 반드시 나쁘지만은 않을 수 있을 의견 불일치의 존재에 전혀 무지한 것처럼 보인다. 프랭크 푸레디가 언급하였듯이 "나는 동의하지 않는다 disagree"라는 낡은 관용구는 그 자리를 대체하게 된 "나는 불쾌하다 am offended"라는 포스트모던적인 선전포고보다 전략적으로 훨씬 약한 것이다.[93] 전자가 단순히 논쟁 가능한 견해를 표현하고 있다면, 후자는 다툼의 여지가 없는 의학적인 현실을 표현한다.

'자신이 상처받거나 모욕당했다고 느끼는 이는 옳다'[94]는 이 정치적 올바름의 기본적인 원칙은 낡은 해석학적 판본을 반복하고 있다. 그것은 1960년대 소위 진보적인 문학이론이 발전시켰던, 텍스트의 의미는 저자가 아니라 독자에 의해 규정된다는 중대한 오류를 일상 문화의 영역에서 반복하는 것이다.[95] 독자는 (저자와 마찬가지로) 틀릴 수도 있고 잘못 해석할 수 있다는 것, 독서란 최초에 발견한 이해를 고수하는 것이 아니라 오히려 스스로를 계속해서 가상의 독자의 형상과 관련시킴으로써 '무엇을 이해할 수 있는가'[96] 자문하는 것 — 텍스트를 이해하기 위한 이 고통스러운 '3각 측량'은 지나치게 단순화된 독자이론을 통해 완전히 무시되었다. 모욕당했다는 인식이나 느낌상의 성폭행에 과도하게 몰두하는 현실은 이러한 문학이론의 진실이자 인과응보[귀결]다.

동시에 이러한 현실은 이 입장에 대한 씁쓸한 정치적 진실을 보여준다. 스스로를 피해자로 느끼는 이의 느낌에 동의하고 이를 판단의 표준으로 끌어올리는 것은 일견 분별 있는 것으로 보일지도 모른다. 힘 있고 헤게모니를 쥐고 있는 사람들이 소외된 사람들이 어떻게 느끼는지 어떻게 알겠는가? 다른 한편으로 언뜻 보기에 그러한 소위 대우를 받는 이들을 향한 깊은 경멸 또한 분명하다. 어떠한 사태를 파악하기 위한 표준이 어떤 사람이 그 사태를 어떻게 느꼈는가에 달려 있다면, 이 사람은 바로 그 때문에 아무것도 아니게 된다(사태가 사태인 것만큼 덜). 따라서 그는 더 이상 진실되지 못하게 된다. 진실과 관계될 수 있으려면 틀릴 수도 있어야 한다. 그러니까 가령 특정한 말이 특정한 문맥에서는 모욕을 주는 것을 뜻하지 않을 뿐 아니라 실제로도 그렇지 않다는 것과, 누군가가 자신의 왜곡된 감수성으로 인해 잘못 생각하고 있지는 않은지 꿰뚫어 볼 수 있어야 한다. 기분이 상한 상태에서 사람은 철학에 있어서 마르크스주의자가 되려는 시도 중에 저지를 수 있는 것과 같은 실수를 저지를 수 있다. 또한 후자는 철학자 루이 알튀세르가 강조했듯이[97] 결코 가볍지 않다. 모든 사물을 특정한 방식으로 생각할 수 있다면, 경우에 따라서는 그것이 실제로는 다른 상태에 있다는 것 또한 인정해야 한다.

반대로 누군가가 이러한 계산을 할 능력이 없고, 회피할 수 없는 힘인 마냥 자신의 감수성에 지배당하고 있다고 가정한다면, 이러한 가정을 통해 그 사람은 금치산 선고를 받고, 탈주체화되고, 한낱 운명에 순응하는 기계, 모욕 및 상처에 순응하는 기계로 전락할 것이다. 금치산자에게는 자신의 감수성 외에는 아무것도 유효하지 않다. 예컨대 본질주의적이고 성 적대적인 래디컬 페미니즘은 바로 여성을 여성이라는 이름으로 발화하고 차지하여 실제로는 어린아이로 만들어버리는 경향이 있음을 엘리자베스 배딘터Elisabeth Badinter는 정확히 간파하고 있다.[98] 바로 그와 같은 미숙한 존재는 실제 트라우마와 삶에 속하는 — 성인이라면 통찰할 수 있는 — 모든 일상적인 불쾌함을 구분할 수 있는 위치에 있지 못하다. 로라 키프니스는 이를 다음과 같이 재치 있게 요약한다.

> 덧붙이면, 나는 예술대학을 다녔고, 운 좋게도 우리 세대가 속한 곳은 섹스가 특별히 대단한 것이 아니거나 감정을 상하게 할지라도 '삶의 경험'의 카테고리에 들어가는 곳이었다. 내가 실수하지 않았다는 것은 아니고 수줍어하거나 초보자 같은 태도를 취하지 않았다는 것도 아니지만, 그것은 고통스러웠지, 트라우마가 되지는 않았다. (Kipnis 2015: 2)[99]

성인이 되기 위해 결정적이고 불가피한 통찰의 본질은, 삶의 특정한 장애물을 피할 수는 없으며 그것이 말하자면 삶에 '본질적인' 것이라는 사실을 인식하는 것이다. (이 삶의 장애물을 더 정확하게 인식할수록, 스토아주의자 에픽테토스의 가르침대로 그는 자신의 에너지를 [피할 수 없는 불행이 아니라] 피할 수 있는 불행 쪽으로 좀 더 향하게 할 수 있다.)[100]

성숙한 삶의 한 부분으로서의 불행의 변모는, 트라우마와 피해로부터 의도치 않게 포스트모더니즘적 '반본질주의'의 패러디를 형성한다. 여기서 피할 수 있으되 중요한 것으로 평가되는 것들은 실제로는 피할 수 없으나 극복할 수 있는 것들이다. '실존적 이슈'는 프랭크 푸레디가 말한 것처럼 '감정적인 것'으로 변모한다(2016: 28). 그러나 바로 그 표면상의 역사성을 통해 그것의 재현은 본질적이지도 우발적이지도 않은, 따라서 피할 수 있는 사건으로서, 이는 지속되고 또 심각한 문제로 부풀려진다. 그리고 이와 더불어 대학 및 다른 기관들에서는 사회보장, 심리치료, 의학, 그리고 경찰 상담기관이 영구적으로 지속되고 '필수적' 인 것이 된다.

No sex, please!
엄숙주의, 반권위주의적 권위에의 향수
그리고 신자유주의 민영화

우리 시대의 헤게모니적인 성 적대주의는 성숙한 사람들 간에 비판적 사고(및 그 밖의 교류)를 주고받는 공간으로서의 대학을 파괴하는 중이다. 이러한 성 적대주의의 위험한 파괴력은 — 정치적 올바름과 유사하게 — 서로 중첩된 무수한 다른 사조들과 연관되어 있다. 우선 그것은 미국의 전형적인 문화엄숙주의, 즉 공적인 장소에서 특히 불쾌하고 상스러운 것을 극단적으로 제거해버리려는 경향에서 유래한다. 그곳에는 불결한 말도 외설적인 행동도 존재해서는 안 된다.[101] 앞서 언급한 래디컬 페미니즘은 이러한 엄숙주의의 소위 '젠더화된' 변형태를 형성하여 성적인 오염 유발자의 역할을 남성들의 것으로 돌리고, 여성은 근본적으로 순수하고 성에 무감하고 아이처럼 도움을 필요로 하는 수동적인 희생자의 존재로 추출해낸다.

이러한 지배적 분위기는 모든 권위에 대항하여 자기를 실현하고 미숙함을 반항으로 미화했던 1968년의 정치적 '낭만주의'로부터 동시대적인 자극을 얻는다.[102] 리처드 세넷Sennett(1977)과 크리스토퍼 래쉬Lasch(1979)가 일찍이 간파했듯이 심리적 차원에서 이렇듯 겉보기에만 진보적인 전개는 극단적인 나르시시즘으로부터 유래한 것이다. 이 나르시시즘은 첫눈에 '나'에 — 특히 '나'의 모든 기분과 심적 상태에 — 속하는 것으로 여겨지는 모든 것을 긍정한다. 이 '나'에게 바로 그러한 변덕을 극복할 자원이 있으리라는 것은 나르시시즘의 입장에서는 낯선 사고방식이다. 다른 한편으로 나르시시즘은 '나'와 관계없는 모든 것을 견디지 못한다. 전적으로 '나'에 들어맞지 않는 것, 그러니까 ("나는 내가 동성애자라는 것이 좋다"라는 모토를 통해 표현되는 것과 같이) 지속적으로 완전한 긍정과 일치를 허락하지 않는 것은 우선 '나'로부터 분리되어야 하고, 또한 가능한 제거되어야 한다. 그러나 섹슈얼리티란 알렌카 주판치치Zupančič(2016)가 최근 한 저서에서 상세하게 설명하였듯이 근본적으로 '나'에 완전하게 합치되기에 적합하지 않다. 거기에는 언제나 '나'에 이질적인 것이 있으며 단순히 긍정하기에 어려운 것, 가령 성별 및 세대적 소속감, 본능, 욕망, 소망(혹은 그것의 부재), 사회적 제도, 문화적 원형, 숙련에의 요구와 같은 것도 있다. 따라서 문화적 나르시시즘은 처음에는 성 해방이라는 모토 하에 등장했을지라도(제도적 조건으로부터 소위 진정한 사랑을 해방시키는 것이 관건이었기 때문이다), 최근에는 극도로 성 적대적으로 되어서 — 그 때문에 '성 해방'의 시대 또한 갑작스럽게 '성 방해[성적인 괴롭힘]' 그리고 '포스트섹슈얼리티'의 시대로 넘어갔다.[103] (이와 매우 유사하게 자유로운 담론을 둘러싼 근대적 투쟁 또한 검열에 대한 포스트모던한 호소로 옮겨갔다.)[104] 젠더 이론의 주류는 성적인 관계를 임의로 조형할 수 있는 가능성의 어려움을 (젠더 이론의 선구자인 존 머니John Money나 로버트 슈톨러Robert Stoller가 그랬듯이)[105] 단호하게 공개하는 대신에, 그러한 가능성에 대한 미화되고 무해한 노래를 여전히 꿋꿋하게 부름으로써, 경험이 고통스럽게 보여주듯이 원하는 대로나 소망하는 것에 적합하게 조형될 수 없는 모든 것에 대한 젠더 이론의 몰이해와 적대감이 점증하는 데 공헌한다.

문화적 나르시시즘은 벨라 그룬베르거Béla Grunberger와 피에르 데쉬앙 Pierre Dessuant이 설명하였듯이[106] 그 존재 내부의 극단적인 기독교적 엄숙주의를 자극한다. 둘의 입장이 지향하는 것은 '나'에 꼭 맞지 않는 것을 [어떻게든] 그럭저럭 맞아떨어지게 하거나 문화적으로 가치 있는 것으로 변형시킬 수 있는 모든 긍정적인 처방의 폐지이다. 그러니까 가령 지그문트 프로이트Sigmund Freud가 발견한바, 고대 세계의 주민들이 성적인 충동을 '축하'함으로써 그것을 스스로 견딜 만한 것으로 만들었듯이 말이다.[107] 그러나 축제를 통해 승화하는 그러한 형식은 그 자체로 예외 없이 표면적이고 물질적이고 따라서 '나'에 꼭 맞지 않기 때문에, 나르시시즘적 엄숙주의는 이를 적대시하고, '세계를 탈마법화'하는 동시에 파괴시킨다.

그러나 더 이상 축하하기가 곤란하게 되었을 때, 즉 멍청한 이, 명랑한 이, 자유분방한 이, 외설적인 이 등에 정당한 권리를 보장해주고 인정해줄 수 있는 모든 '긍정적 제의 행위'가 내면화, 금지 그리고 금욕을 통해 '부정적인' 제의로 대체되었을 때, 이 문화의 모든 성스러움, 심지어 '일상적 삶의 성스러움'[108]까지도 오로지 그것의 혐오스럽고 더러운 측면으로 인해 프로이트가 '타부'라는 양가적인 단어로 인식한 바 있는 저 '더러운 성스러움'으로 나타난다.[109] 그것은 마치 하인리히 하이네 Heinrich Heine의 『추방당한 신들Götter im Exil』[국역본: 『정령·추방당한 신들』, 회화나무, 2021]에 나오는 악마처럼 생긴 신과 같이 오로지 혐오스럽고 무시무시한 형상으로만 모습을 드러낸다. 혹은 모피를 걸치고, 운전을 하고, 인사치레를 나누고, 육체적인 사랑을 하고, 담배를 피우고, 시간을 낭비하거나 고기를 먹는 것과 같이 우리가 이전에 행했던 욕망이나 향락의 방법들을 통해. 이것들은 오늘날 많은 동시대인들에게 위생적, 도덕적, 정치적, 혹은 생태적 이유로 혐오감을 불러일으킬 뿐이다.

그럼에도 관습과 신화를 통해 극도로 '나'에 몰두하는 초자아를 존경할 뿐 아니라, ― 가령 사랑의 화살을 무책임하게 쏘아대는 작은 소년 에로스와 같은 어린 신의 형상으로 ― '나'와 꼭 맞는 심급을 덜 인정하는 문화는 그러한 것에 대해 보다 나은 방식으로 대비하고 있는 것으로 보인다.[110] 그러한 문화는 그때그때 부당한 요구도 '나'에게 허용하고, 또 불가피하게 덜 합리적이거나 덜 도덕적인 것을 그 자체로 드러날 수밖에 없는 것을 존중해줄 수 있다.

쾌락을 거부하고 모든 일상적인 제의에 대해 적대적이게 하는 것과 동일한 동력으로부터, 문화적 나르시시즘은 1968년 이후 사적 공간과 공론장의 문명화되고 세련된 분리 또한 부당한 것으로 느끼기 시작했다. 즉 공적인 공간에서 '사무적으로' 행동해야 하는 것, 예컨대 감정과 기분에 따라 고유한 정체성에 대해 비난하는 대신에 객관적이고 논리적으로 접근하는 것은 타율적인 것으로 여겨졌다. 왜냐하면 나르시시즘에 따르면 누군가가 그 자신으로 있지 않다면, 그는 이미 다른 누군가의 입 속에 들어 있는 싱싱한 제물일 수 있기 때문이다. '너 혹은 나'라는 원칙에 따라 구성되지는 않았으되 어떤 제3의, 문명화된 교환과 이러한 개인에 적합한 발전을 위한 일반적인 공간이 있다는 것을 나르시시즘은 인정할 수 있거나 인정하려 들지도 않는다.[111]

이것은 오늘날 어째서 수준 높고 반권위주의적인 교육을 받은 엘리트들이 가장 먼저 경찰의 권위에 지속적으로 호소하는지,[112] 그리고 억압을 통해 사회적 자유지대를 파괴하는 데 기여하는지를 설명해준다. 그들은 공론장 내지 성인의 삶을 요구하는 본성과 명확하고 권위적인 억압 사이의 구분을 최소화하여 아무런 의심 없이 후자를 선택한다. (왜냐하면 그들은 누구를 향하여 억압을 직접적으로 행사할지에 대한 질문 외에는 어떠한 기준도 고려하지 않기 때문이다.) 벨라 그룬베르거와 피에르 데쉬앙이 지적한 바에 따르면 문화적 나르시시즘이 청교도적인 기독교주의를 통해 공급받은 자신의 급진성에서 허용하는 것은 오로지 선과 악일 뿐, 그 중간단계나 중간지대는 허용하지 않는다.[113] 그렇기 때문에 문화적 나르시시즘은 즉각적이지 않거나 간접적으로만 '나'에 들어맞는 모든 것, 예컨대 이론적 주장, 언어와 의미와 타인의 성적인 욕망 (자신의 욕망만큼 부차적인) 혹은 평범한 성적인 체험 간의 원칙적인 삼위일체 같은 것에 가장 극단적으로 반발한다.

이러한 흐름에 현재성과 헤게모니를 부여하는 세 번째 힘은 사회적 부를 중간층에서 최상위층으로 재분배하고 그에 따라 공적 자산 및 공간을 민영화하려는 신자유주의적인 관심이다. 여기에는 사적인 공간의 기준 및 그곳에서 관습으로 이루어지는 감수성에 대한 고려에 공적인 공간을 예속시키려는 포스트모던적 지향이 가장 잘 들어맞는다.[114] 이를 통해 평등을 실현하고 공평한 사회를 지향하는 것은 불가능해진다. 따라서 거의 모든 신자유주의적 기획은 어떤 민감한 상황에 대한 고려를 계획한다. 단지 이것이 — 자선charity과 유사하게 — 이익에 인간적 용모를 부여하기 때문만이 아니라,[115] 바로 이것이 평등의 공간을 파괴함으로써 이익[창출]과 민영화 또한 가능케 하기 때문이다. 감수성이 예민한 우리 시대의 엘리트들은 신자유주의적 불평등의 최대 수혜자들로, 그들에게 가담하고 공모하여 고분고분한 피해자의 역할과 옹졸한 검열관으로 유용하게 기능하는 이들로 구성되어 있다.

성숙하라!

이제, 감수성의 정치가 지향하는 것이 얼마나 우스꽝스러우며, 다른 한편 그러한 정치가 공론장에 야기하는 부수적 피해들이 얼마나 위험한 것인지가 그 어느 때보다 분명해졌다. 나아가 그러한 감수성의 정치가 특정한 이해관계에 봉사한다는 점은 이 정치에 대항하여 싸울 점진적인 능력을 기획할 필요를 요청한다. 공정하고 민주적인 사회를 논의하고 수립하기를 촉진시킬 수 있는 평등의 공간은 오직 그때에만 유지되고 보호될 수 있다. 그리고 그때에만 신자유주의적 불평등을 통해 더 많은 이익을 얻으려는 우파 포퓰리즘을 멈춰 세울 수 있다. 왜냐하면 바로 평등의 공간에서야말로 우파에게 승산이 없기 때문이다. 언제나 이성적으로 접근하는 사람은 논거를 획득할 위험을 무릅쓴다. 그리고 이 영역에서 진정한 좌파는 우파를 능가한다. 그러나 포스트모던 유사좌파가 평등의 공간을 다양한 감수성의 이름으로 도덕화하고 언어 검열함으로써 마비시키려 한다면, 우파는 문자 그대로 남의 불행에 좋아 죽을 것이다.

포스트모던 유사정치가 비판적 공격에 대해 거의 완전히 면역이 된 것은 한편에는 정치를, 다른 한편에는 도덕과 예의를 차지하고는 지속적인 필요에 따라 한쪽에서 다른 한쪽으로 기울기를 바꾸기 때문이므로,[116] 그들은 윤리적인 발화Parole에 응답해야만 한다. 성숙함은 이에 적합한 후보로 여겨진다.[117] 사람들이 어른이면서 어린아이처럼 말하기 시작하면서 신자유주의적 전개에 저항할 생각을 전혀 하지 못하게 되었음이 너무나 분명하기 때문이다. 유사정치가 더욱 미숙해지고 민감해질수록, 사소한 일에 쉽게 상처받는 경향이 짙어질수록, 상호 간에 연대하여 점증하는 약탈에 큰 규모로 대응할 수 있는 위치에서 점점 벗어나게 된다.

끝없이 순수하고 허약한 주체이자, 어떠한 신중함도 감당할 능력조차 없이 철두철미하게 예민한 '나'로서의 개인에 대한 점점 강화되는 신자유주의적 요구와 포스트모더니즘적 호소는 이와는 전혀 다른 호소에의 요구와 상반될 수밖에 없다. 우리는 성인이므로 성인에 걸맞게 대우받아야 한다는 요구가 바로 그것이다. 성인으로서 스스로를 규정하기(예: 악의적인 말에는 악의적으로 답변하기, 혹은 얼마만큼 건강하게 살지 결정하기) 위해 필요한 것은 친절하게 간섭하는 정치나 엄격하게 검열하는 정치가 아니다. 정치가 보살펴야 하는 것은 우리가 스스로 규정할 수 없는 것(예: 금융시장 조절하기, 거대재벌과 과두정치가의 자본 및 세금 도피를 저지하기, 긴축정책을 끝내기)이며 이에 대한 책임을 회피하기 위해 사소한 것으로 시선을 돌려서는 안 된다.

확실히 해두어야 할 것은, 우리는 성인이며, 모든 성인에게 기대되는 것은 위와 같이 행동하는 것이라는 점이다. 여성이든 트랜스젠더든,

현지인이든 문화적 이방인이든, 혹은 그 밖의 무엇이든, '존재론적'으로는 다르지 않기에, 공론장에서는 자신의 정체성과 심리상태를 뛰어넘을 수 없다. 그렇기 때문에 누군가를 존중하는 것이란 그의 정체성에 동의하는 것도 그의 감수성을 격려하는 것도 아닌, 오히려 정반대되는 것이다. 그것은 그가 객관적 추론을 위하여 이 모든 것을 잠깐 동안 억제할 능력이 있음을 신뢰하는 것, 그리고 이 능력을 시민권citoyenneté의 최고의 미덕으로 인정하는 것이다.

신자유주의 프로파간다가 우리를 끝없이 상처받는 존재라고 꼬드기려 한다면, 우리는 이에 대해 (우리의 상처받기 쉬운 성향과 마찬가지로) 우리의 성인으로서의 책임감으로 응수할 것이다. 누군가가 우리로 하여금 악의적인 말들, 농담 하나, 부적절하게 느껴지는 표현이나 약간의 담배 연기에도 그 자리에서 즉사할 수도 있다고 암시하려 든다면, 우리는 이에 냉소하며 퇴각을 요구할 것이다. "유감스럽게도 당신들은 너무나 연약하지만, 우리는 당신들이 죽지 않을 수 있는 선에서 모든 것을 할 겁니다"라고 말하는 정치를 향해서는, 이에 반대되는 전혀 다른 정치에 대한 요구를 제시할 것이다. 우리는 우리를 성인으로 상정하고 발화하는 정치를 요구할 것이다. 덧붙이자면 그러한 정치는 다음과 같이 말할 것이다. "무엇보다 당신들은 어차피 죽는다. (하지만 이 소식은 성인인 당신들에게 새로운 것도 부당한 것도 아니다.) 그러니 적어도 그전에 오는 것은 삶이라는 것을 염두에 두어라."

2. 실망시키는 실망한 자

아래의 글은 2016년 11월 미 대통령 선거 직후에 빈Wien 시립 간행물 <팔터Falter>지에 기고한 것이다. 이 글은 필자에게 중요한 분수령을 이루기 때문에 수정 없이 약간의 각주만 보충하여 여기에 수록하였다. 이 글은 선거 직후 좌파자유주의 진영 내부의 지배적인 경향, 즉 트럼프를 멍청하고 반동적인 인물로 설명하려는 경향에 대한 응답이다.[1] 내 견해로는 이러한 판단은 이 경험으로부터 아무것도 배우지 않고 따라서 이를 반복하는 것을 장려하기 위한 최상의 기회를 내포하고 있다. 이와 반대로 유효한 깨달음으로, 좌파자유주의 진영을 둘러싼 사건이 마련해놓은 몇몇 고통스러운 교훈들이 있다. 신자유주의 자유무역과 '체제 변동regime change' 전쟁을 둘러싼 물음에 대해 소위 좌파들은 놀라울 만큼 무지하였다. 소위 좌파 내에 토론 문화의 결핍은 가장 경미한 의견 불일치마저도 용납할 수 없게 만들었다. 마지막으로 포스트모더니즘 소수자 정치와 정체성 정치는 파산하였다. 후자와 관련하여 처음으로 명확하게 드러난 것은, 그들이 더는 어떠한 사회적 헤게모니도 생산할 능력이 없다는 사실이다. 그들은 신자유주의적 기획의 한 부분으로서 너무나 두드러지게 되었다. 각각의 소수자성의 구성원들조차도 그들에게 더는 신뢰를 보내지 않는다. 평등의 정치를 추구하기보다는 불평등을 산출하고, 다양성을 통해 이를 지지하는 이는 정직하게 불평등을 약속하는 이에게마저 패배할 것이다.

실망시키는 실망한 자.
트럼프의 유권자들이 그들의 해설자들에 대해 우리에게 알려주는 것

도널드 트럼프가 대통령으로 당선된 이후의 미국 시민들을 동정해야 할지 말지는 어려운 문제다. 어쨌든 선거 전에 그들은 마치 그들에게 클린턴이냐 트럼프냐라는 양자택일만이 있는 것처럼 굴었다. 이는 기이한 대칭, 혹은 요한 네스트로이Johann Nestroy가 말했듯이 '끔찍한 호혜적 관계'이다. 한쪽에는 '경험 있는 외교정치가'가 있다. 그는 물론 나쁜 경험들만을 입증한 것으로 여겨졌는데, 그가 책임을 졌던 리비아, 시리아, 예멘에 대한 미국의 개입이 모조리 파국이었거나 파국인 상태이기 때문이다. 다른 한쪽에는 '수완 좋은 사업가'가 있는데, 그는 카지노 세 개를 줄줄이 파산시키는 데 성공한 바 있다.

이와 관련하여 다음과 같은 질문이 자연스럽게 따르게 된다. 이러한 성과를 좌파의 관점에서 어떻게 평가할 것인가? 그리고 이로부터 어떠한 교훈을 이끌어내야 하는가? 눈에 띄는 것은, 이러한 질문들이 최근 몇 달 동안 좌파를 분열시켰다는 것이며, 필자가 보기에 이러한 분열은 어떤 결정적인 점을 드러낸다.

그렇다면 좌파적 관점에서 실질적으로 클린턴에 반대하는 지점이 조금도 없는 것인가? 이런 질문이 제기되는 것은 우선 클린턴이 트럼프의 대척점에서 '예측 가능성'을 구체화하는 상황이었기 때문일 것이다. 물론 그러한 계산으로부터 생겨나는 것은 끔찍한 것들이다. 클린턴은 높은 확률로 시리아와 러시아의 군사적 충돌을 감행했을 것이다. 그는 단순히 강경파일 뿐 아니라, 부시와 레이건 정권의 내각을 통해 이미 증명되었듯이 일련의 공화주의 '강경파'와 내정간섭자들의 지지를 받았다.[2] 은행파산과 금융위기 이래 주기적으로 계속 발생하는 신용 거품을 달리 관리할 수 없을 게 너무나 분명해서 더 거대한 전쟁을 벌이려는 것처럼 보이는 월가와 무기산업계의 입장에서 클린턴은 쓸만한 총아였다.

이와 반대로 트럼프는 은행과 금융시장의 규제를 요구하였으며 거듭 암시하기를, 미국을 전쟁과 자유무역을 통해 밖으로 위대하게 만들기보다는 재산업화를 통해 안으로 위대하게 만들 것이며, 푸틴과 인간적으로 좋은 관계를 맺고 있다는 것이다. 이전보다 훨씬 고립적인 태도는 적어도 최근 수십 년간 세계로 하여금 도처에 파탄 국가failed states와 영구적인 내전만을 남기며 테러리즘을 양산하는 미국의 파국적인 외교정책을 모면하게 해주었다. 세계의 나머지뿐만 아니라 미국 또한 이로부터 보호받아야 마땅하다. 트럼프가 <보스턴 글러브Boston Globe>에서 평론가 스티븐 킨저Stephen Kinzer에게 말한 바에 따르면, 시리아에서 미국의 이해관계는 러시아와의 갈등이 아니라 동맹을 통해서 지지받는다.[3] 의심스럽고 또 특이한 것은, 시리아 갈등에 대한 트럼프의 온건적인 태도가 독일 국방부장관 폰 데어 라이엔Ursula von der Leyen으로 하여금 선거 직후 새로운 미 대통령에 대한 '동맹의 충성'을 상기시키며 호소하게 했다는 것이다. 그러나 미국의 [이전보다 더 소극적으로 처신하는] 상황은 EU에 있어서는 기회다. EU는 이를 통해서 정치적 결정권을 나토에 넘겨주는 것을 점차 중단하고, 그 대신에 전 지구적인 갈등의 진원지들의 휴전을

요청하는 이성적이고 장기적인 중재 역할에 대해서 숙고할 수 있다.[4]

트럼프 선거의 좀 더 신랄한 결과라면 자유무역협정인 TTIP^Transat-lantic Trade and Investment Partnership, 범대서양무역투자동반자협정가 좌초한 것일 테다. 유럽인들이 그들의 사이좋은 미국 파트너와 함께 은밀하게 협의했던, 민주주의를 무효화하고 일자리를 해체하는 공약을 유럽 민족 대다수가 반대하는 동안, 지금까지 그 어떤 책임 있는 사민주의자도 그 반대편에 설 용기를 내지 못했었다. 트럼프는 기회주의적인 중도좌파 유럽이 그동안 놓쳐왔던 것을 이처럼 비꼬기라도 하듯이 성취해낸다.

트럼프의 선거 공약의 이러한 항목들은 버니 샌더스의 것과도 일치한다. 물론 트럼프가 약속한 것들이 그가 [대통령으로서] 책임을 맡자마자, 또한 장관 및 고문들이 그의 주변에 모이자마자, 그리고 공화당의 지도부가 그를 지지하자마자 얼마나 많이 실현되었는지 말하기는 어렵다. 어쨌거나 트럼프를 뽑아준 사람들 스스로가 기존의 것을 계속해서 진행하려 한다는 믿을 만한 확신보다는 변화에 대한 공허한 약속을 공공연하게 지지하였다.

다수가 여전히 트럼프를 지지하였다. 여름 선거전에서 양측의 선두후보자의 홈페이지를 방문했을 때 펼쳐진 광경은 많은 것을 시사한다. <도널드트럼프닷컴www.donaldjtrump.com>에서는 우리가 컴퓨터가 아니라는 것이 즉각 입증되어서, 상대적으로 명료하고 객관적으로 작성된 선거 공약 항목들을 읽을 수 있다. 반대로 <힐러리클린턴닷컴www.hillaryclinton.com>을 방문하게 되면, 맨 먼저 "나는 도널드 트럼프가 대통령으로 당선되는 것을 반드시 저지해야 한다고 생각합니다"라고 새겨진 팝업창을 보게 된다. 이에 대해 "동의합니다"를 클릭하지 않으면, 클린턴의 선거 공약에 대해 아무것도 열람할 수 없다. 토마스 프랭크^Thomas Frank가 지적했듯이[5] 클린턴의 저널리즘적 프로파간다 또한 이와 같이 작동한다.

도덕적으로 훈계하는 오만함은 의견이 다른 사람의 주장을 바꿔보려고 시도하기보다는 그를 욕되게 한다. 그리고 선거가 끝난 지금 사람들은 이와 동일한 어조로 트럼프의 유권자들을 멍청하다고 단언하고 있다.

이것이 바로 오늘날 유사좌파 대다수가 붙들고 있는, 숨 막힐 정도로 엄격하게 합의를 추구하는 도덕주의이다. 반면에 좌파는 일찍이 바로 그러한 합의를 추구하는 가족, 마을공동체, 전통의 숨 막히는 분위기로부터 벗어나는 입장을 대변해왔다. 거대한 사회의 익명성, 새로운 생활방식, 자유연애, 비도덕적인 생각, 무례한 대화, 열린 토론, '클럽 2'[1]나 논쟁은 좌파적이거나 선한 것으로 간주되는 것과 부합한다. 이[좌파적 태도]는 주로 우유부단, 단언斷言, 섹스, 의견 불일치 등 다소 빗나간 의견으로 보이는 모든 것에 대한 오만한 혐오를 통해 이루어진다. <팔터 Falter> 지 또한 간혹 이러한 소아병에 걸린 것처럼 보일 때가 있다.[6] 예컨대 철학자 슬라보예 지젝이 '나쁜 것'과 '나쁜 것' 간의 차이를 얼마나 극도로 정확하게 저울질하고 있는지, 선거 포기에 대한 조언을 비롯하여 그가 클린턴을 트럼프보다 더 염려하는 까닭을 서술하기보다, 또한 두 후보의 주장을 서로 비교하려고 노력하기보다, 지젝을 '저쪽 편'으로 선언하고 그가 강박적으로 자기 이미지를 관리한다고 진단할 때 그러하다.

이에 대해 다음과 같이 말할 수 있을 것이다. 지금의 트럼프 현상은 제니퍼 로페즈Jennifer Lopez 같은 유사좌파와 수전 서랜던Susan Sarandon[7] 같은 좌파 간의 차이, 도덕을 설교하는 자와 정치적으로 사유하는 자의 차이를 식별하게 해주는 일종의 '암호'로 기능한다고. 이러한 현상은 클린턴이 대변하는 시스템의 병리를 식별하는 사람과 트럼프의 경우와

• • •

[1] 역주. 독일 텔레비전 채널 ORF의 토론 프로그램.

같이 이 시스템의 증상만을 다루고 싶어 하는 사람 간의 분리를 초래한다. 증상만을 다루고자 하는 사람은 '인종주의', '여성혐오' 내지 '동성애 혐오'를 즐겨 이야기한다. 이는 매우 편리한 선택인데, 유사좌파 엘리트의 일원으로서 마치 선입견 없는 지적인 관점의 물음만이 중요한 것처럼 굴 수 있기 때문이고, 문제를 이런 식으로 파악하는 것 자체가 자신이 옳은 방향에 서 있다는 좋은 감정을 불러일으키기 때문이다. 이에 반해 계급 차이나 급격하게 성장한 불평등을 말하는 것은 더욱 고통스러울 것이다. 여기서 인지해야 하는 것은 그가 스스로 택하지는 않았으나 필경 그로부터 얻는 것이 적지 않은 특권층에 속하리라는 사실이다. 이 특권층은 바로 자신의 특권을 토대로 삼아 심지어는 보다 나은 견해를 펼칠 수 있는 것이다.

트럼프에 투표한 사람들이 모두 인종차별주의자이거나 성별주의자인 것은 아니었다. 그들 중 다수가 이전에는 오바마를 택했었다.[8] 그러나 그들이 트럼프가 상스러운 놈이라는 것을 인정하면서도 그의 손을 들어준 것은 그에게서 어떤 저항을 엿보았기 때문이다. 그러니까 언제나 특권층 엘리트들에 의해 지속적으로 또 도덕적으로 평가절하되는 것들을 향한 저항 말이다. 잔혹한 변화에 대한 승자의 극도로 섬세하게 살균된 언어가 이러한 시각에서 보여주는 사회적 기능은 다음과 같다. 즉 그것은 빈곤한 사회 집단이 근거로 삼는 이해관계가 둔하고 경멸적인 표현으로서만 나타날 수밖에 없다는 것을 확실시한다.

이는 민주주의자들[민주당] 또한 다른 방식으로 취할 수 있었을 것이다. 버니 샌더스는 클린턴이 단 한 번도 들르지 않은 주들을 방문하는 수고를 들였었다. 그는 사람들의 말에 귀 기울였고 그들의 신뢰를 얻었다. 사람들은 일자리(15년 사이에 4백8십만 개의 일자리가 없어졌다)와 조달 가능한 교육을 원했으며, 더는 소득이 줄어들기를 원치 않았다.

그들이 샌더스에 투표할 수 있었다면, 즉 그들이 원하는 것을 얻기 위해 트럼프가 아닌 그를 선출할 수 있었다면 좋았을 것이다. 이는 '인종주의'나 '섹시즘'이 단지 이러한 근본적인 이해관계의 가면일 뿐임을 증명한다. 다른 한편으로 도덕주의, 정치적 올바름 그리고 '다양성'의 정치가 단지 상류층을 향한 신자유주의적 재분배의 가면에 불과하듯이 말이다. 예비선거 기간 동안 모든 여론조사에서 샌더스는 트럼프를 언제나 앞섰다. 반면 클린턴은 대체로 샌더스보다 뒤처졌으며 그를 어쩌다 변동의 가운데에서 잠깐 추월하는 데 그쳤다. 그러나 민주당 지도층은 갖은 음모와 슈퍼대의원들의 도움으로, 트럼프를 넘어뜨릴 수 있었을 정치가가 입후보하는 것을 저지하였다. 이 지도층은 — 하늘 아래 새로운 것은 없다는 듯이 — 좌파에 패배하느니 우파에 패배하는 것을 노골적으로 선호하였다.

이는 어째서 클린턴이 특별히 목표로 삼았던 소수자 집단이나 여성과 같이 소외된 집단에게조차 결정적으로 표를 얻지 못했는지에 대해 답변해준다. 클린턴은 자신의 경선 상대가 트럼프보다 더 심한 '인종주의자'나 '성별주의자'가 아님에도 오바마보다 더 악랄한 방식으로 그를 잘라내었다. 왜냐하면 미국인들이 쓰라린 경험을 통해 분명하게 깨달은 사실은, 신자유주의 정체성 정치의 프로그램은 언제나 예외 — 선호하는 소수자들을 선발하고 그들을 보살펴주는 엘리트들에게 특권을 부여하는 — 에만 도달하지, 빈곤한 다수에게는 도달하지 않는다는 것이기 때문이다.

3. 하얀 거짓말, 검은 진실.
성인의 의사소통을 이루는 요소들

넌 진실해야 할 순간에도 거짓말만 늘어놓고 있어

걸지 말아야 할 것에 매달리느라 다 잃는 거지

변해야 할 때에도 항상 그대로야

좋은 게 좋은 거겠지만 넌 아직도 옳지 않아

— 낸시 시나트라Nancy Sinatra, <이 부츠는 걸을 때 신는 거야These

Boots Are Made for Walking>

이 장에서는 성인언어의 두 가지 형식을 분석할 것이다. 두 형식의 공통점은 특이하게도 '비본질적'으로 기능한다는 것이다. 성인언어로 말하는 사람은 자신이 말한 것 그대로 생각하지 않는다. 그러나 그렇게 말해진 바를 통해 무언가(하얀 거짓말)를 가능하게 하거나 다른 무언가(검은 진실)를 불가능하게 한다. 의도하지 않았음에도 말해진 것은 이를 통해 특정한 현실에 영향을 미친다.

철학자 J. L. 오스틴John L. Austin이 연구한 이른바 '수행적' 발화(예컨대 "환영합니다", "회의를 시작합니다", "당신을 체포합니다" 등등), 즉 권한 있는 사람이 특정한 행위를 수행하는 과정에서 말함으로써 언제나 '진실'되게 하는 발화보다도 훨씬 더,[1] 실제로 언어를 통해 현실적인 것을 성취하려는 행동방식이 바로 하얀 거짓말과 검은 진실이다. 오스틴이 『언어로 행동하는 법How to Do Things with Words』이라는 멋진 제목의 책에서 약속하듯이 말이다. 하얀 거짓말과 검은 진실은 인류학자가 '상징의 효과'[2]로서 설명하는 것의 한 사례다. 이들이 발화될 때면 실제로 효과를 갖는다. 이들이 부재하면 실제로는 이에 반대되는 효과가 발생한다.

인간이 유아적이어서 '본질적인' 언어의 형식에 자발적으로 한정되려던 시절에는 하얀 거짓말과 검은 진실의 가능성이 망각이나 악평에 연루되곤 했다. 사람들은 단지 유쾌하게 진실 내지 실제로 생각한 바를 말하거나 당황하여 입을 다문다. 또는 사람들은 어떤 상황을 그것의 나쁜 이름과 나쁜 구조로 명명할 때면 두려움을 냉소적이거나 나쁘게 받아들이기 위해 소망에 적합한 언어를 연습한다. 물론 이는 현실에 영향을 미치는 특정한 언어적 행동방식이 사라져 현실에 대한 특정한 변화가 중단됨을 뜻한다.[3]

1편: 하얀 거짓말

매우 섬세하게 증축된 상부구조

성인들이 겪는 많은 사회적 사건들은 기만적인 요소에 근거해 있다. 여기서는 적어도 여러 영화에서 신뢰받아온, 두 사람이 하룻밤을 함께 보낼 가능성을 가늠하는 상황을 예로 들어보자. 이 상황에서는 대체로 "커피 한 잔 하고 갈래요?"[4] 하고 묻는 것이 자연스럽다. 분명 여기서 중요한 것은 이 질문이 속임수라는 것이다. 그러나 이를 통해 속는 이가 누구인지 자문해보는 것은 흥미로울 것이다. 도대체 여기서 속는 이는 누구인가?

이 짧은 커피 신scene은 '주인 없는 상상'의 장르에 속한다.[5] 이는 칸트가 일찍이 언급했던 인사치레의 전형적인 기만에 해당한다. 인사치레는 아무도 속이지 않는데, "왜냐하면 모든 타자는 그것을 이처럼 그다지 진실하지 않게 말하는 데 합의했기 때문이다."[6] 여기에 하얀 거짓말의 첫 번째 역설이 자리한다. 이것은 아무도 속지 않는 기만이다. 이는 칸트가— 루소[7]와 같은 다른 많은 철학자들과 반대로— 인사치레의 '거짓'을 부도덕한 것으로 비판하지 않고 심지어 예의 바름을 장려하는 능력으로 여겼는지에 대한 이유이다. 그가 보기에 인사치레는 죄가 없는, '하얀' 거짓말이다.

자각하는 순간 파괴되는 것들

다른 한편으로 언젠가 누군가는 매우 간단한 속임수를 통해 속아 넘어갔을 수도 있었으리라는 느낌이 매우 강하게 들지라도 이 속임수가 절대적으로 불가피한 요소, 즉 '상부구조'를 의미한다는 것은 확실해 보인다. 그렇지 않다면 더더욱 상부구조를 수행하는 교과서적인 사례인 셈이다. 그러한 (아무도 속지 않는) 기만이 누구에게나 완전히 투명하게 드러나 보일지라도, 그것은 덮개 없이는 존재할 수 없는 현실('토대')에 매우 엷은 덮개('상부구조')를 제공해준다. 원나잇의 존재를 등 뒤에 감출 수 있는 커피가 없다면, 원나잇 자체도 존재할 수 없을 것이다. '존재하는 것은 지각되지 않는 것이다.Esse est non percipi' — 존재하기 위해서는 지각되어서는 안 된다. 지젝Žižek(2006: 217)은 철학자 조지 버클리의 유명한 공식을 영리하게 뒤집어 이 기이하고 놀라운 구조를 잘 표현하고 있다. 이 특수한 사례의 모순성을 명료하게 하기 위해 우리는 공식을 좀 더 첨예화할 수 있을 것이다. (누구든지) 존재하려면, (누군가에 의해) 잘못 지각되어야 한다.

이러한 불균형은 우리의 눈을 번쩍 뜨게 한다. 한편에는 실질적으로는 존재하지 않는 '커피–상부구조'의 기만하는 힘이, 다른 한편에는 '원나잇–토대'를 위한 거대한 불가피함이 자리하고 있다. 여기에 하얀 거짓말의 두 번째 역설이 놓여 있다. 어째서 기만은 속는 자 없이 구축되어야 하는가? 속아 넘어갈 첫 번째 후보자를 만나자마자 매번 이미 극복되어 뒤에 남겨진 것처럼 보이는 이 극도로 가벼운 기만의 견고한 불가피함은 어디서 유래하는가?

이론이 아닌 대상의 측면에서 본 오해
바보 대상과 악당 대상

우선 여기서 흥미로운 것은 이러한 현상의 비일상적인 관계를 그것의 이론으로 관찰하는 것이다. (속는 이 없는) 기만, 오류, 오해 내지 거짓말은 특정한 현실의 한 부분을 이룬다. 이들은 이 현실에 대한 서술이나 이론에 속하지 않는다. 여기서 위험에 처해 있는 것은 이론이 틀리고, 잘못 판단하고, 잘못 서술하거나 거짓말할 수 있다는 것이 아니다. 상황을 정확하게 표현하기 위해서는 여기서 이론이 대상에 대한 기만, 거짓말, 오해 내지 오류에 대해 해명해야 한다고 말해야 할지도 모른다. 이는 대상의 측면에서 발생하는 '객관적 오해'로 설명된다. 이는 일반적인 유형의 오해가 대상의 인식을 덮치는 한에서 '주관적'이라고 명명될 수 있는 것과 대조적이다. 적합한 서술 내지 이론은 따라서 이러한 현실과 그것의 (아무도 통하지 않고 이루어지는) 객관적 오해가 가능한 조건을 구성하는 현실의 특수한 구조를 표현해야 한다.

기만, 오해, 거짓말, 오류 등이 이 경우에 대상의 한 부분을 이룬다면, 대상과 이론이 맺는 관계는 루이 알튀세르가 의미한 바와 달리 '인식론적 단절'로는 파악될 수 없다. 이 경우에 이론은 대상의 자기이해와 결별하여 대상에 적합한 인식에 도달할 수 없다. 이 경우에 알튀세르는 존재란 결코 그 자의식에 의해 판단하지 않는다[8]는 '유물론의 황금률'을 독특한 방식으로 보류하는 것으로 보인다. 우리가 여기서 다루어야 하는 경우는 일반적인 시나리오와 반대되는 것이다. 가령 사회적 장에서 행위자(철학자 내지 예술가)가 스스로를 '진보적'으로 여긴다면, 이와 달리 이론은 그가 객관적으로 반동적(예컨대 신자유주의적)인 이해관계를 따른다는 것을 알아차려야 한다.[9] 이 경우에 이론의 대상, 즉 스스로가 진보적이라고 잘못 생각하는 사람은 너무나 순진하거나 혹은 '바보 같다'. 순진한 '바보'와 냉소적인 '악당'의 담론 위치에 대해 홉스나 맨더빌 같은 철학자들이 이용한 고전적인 분류에 따른다면 말이다.[10] 대상이 바보 같거나 혹은 순진한 좌파들이나 스스로를 그렇게 간주하는 이들 사이에서 종종 발생하듯이 스스로를 진지하게 오해하고 있다면, 이론은 대상과 단절되어야 한다. 대상의 자기 이해는 그 대상에 대한 이론의 존엄성으로 고양되어서는 안 된다. 바보 대상에 요구되는 것은 '인식론적 단절'이다.

반대로 커피/섹스 쌍의 경우에는 사정이 다르다(혹은 거짓말한다). 여기서 이론은 대상의 자기 이해와 겹쳐지는 것처럼 보인다. 이론은 대상과 마찬가지로 여기에 기만이 있다는 것을 설명하지만 누군가가 여기에 속아 넘어갈 것이라고는 설명하지 않는다. 대상의 측면에서 여기에는 바보도 멍청이도 없다. 우리는 '계몽된' '악당 같은' 대상을 명명할 수 있을 것이다. 이 악당 [같은] 대상은 자기 고유의 기만을 꿰뚫어 보는 통찰력을 갖고 있다. 그리고 악당 [같은] 대상은 이 통찰력 또한 넘겨준다. 거짓말하는 대상은 관찰자가 자신의 자기기만을 따르도록 권하지 않는다. 오히려 그 대상은 잘못된 믿음을 말하자면 '상호수동적으로' 관찰자를 대신하여 자신이 알아서 처리한다. 그전까지는 이론이 자신이 주장하는 것을 믿어야 했다면, 여기서는 불확실한 채로 남아 있을 것이다. 어쨌든 대상의 측면에서 발생하는 차이가 이론의 측면에서는 존재하지 않는다. 여기에는 분명 한쪽에는 잘 믿는 순진한 대상이, 다른 한쪽에는 속지 않으면서 속이는 대상이 존재한다.

꿰뚫어 보는 악당 [같은] 대상의 경우에는 이론이나 대상 자신이나 후자를 포함하는 기만을 믿지 않는다. 따라서 대상이 자신에 대해 설명하는 것의 허위를 개선할 필요가 전혀 없는 것처럼 보인다. 이는 대상의 하얀 거짓말의 완고함에 대한 첫 번째 설명을 제공할 수 있다. 왜냐하면 이론의 입장에서 (옳다고 믿어지는) 기만이 반박을 가하다가 더 나은 견해를 접하게 되자마자 사라지는 반면, 대상의 입장에서 믿을 수 없는 기만은 좀 더 거리낌 없이, 그리고 적어도 대상이 존재하는 만큼 오래 지속된다.

하얀 거짓말의 진실

사회적 삶의 특정한 상황에서 하얀 거짓말이 반드시 요구되는 이 놀라운 역설은 그러나 이 밖에도 하얀 거짓말에 — 그 기만성에도 불구하고 — 내재한 진실의 차원에서 기인한 것일 수 있다. 한 어린아이가 죽음을 앞둔 할머니에게 작은 선물을 받았다고 가정해보자. 할머니가 선물이 마음에 드는지 묻는다면 아이는 긍정의 의미로 고개를 끄덕일 것이다. 이는 그 대상과 관련해서는 틀렸지만, 아이의 소망과 감정과 관련해서는 틀리지 않았다.[11] 아이가 선물 자체는 딱히 좋아하지 않을 수 있지만, 그것이 할머니의 선물이라는 점은 기뻐할 수 있으며, 할머니를 좋아할 수도 있다. 히스테리 환자와 마찬가지로 하얀 거짓말을 하는 사람은 사실과 관련해서는 진실하지 않지만, 자신의 욕망[소망]과 관련해서는 매우 진실하다. 같은 방식으로 '좋은 하루 보내세요'와 같은 문장은 '나는 당신이 좋은 하루를 보내기를 바라기를 바란다'와 같이 풀이될 수 있다.

루이 알튀세르의 이데올로기 이론에 따르면, 하얀 거짓말은 주체가 현실의 실존 조건과 맺는 상상적 관계를 재현한다.[12] 주체는 자신의 불안정한 실존 조건에 근거해서는 타인이 진심으로 좋은 하루를 보내기를 빌고 싶지 않을 것이다. 그럼에도 불구하고 주체는 동일한 조건에 근거하여 이 조건과 더 나은 관계를 맺기를 소망할 수 있다. 브레히트의 『서푼짜리 오페라』의 주인공들이 다음과 같이 표현하였듯이 말이다. "우리도 그렇게 거칠지 않고, 선해지고 싶어. / 하지만 사정이, 그렇지 않아."[13] 다른 사람에게는 좋은 하루가 되기를 소망할 수도 있다.

달리 말하면 하얀 거짓말은 그것이 말하는 바와 관련해서는 사실이 아니지만, 그것이 진술된다는 것에 근거한 사랑 혹은 동정의 표현이라는 점에서는 진실하다. 하얀 거짓말이 이러한 진실성에 속한다는 사실은 그것의 완고함과 불변성에 대한 또 다른 근거가 될 수 있다. 진술 행위의 영역에서의 진실성 덕분에 하얀 거짓말은 자신이 진술한 허위에 의해 반박되는 식으로 진실을 통해 훼손되지는 않는다.[14] 이러한 의미에서 스피노자는 다음과 같이 언급하였다.

> 긍정적인 것을 포함하고 있는 잘못된 이념 중 그 무엇도 그것이 진실한 한에서는 현재의 진실을 통해 상쇄되지 않는다. (Spinoza 1990: 447)

그 긍정적 성질 덕분에 — 이 경우에는 사랑하는 애착 덕분에 — 하얀 거짓말은 견고하며, 자신의 얇은 기만적인 층위를 의문시하는 진실의 모든 도전에 맞설 수 있는 위치에 있다. 하얀 거짓말이 내재한 사랑의 진실성에 대한 이러한 관념은 오스트리아 작가 마리 폰 에브너–에셴바흐 Marie von Ebner-Eschenbach의 아름다운 우화에서도 드러난다. 이 우화의 알레고리적인 주인공은 솔직함이다.

어느 날 솔직함은 세상을 관통해 걸어가면서 자신에 대해 충분히 누리기에 마땅한 기쁨을 느꼈다.

나는 참 쓸모 있는 사람이야, 하고 그는 생각했다. 나는 어느 한쪽과 결탁하지 않고, 선과 악을 날카롭게 구별하지. 나 없이는 그 어떤 미덕도 상상할 수 없어. 그때 그는 눈부시게 빛나는 복장을 하고 긴 행렬의 선두에 서 있는 거짓말을 마주쳤다. 역겹고 화가 나서 솔직함은 고개를 돌렸다. 거짓말은 위선적인 미소를 지으며 앞으로 나아갔다. 그런데 그 행렬의 마지막에는 어린아이 같은 얼굴을 한 작고 허약한 사람들이 겸손하고 수줍어하며 살금살금 지나가면서 솔직함 앞에서 머리가 땅에 닿도록 고개를 숙였다.

"당신들은 도대체 누군가요?" 솔직함이 물었다.

그들 중 한 명이 대답했다. "저는 배려의 거짓말입니다." "저는 경건함의 거짓말입니다." "저는 자선의 거짓말입니다." "저는 사랑의 거짓말입니다." 네 번째가 이어서 말했다. "그리고 여기서 가장 작은 이들은 예절의 침묵, 존경의 침묵, 동정의 침묵입니다."

솔직함은 얼굴이 빨개졌다. 순간 그는 자신이 초라하고 냉정하다고 느꼈다. (Ebner-Eschenbach 2015: 5)

이 짧은 이야기는 하얀 거짓말의 또 다른 형식인 침묵을 보여준다. 침묵은 문명화의 중요한 덕목으로서, '마치 …인 것처럼'이라는 문명화된 행위의 사례에 속하기 때문이다. 문명화된 태도를 취하기 위해서는 종종 침묵해야 하며 마치 특정한 소리를 듣지 못한 것처럼, 많은 것을 보지 못한 것처럼, 혹은 어떤 향을 맡지 못한 것처럼 굴어야 한다.

따라서 문명화란 진실을 앎으로써 유발되는 어떤 유혹에 저항하는 능력을 전제한다. 초자아가 프로이트의 견해에 따라 현실원칙과 주체의 진실성을 감독하는 심급이라면,[15] 초자아는 진실을 말하라고 자아–위에서–명령하는 것으로 보인다.[1] 반면 여기서 관건이 되는 것은 진실에 대한 앎에도 불구하고 이를 발설하지 않도록 초자아에 저항하는 것, 따라서 [실제와] 상반되는 외관을 고집하는 것이다. 이는 하얀 거짓말과 그것의 중요한 성향이 갖는 또 다른 역설에 이른다.

확신 없는 미덕

하얀 거짓말이 그 누구도 속이지 않는다고 밝혀낸 뒤에 칸트는 또 다른 놀라운 주장을 하게 된다. 그에 따르면,

> 인간이 이러한 역할을 연출함으로써 처음에는 그저 외관을 꾸며냈던 미덕이 일정한 시간이 흐르면서 점차 실제로 각성하여 내면의 참된 믿음으로 바뀌게 되어 덕을 갖춘 자가 될 것이기 때문이다. 그러나 우리 안의 거짓말쟁이, 즉 [남을 속이는] 애착은 다시금 미덕의 법칙에 복종하는 것으로 돌아온다. 이는 거짓말이 아니라 외려 우리 자신의 무고한 기만이다. (Kant [1798]: 442f.)

• • •

[1] 역주. 저자는 초자아(Über-Ich)가 자아–위에서(Über-Ich) 명령한다고 언어유희를 전개하고 있다.

이러한 칸트의 주장은 우리로 하여금 하얀 거짓말의 기능과 완고함의 근거에 대한 질문에 해답을 제공한다. 하얀 거짓말은 누구도 속이지 않지만, 거짓말쟁이는 속인다. 사람의 내면에 있는 거짓말쟁이로 하여금 자신의 역할("우리 안의 거짓말쟁이")에 충실하도록 하기 위해서 말이다.

이 "우리 안의 거짓말쟁이"는 칸트에 따르면 하나의 '애착'이다. 혹은 좀 더 정확히 말하면 그가 다음과 같이 상술하였듯이 "우리의 도덕적 결핍을 은폐하는" "자기애[이기심]"이다.[16] 여기서 '애착'은 이중적인 의미를 갖는다. 엄밀히 말해 그 본질은 이기심에 기인하여(애착 1) 우리로 하여금 우리의 비도덕적인 욕구(애착 2)를 우리 자신으로부터 은폐하거나 미화하는 경향이 있다는 것이다. 우리에게는 비도덕적인 열정만큼이나 이를 우리 눈앞에서 감추려는 열정도 있다. 그러면 예의바름은 이 "우리 안의 거짓말쟁이"를 어떻게 속이는가? 어떻게 당장 여기 없는 것을 순전히 그럴싸하게 보이게 하고 '인위적으로 만듦'으로써 현실로 만드는가? 속임수에 능하고 기만적인 경향까지 아울러서 말이다.

칸트가 서술한 '상징적 효과'의 과정은 맨 처음에는 미덕의 외양을 불러일으킴으로써 서술자의 신념 안에 미덕으로 자리 잡게 하는데, 이러한 과정을 내면화 또는 내사內射의 과정으로 이해해서는 안 된다. 여기서는 외적인 가상으로부터 내적인 진실이 뒤따르지 않는다. 개인은 처음에는 단지 사회적 압력에 의해 타인에게 예의 바르게 행동했다가 후에 개인의 내면에서 외부의 타자를 대리하는 초자아의 압력에 의해 도덕적인 존재가 될 수 있는 상황이 아니다.[17]

애착에 대한 예의바름의 속임수는 명백히 다르게 작동한다. 그 본질은 가상의 자리에서 오히려 가상이 2등급, 즉 가상의 가상으로 놓이는 것이다. 자기애는 하나의 가상을 생성하고는, 우리로 하여금 우리의 비열한 애착을 예의바름의 동기로 잘못 재현하게 한다. 진실에 대한 이 기만적인 외양에 반하여 예의바름은 오직 순수한 가상의 외양을 띤다. 예의바름이 단지 배역에 불과하며 내면의 예의 바른 동기 없이도 존재할 수 있다는 것은 분명하다. 이는 자기애가 믿을 수 있는 모습으로 예의바름이 드러나게 한다. 말하자면 예의바름은 [자기애와] 같은 나무에서 베어낸 거짓말쟁이인 셈이다.

그럼에도 예의바름은 가상의 외양일 뿐이다. 예의바름은 자신과 구별되는, 존재하지 않는 현실을 가리키지 않는다. 오히려 예의바름은 자신이 실제로 현실 자체일 때 그렇게 한다. 예의바름은 내적인 동인 없이 발생하는 실천이다. 따라서 예의바름은 결코 속여서 믿게 만들지 않는다. 그것은 언제나 참이다. 그 때문에 예의바름의 '기만'은 자기애의 기만과는 전혀 다른 본성을 갖는다. 자기애의 기만은 우리의 부도덕한 행동의 배후에서 그럴듯하게 꾸며낸 예의 바른 동인의 실존이다. 칸트적 개념에서는 이것이야말로 진정으로 기만적인 가상, 즉 우리 자신이 '유죄인' 기만이다. 이에 반해 예의바름은 단지 내적인 동인하고만 관계 있는 척한다. 그런 점에서 예의바름은 마치 자신이 가상인 것처럼 군다. 여기에 '우리 자신이 무죄인 기만'의 본질이 있다. 그것은 우리가 예의를 갖출 때 완전히 솔직하다는 것을 바로 알아차리지 못하게 한다. 우리는 우리가 갖고 있지 않은 어떠한 내적 동인도 갖고 있는 척 굴 수 없다. 오히려 우리는 우리가 현실을 만들어내는 동안에만 그렇게 한다. 거짓말쟁이를 향한 예의바름의 기만은 애착이나 자기애로 기능함으로써 화가 파라시우스의 책략이 그의 동료 제욱시스에 대해 작용한 것과 똑같이 구조적이다. 제욱시스가 자신이 그린 포도로 새를 속이려고 했다면, 파라시우스는 자신이 그린 커튼을 제욱시스가 진짜인 것처럼 믿도록 함으로써 그가 파라시우스의 작품은커녕 그것의 준비[작품 그 자체인 커튼]에도 대적할 수 없게 했다. 새들이 속아 넘어간 것은 제욱시스가 새들에게 가짜를 진짜인 것처럼 꾸몄기 때문이다. 그러나 제욱시스 자신은 진짜를 가짜인 것처럼 (단지 준비행위인 것처럼) 여김으로써 속아 넘어갔다.[18]

리처드 세넷이 형식화했듯이 예의바름은 '바깥으로 향하는' 행동의 일부이다. 다만 예의바름의 하얀 거짓말은 마치 자신이 내적으로 중요한 동기에만 관련된 것처럼 (쉽게 알아차릴 수 있는 방식으로) 스스로를 드러낸다는 데 본질이 있다. 그러나 이러한 속임수는 예의바름으로 하여금 기만적인 재현만이 추정되는 곳에서 현실을 발생시키는 것을 가능하게 한다.

칸트의 관점에 따르면 이것은 예의바름을 종교적 의식 같은 다른 상징적 행위와 구별시켜준다. 칸트는 종교적 신념을 일종의 도덕적 신념으로, 내면에 속한 것으로 개념화한다. 그러나 이로 인해 외적인 행동은 내적인 것과 관계된다. 예의바름과 달리 종교적 신념은 그렇게 할 뿐만 아니라, 실제로도 내면성과 관련이 있다.[19] 칸트가 보기에 종교적 실천은 그것을 넘어서 이러한 관계 속에서 언제나 기만적인데, 어떤 경우에도 그러한 내면성을 드러내지 않기 때문이다. 오히려 그것은 내면성을 대체한다. 칸트의 견해에 따르면 종교적 의식을 실행하는 이는 이 때문에 결코 희망에 찬 길을 따라 진실한 종교심을 갖는 게 아니라, 순전한 '사후事後 서비스', 즉 모든 진실한 종교적 '헌신'에 대한 방해물로 빠져든다.[20]

칸트의 윤리학에서는 따라서 외적인 것과 관계 맺을 가능성은 두 가지밖에 없다. 하나는 모든 가상에 반대하여 스스로 현실이 되어 이 현실이 인정받는 것이다. 예의바름의 경우가 이와 같다. 두 번째는 가상과 현실이 상이하여 외적인 것이 언제나 기만적인 경우이다. 이것은 종교의 경우에 해당한다. 예의바름을 실행하는 과정에서 드러나는 것은 그것이 순전히 그 자체로 가상이라는 인상이다. 반대로 종교적인 '사후 서비스'의 경우, 칸트에 따르면, 자신이 가상에 불과하며, 가상에 상응하는 현실이 생성되는 것을 방해한다는 것을 분명히 한다. 그가 보기에 종교적 의식은 '우리 안의 거짓말쟁이'의 산물이다. 종교적 의식은 예의바름과 달리 가상을 기만하기에 적합하지 않다.

우리가 보았듯이 예의바름이 자기애를 기만하는 능력은 겉보기에 우스꽝스러운 가상을 제시하는 것에 한정되어 있다. 이것은 한편으로는 예의바름에 유혹적이다. 사람들은 안전하게 거기에 관여할 수 있는데 예의바름은 흡사 정신분석의 증상과 유사해서 "별거 아니야"라고 할 수 있기 때문이다. 그러나 다른 한편으로 이러한 무해한 외양은 예의바름을 수행하는 데 장애물을 형성한다. 왜냐하면 바로 그로 인해 사람들은 그와 같은 것을 [언제든] 놓치는 것 없이 중단할 수 있다고 생각하기 때문이다. 따라서 예의바름과 같이 바깥으로 향하는 태도에 관여한다는 것은 스스로를 판단함에 있어 언제나 좀 더 미련하게 구는 것을 의미한다. 말하자면 자신의 견해 대신에 자신보다 이러한 것들을 아주 잘 '암시하는', 즉 잘 '계산하는' 심급을 따르는 것이다. 따라서 현실을 시험하는 초자아 고유의 심급 대신에 명령권을 위임하는 다른 정신적 심급, 즉 미덕의 "가상"이 진실이 되는 심급을 준비해야 한다. 이러한 심급은 '순진한[어리석은] 관찰자'로 설명되어야 마땅하다.[21] 순진한 관찰자의 효과는 다른 예를 통해 밝혀낼 수 있을 것이다.

하얀 거짓말과 그 순진한 관찰자

순진한 관찰자가 작동할 때는 가령 아주 친하지는 않은 두 명의 직장 동료가 자신의 감정을 거침없이 표현하기보다는 서로에게 예의 바르게 행동할 때이다. 이것은 예컨대 그들이 회사의 다른 동료에 의해 감시받는다고 느끼면서도 그에게 자신들의 관계의 본질을 들키지 않았을 때 뿌듯해하는 것과 같은 상태다. 대신에 그들 모두 이 감시자를 속이기 위해 노력한다. 이러한 메커니즘은 오직 제삼자가 존재하지 않을 때만 작동한다. 이 경우에 둘은 서로에게 예의 바른 상태이며 그들의 비밀을 눈에 보이지 않는 제삼자, 즉 정신적 심급으로 받아들임으로써 놀라운 효과를 설명할 수 있게 만드는 "순진한 관찰자"로부터 숨긴다. 자신들의 비밀을 간직함으로써 그들은 하얀 거짓말쟁이로서 연대한다. 그밖에 다른 무엇으로도 연결되어 있지 않을지라도 [이에 관한 한] 그들은 연합을 형성한다고 할 수 있다.

이러한 유형의 하얀 거짓말의 진실은 바로 이러한 연합에 있다. 위의 사례에서 애정이 진실의 유형을 형성하듯이 말이다. 두 동료는 서로 연대한다. 옥타브 마노니Octave Mannoni[2]가 간파한바, 극장에서 관객이 배우와 연대함으로써 그 누구의 것도 아닌 공통의 환상을 견지하게 되듯이 말이다.22 그들은 보이지 않는 순진한 관객의 시야에 적합한 연극적 환상을 함께 쌓아 올린다. 그들은 가상을 유지하는 연대를 통해 자신들의 연합의 진실을 실천한다.

정치적 관점에서 이러한 종류의 연합은 가족이나 마을공동체, 혹은 혈연공동체의 교류 너머에 있는 사람들 간의 문명화된 교제를 실현시키는 데 그치지 않는다. 그러한 연합은 슬라보예 지젝이 설득력 있게 보여주었듯이23 서로 적대적인 내전 집단 간의 화해를 가능하게 하고 민주적 상황을 도입하는 데도 중요하게 작용할 수 있다.

. . .

[2] 역주. 이른바 식민지배 심리학의 시조로 알려져 있다. 식민지 지배자의 심리를 권위 콤플렉스로, 이에 종속된 식민지인의 심리를 종속 콤플렉스로 규명한다.

나쁜 놈 형상: 하얀 거짓말의 모조품

하얀 거짓말의 다양한 형상과 구조를 추적하고 나서야 우리는 그것을 정확하게 규정할 수 있는 일련의 근거를 마련하게 되었다. 분명한 것은, 하얀 거짓말을 "누구도 상처 입혀서는 안 되는, 도덕적 비중이 경미한 허위"(s. Bok 1989: 58)로 규정하기에는 부적절하다는 것이다. 오히려 하얀 거짓말은 임마누엘 칸트가 진술하였듯이 전적으로 도덕적인 중요성을 갖는다. 이는 그것이 단순히 허위가 아니기 때문이다. 오히려 애정 혹은 연대하는 연합체로서의 진실을 내포하고 있다.

이는 아무도 속이지 않은 거짓말의 사례가 많음에도 불구하고 그것을 하얀 거짓말로 지칭해서는 안 되는 이유이다. 2003년 미국 국방부장관 콜린 파월Colin Powell이 이라크의 대량살상무기 소지에 대해 했던 설명을 예로 들어보자. 이것을 실제로 일찍이 누군가가 (콜린 파월 자신까지 포함해서) 믿었었는가? 만약 그렇다면, 어째서 대량살상무기가 발견되지 않았을 때 그 누구도 격분하지 않았는가?[24] 시리아전에 대한 미국 정부의 설명 또한 속는 이 없는 기만이었는데, 이에 대하여 라인하르트 메르켈Reinhard Merkel은 — 거의 칸트적 표현을 동원하여 — <프랑크푸르트 알게마이네 차이퉁Frankfurter Allgemeinen Zeitung>에서 다음과 같이 설명하였다.

2012년 3월 미국 외무부의 '법률 고문' 해럴드 코Harold Koh는 미국 국제법 전문가 연례회의에서 아랍연맹이 시리아 분쟁에 대해 행한 '건설적 행보'를 돕고, 또한 지지할 것이라고 말했다. 하나 이미 그 당시에도 시리아 내전의 군사적 갈등의 심화와 관련되어 있었다. 또한 그 때문에 저항군을 언제나 '치명적이지 않은' 온건한 방식으로 만 지원할 것이라는 미 정부의 주장은 전 세계를 향해 눈물을 훔치는 명백히 쓸모없는 노력이어서, 사람들은 스스로 헷갈린 나머지 이에 대해 진지하게 다룰 수 있는 건지 자문하게 된다.[25]

이는 EU 정치가가 주도하는 긴축정책의 단호한 선포에도 마찬가지로 유효하다. 설령 이러한 정치가 대부분 가장 유해한 것으로 입증된 후에라 도 말이다. 이러한 조치들이 효과가 있다고 진지하게 믿는 전문가가 일찍이 침체된 경기를 회생하기 위한 조언을 실제로 한 적이 있는가?

이 경우 언뜻 보기에는 속는 이 없는 기만(설령 피해를 입은 이가 없지 않을지라도)이 문제인 것처럼 보인다. 이 모든 경우들을 그전에 분석된 것과 구별시켜주는 것은, 이러한 기만이 그 어떤 연합도, 연대적 결속도, 혹은 친절한 결합도 근거로 삼지 않는 것이다. 이러한 허세는 오직 자기 자신을 향할 때만 친절하며, 칸트가 말한 것처럼 '우리의 도덕적 결핍을 은폐하는' '자기애'를 통한 속임수이다. 정확히 거기에서 기만 역시 발생하는 것으로 보인다. 그러나 이 허영심 많고 자기애를 통해 추동되는 자아는 거짓말쟁이일 뿐 아니라 이 경우에는 속는 사람이 기도 하다. 그는 '스스로에게 이야기를 들려주'며,[26] 그에게 아첨하는 것을 흔쾌히 믿고자 한다. 따라서 중요한 것은 주인도 속는 이도 없이 연대적 연합을 통한 상상이 아니다. 바로 주인 있는, 즉 스스로 흔쾌히 속아 넘어가는[27] 기만당한 에고가 있는, 그리고 타자들과의 연대는 없는 상상이 중요하다. 이 두 가지 기준을 근거로 했을 때 이러한 종류의 기만은 검은 거짓말로 분류되어야 한다.

동일한 것이 일련의 새로운 관료주의적 기만에도 해당된다. 가령

'볼로냐 개혁'이 유럽 대학들을 어떤 관점에서는 개선했을 수도 있다고 그 누가 진심으로 믿었을까? 이 개혁을 심각하게 생각하는 숱한 전문가들의 경고에도 불구하고 그토록 집요하고 완강하게 관철되었다는 사실이 놀랍지 않은가? 그것은 완전히 냉소적인 개혁으로서 결코 누군가를 납득시키거나 누군가의 상황을 개선시킬 준비가 되어 있지 않았다. 물론 이 개혁을 관철시킴으로써 자신들의 일자리와 권좌를 창출한 공무원들은 예외이다. 또한 여기서 미혹되는 낯선 이 없는 기만의 생산이 기여하는 것이라고는 자신의 에고를 기만하고 이 에고를 현실원칙에 붙들린 초자아의 억압으로부터 풀어주는 것뿐이다.

이른바 정치적 올바름의 선전 및 제도적 이행 또한 일련의 경우를 통해 기만될 수 있다. 어색하고 부자연스러운 인위적 형식의 언어가 사람들의 사회적 관계를 개선하리라고 그 누가 단 한 번이라도 진지하게 믿었을까? 물론 그러한 언어를 제안한 대다수 사람들은 PC가 그 자체로 하얀 거짓말이라고 주장해왔다. 이론가들이나 담당 공무원들의 설명에 따르면 더 나은 용어를 사용함으로써 더 나은 사회적 분위기를 이끌어낼 것이라고 한다. 언어로 마치 그런 것처럼 가장하는 것은, 칸트의 논거와 마찬가지로, 그에 상응하는 현실을 발생시킬지도 모른다고 말이다. 물론 PC 언어가 등장한 지 30여 년이 지난 오늘날 이 기획이 실질적으로 실패했다는 것을 냉정하게 인지할 필요가 있다. 더 이상 관용도 존중도 없고 오히려 그와 정반대되는 것만이 있을 뿐이다. 30년 전만 해도 서로에게 소속되었던 사람들은 오늘날 서로를 향해 소리 지르고, 상대방이 올바른 용어를 사용하지 않았다는 이유로 서로를 없는 사람 취급한다.

정치적 올바름의 실패는 PC가 하얀 거짓말이 아니라는 것을 통해 어느 정도 설명될 수 있을 것이다. 예의바름과 마찬가지로 하얀 거짓말은 순진한 관찰자를 설득하는 위치에 있다. 그것은 완벽한 가상을 제공하기 마련이다. 이러한 근거에서 예의바름은 철학자 알랭Alain이 말했듯이 춤이나 펜싱처럼 학습하고 훈련할 수 있다.[28] 반면에 PC는 완벽한 가상의 설립을 이루어낼 수 없다. '적절한' 단어가 '부적절한' 단어를 대체하자마자, '적절한' 단어는 [새로운] 혐의를 받게 되고 다른 새로운 것으로 대체되어야 한다. 그 이유는 PC가 언제나 자기 자신의 상상의 질문은 잘 전하지만, 타인의 상상을 작동시키는 요소는 결코 제대로 만들지 못하기 때문이다. PC는 칸트적 의미에서 언제나 '사후 서비스'에 머무르고, 자비 없는 (오직 자기애에만 좋은) 신념의 기만으로 머무르며, 자신을 완벽하고 확고부동한 가상으로 만들어줄 순진한 관찰자의 또 다른 측면으로 결코 전환되지 않는다.

따라서 PC가 하얀 거짓말이라는 주장 자체는 속는 이 없는 기만이되 결코 하얀 거짓말은 아니다. 어떤 차별받는 이들의 이익을 대표하는 것에 대한 일반적인 논거는 특정한 이익을 달성하는 명확한 '커피'–논증으로서 유용하다. 이를 제시하는 근거는 단 한 번도 누군가를 실제로 설득할 것을 고려해본 적이 없다. (이러한 의미에서 오늘날 PC가 결코 진정한 옹호자를 가져본 적이 없고 사실상 보수의 발명품이며 어떤 올바른 것으로 인식된다고 생각하는 사람들이 있다.) 그러나 이러한 얄팍한 은폐는 연대 집단을 설득하기에 결코 적절하지 않다. 이러한 정치에 종사하는 이는 냉소주의자, 맨드빌Mandeville적 의미에서 악당으로서, 자기가 행하는 것이 무엇을 의미하는지 정확히 알면서 충실히 행하는 사람이다. 다른 한편 진지하게 반대 논증을 제시하는 평론가들은 맨드빌적 의미에서 '바보' 역할을 맡는다. 그들은 자신들의 논증이 작동하리라고 믿지는 않지만 그럼에도 논증이라는 기만에 빠져든다.

우리가 여기서 하얀 거짓말로 위장한 경우로 접한 것들은— 그 누구도 기만하지는 않았지만 그럼에도 어떠한 연대적인 사회적 연결도 순진한 관찰자의 도움으로 형성하지 않았기 때문에 ―, 우리로 하여금 하얀색과 검은색, 거짓말과 진실의 영역 전체에 대해 새로이 숙고하도록 자극한다. 하얀색이 순수한 색이라면, 하얀 거짓말이 만들어내는 나쁜 사람의 형상은 하얀색으로 불리기를 요구할 수 없으므로, 차라리 검은 거짓말의 영역에 속할 것이다. 검은 거짓말은 결코 사회적 연결을 발생시키지 않으며 거기에는 속는 이가 있다. (그리고 또한 그것은 자기애로부터 기만당한, 자아도취적 에고일 것이다.)

거짓말이 하얀색이거나 검은색일 수만 있다면, 다음과 같은 질문이 성립한다. 동일한 것이 진실에 대해서도 유효한가? 진실이 언제나 하얗지 않을 뿐만 아니라 검은색으로 특징지을 수 있음을 암시하는 일정한 성질을 가지고 있는가?[29] 그러니까 우리는 진위[僞]에 대한 질문에 덧붙여서 발화자의 도덕적으로 좋거나 나쁜 의도에 대한 질문 또한 제기하고 이를 통해 발생하는 변형을 도식화할 수 있지 않을까? 우리는 지금까지 순수한 의도의 진실(하얀 진실) 그리고 순수한 동기의 거짓말(하얀 거짓말)과 더불어 자기애와 같이 순수하지 않은 동기의 거짓말(검은 거짓말)을 알게 되었다. 그런데 두 가지 특징과 그것의 결여의 조합은 네 번째[제4의] 가능성을 도출한다. 네 번째 요소는 바로 "나쁜 진실"로서, 이 진실은 나쁜 의도를 통해 나타나거나 나쁜 발화자를 그 원흉으로 추정하게 한다.

이에 따라 우리는 '아리스토텔레스적인' ('논리적' 내지 '기호학적인') 방식에 따라 정방형의 도형을 구성할 수 있을 것이다.[30] 이 논리적 정방형[대당 사각형 구조]에서 모서리 점에는 가령 다음과 같은 방식으로 여기에 제시된 네 개의 진술이 마주 보고 있다.

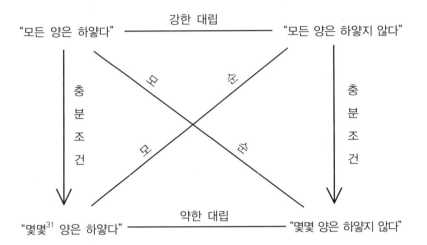

우리의 질문에 대해 이와 같이 네 모서리 점을 가진, 하얀 진실과 검은 진실은 왼쪽에, 검은 거짓말과 하얀 거짓말은 오른쪽에 놓인 형상을 유추할 수 있을 것이다.

이것은 다음과 같은 그림으로 나타날 것이다.

하얀 진실 ○   ○ 검은 거짓말

검은 진실 ○   ○ 하얀 거짓말

이 도표에서 이제 우리는 논리적 정방형에 따라서 다음과 같은 관계를 이끌어낼 수 있다. 하얀 진실은 도형의 위쪽 영역에서 검은 거짓말과 반대되는 관계에 놓여 있다.

하얀 진실과 검은 거짓말을 동시에 말할 수는 없다. 논리적 정방형에서도 "모든 양은 하얗다"와 "모든 양은 하얗지 않다"는 문장은 동시에 참이 될 수 없다. 그러나 다른 한편으로 그것들은 동시에 거짓일 수는 있다. 이때는 다른 제3의 요소, 즉 아래에 위치한 진술들("몇몇 양은 하얗다" 혹은 "몇몇 양은 하얗지 않다") 중의 하나, 혹은 둘 모두가 진실일 수 있다. 이는 하얀 진실과 검은 거짓말에도 동일하게 해당된다. 왜냐하면 하얀 진실이 아닌 모든 것은 이미 검은 쪽에 놓여 있기 때문이다. 따라서 하얀 진실과 검은 거짓말 모두가 이 경우에 해당하지 않는 것도 가능하다. 왜냐하면 여기에도 제3의 요소가 있기 때문이다. 예컨대 하얀 거짓말이나 검은 진실을 사용할 수 있다. 대립 관계의 핵심은 두 점의 상호 배제에 있지만, 이 또한 제3의 요소를 허용한다.

하얀 진실은 나아가 좌측 상단에서 우측 하단으로 이어지는 대각선에

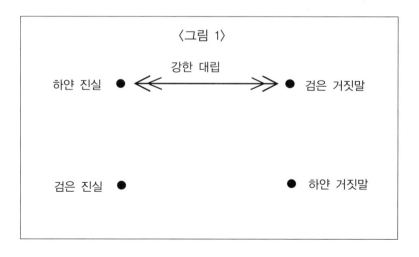

〈그림 1〉

강한 대립

하얀 진실 ● $\Longleftarrow \Longrightarrow$ ● 검은 거짓말

검은 진실 ●   ● 하얀 거짓말

서 하얀 거짓말과 모순적 관계를 맺는다.

이는 우리의 지금까지 인식과 잘 일치한다. 즉 사람들은 갑자기 하얀 진실을 말하거나 하지 않음으로써 하얀 거짓말의 전형적인 외관을 유지하게 된다. 여기에 제3의 가능성이란 존재하지 않는다. 이와 유사하게 "모든 양은 하얗다"와 "몇몇 양은 하얗지 않다"는 진술은 논리적 정방형의 대각선에서 서로 대립하고 있으므로 불가능한 제3의 관계에 놓여 있다.

마찬가지로 좌측 하단 모서리에 있는 검은 진실은 대각선으로 좌측 하단에서 우측 상단을 따라서 검은 거짓말과 모순적 관계를 맺고 있다. 이는 논리적 정방형에서 "몇몇 양은 하얗다"와 "모든 양은 하얗지 않다"는 진술이 맺는 관계에 상응한다. 우리의 질문에서 이것이 의미하는 바는 검은 거짓말은 변명[미화]을 재현하는 반면에 검은 진실은 그 반대를 나타낸다는 것이다. 또한 이것은 제3의 요소가 불가능한 관계를 발생시킨다.

수직의 연결선은 논리적 정방형에서 각각 포함되는 관계를 가리킨다. 좌측 상단의 진술 "모든 양은 하얗다"로부터 논리적으로 좌측 하단의

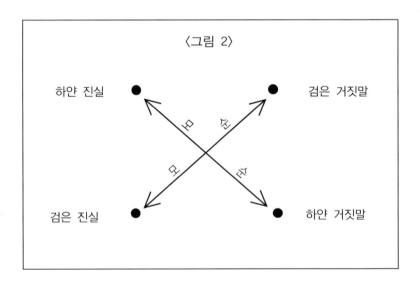

〈그림 2〉

하얀 진실 ●   ● 검은 거짓말

모 순

모 순

검은 진실 ●   ● 하얀 거짓말

"몇몇 양은 하얗다"는 진술이 따른다. 마찬가지로 이는 또 다른 측면과 관계가 있는데, 우측 상단의 진술 "모든 양은 하얗지 않다"로부터 논리적으로 따르는 것은 우측 하단의 진술 "몇몇 양은 하얗지 않다"이다. 포함과 관계된 것은 우리의 논리적 정방형 구조로부터 벗어나는 것처럼 보인다. 왜냐하면 하얀 진실을 표현할 때 언제나 검은 진실 또한 말하는 것은 아니기 때문이다. 마찬가지로 검은 거짓말을 할 때 언제나 하얀 거짓말 또한 말하는 것도 아니다. (바로 후자의 것을 이미 보았듯이 임마누엘 칸트가 명확히 했다.)

그럼에도 우리의 도식과 논리적 정방형간의 유사성으로서 확인할 수 있는 것은 매번 상단과 하단에 놓인 모서리점이 특수한 관계를 맺고 있는 상황이다. "몇몇 양은 하얗다"는 진술은 "모든 양은 하얗다"는 진술에 대하여 특수성을 나타낸다. (그리고 동일한 것이 오른쪽 측면에도 적용된다.) 이제 우리는 "몇몇 양은 하얗다"를 다음과 같은 방식으로 읽을 수 있을 뿐만 아니라, 모든 경험적 학문에서도 실제로 그렇게

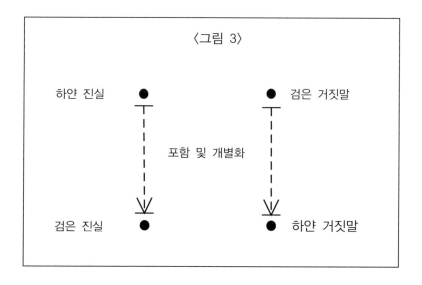

〈그림 3〉

할 수 있을 것이다. "몇몇 양은 하얗다, 하지만 이는 모든 양이 하얗지 않은 근거로 작동하는 추가적 요인을 제공할 수 있다." '몇몇'은 우리의 해석에 따르면 반드시 '전부가 아닌'을 의미하지는 않는다.[32] 하지만 적어도 이것이 의미하는 바는 '어째서 그것이 모든 것에 해당하지 않는지에 대한 근거를 제공할 수 있다'는 것이다. 그랬을 때 "모든 양은 하얗다"와 "몇몇 양은 하얗다"는 진술 사이에는 어떠한 논리적 포함 관계도 존재하지 않는다. '모든 …'은 '몇몇 …'과 더는 직접적으로 연결되지 않는다. 오히려 그것이 뜻하는 바는 '몇몇 …'의 문장에서 특정한 양은 '모든 …'의 문장의 특정한 양의 몇몇 요소들과 공통된다는 것이다. 그러나 다른 것은 그렇지 않다.

논리적 정방형에 대한 이러한 견해는 우리의 도식 내의 상황에 근접한다. 우리는 하단에 위치한 것들 각각을 (검은 진실과 하얀 거짓말) 상단에 위치한 것들의 특수한 경우로 가정할 수 있다. 그것들은 상단에 위치한 것들 각각의 기준과 공통된 기준을 가질 것이다. 그 외에 그것들은 그것들에만 적합한 추가 요인을 포함하고 있다. 검은 진실은 하얀 진실만큼 진실하다. 그러나 검은 진실을 말하는 것은 하얀 진실의 외부에서 질적으로 구별되는 무엇을 말함을 의미한다. 마찬가지로 하얀 거짓말은 검은 거짓말만큼 허위이다. 그러나 하얀 거짓말을 사용하는 것은 (칸트가 설명하듯이) 검은 거짓말에는 적용되지 않는 추가 원칙을 따른다는 것을 의미한다.

우리의 유추에 있어서 특별히 흥미로운 것은 도형의 하단에 위치한 것들, 즉 검은 진실과 하얀 거짓말 간의 관계일 것이다. 이 관계는 약한 대립이다.

그러니까 하얀 거짓말과 검은 진실은 ("적어도 양 한 마리는 하얗다"나 "적어도 양 한 마리는 하얗지 않다"는 문장처럼) 모두 동시에 해당될

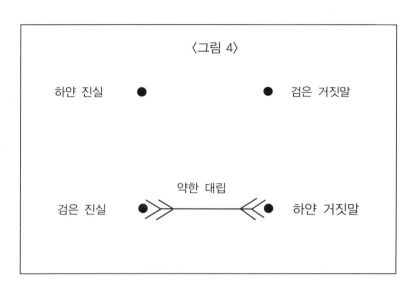

〈그림 4〉

하얀 진실 ●   ● 검은 거짓말

약한 대립

검은 진실 ●＞＞——————＜＜● 하얀 거짓말

수 있다. 그것들은 서로를 배제하지 않는다. 그러나 그것들 모두가 동시에 해당되지 않는 것은 배제될 것이다. (마찬가지로 "적어도 양 한 마리는 하얗다"나 "적어도 양 한 마리는 하얗지 않다"는 동시에 틀릴 수 없다.) 이것이 우리의 질문에 뜻하는 바는, 검은 진실은 특정한 방식으로 하얀 거짓말과 연대한다는 것이다. 즉 둘 다 존재하거나, 둘 중 하나만 존재해야 한다. 두 가지 형태의 비본래적인 언어, 즉 하얀 거짓말이나 검은 진실 모두 발견할 수 없는 순간은 결코 존재할 수 없다.

2편: 검은 진실

누구도 진지하게 생각할 수 없는 진실

'검은 진실'에 대해 말하려면, 우선은 블랙 유머의 영역에서 이룬

성과들을 상기시킬 필요가 있다. 1939년에 앙드레 브르통André Breton이 블랙 유머 선집의 서문에서 설명한 바에 따르면, 이러한 종류의 유머는 갈수록 더 확산되고 전형으로 자리 잡게 되며, 동시대의 예술적이거나 지적인 성취를 위해 필수적인 전제, 즉 '고상한 사치에 유일한 지적 거래 원칙'을 따라야 한다.[33] 이에 반해 오늘날 블랙 유머는 점차 사라지고 있는 것으로 보인다. 블랙 유머는 예술과 지성의 영역에서 추방당했고 점점 이해할 수 없는 것이 되어가고 있다. 블랙 유미의 흔적을 찾고 그것을 다시 복원하려면 고고학적 방식을 동원해야 할 것이다.[34]

브르통이 드는 역사적 사례 중 하나는 조너선 스위프트Jonathan Swift의 1729년작 『겸손한 제안』, 즉 '아일랜드의 빈곤한 아이들이 부모와 나라의 짐이 되는 것을 막고 아이들이 공적으로 도움이 되도록 하기 위한' 제안이다. 스위프트는 어른들의 빈곤과 가난에 시달리는 엄청난 수의 아이들의 문제를 동시에 해결하기 위해 다음과 같이 제안한다.

> 런던에 오래 살고 있는 매우 박식한 미국인 지인이 나에게 보증하기를, 어리고 건강하고 잘 먹인 아이를 한 살이 되었을 때 가장 맛있는 식량이자 건강에 좋은 음식 재료로 제공하여 찌든지 굽든지 튀기든지 혹은 삶든지 하라는 것이다. 듣고 보니 그것을 오믈렛이나 스튜에 적용해도 좋겠다 싶었다. […]
> 물론 이러한 음식은 상당히 비싸게 매겨지겠지만, 그렇기에 상류층 지주들에게 더욱더 적합하다. 왜냐하면 이들은 이미 부모의 대부분을 즐겨 먹었기 때문이고, 그 자녀들의 최상의 요구에 부응하기 때문이다. (Swift 1844[1729]: 32f.)

이보다 몇 해 전 버나드 드 맨드빌Bernard de Mandeville도 유사하게 끼어들었는데, 1705년에 처음 출간된 『투덜대는 벌집. 또는 정직해진 악당들』이라는, 『꿀벌의 우화, 또는 개인의 악덕, 공공의 이익』이라는 제목으로 더 잘 알려진 시가 그것이다.[35] 이 텍스트는 '개인의 악덕, 공공의 이익'이라는 부제가 간결하게 함축하고 있는 주장으로 인해 악명을 얻었다. 이것은 그의 철학적 동료들의 감각적인 견해에 대한 선전포고였다. 이들은 인간의 성향은 인간을 도덕적 존재로 만들어야 하고, 몇 가지 도덕성이 사회의 이익을 위해 모두에게 장려되어야 한다고 여겼다. 맨드빌은 이를 이중으로 부정하였다. 그가 주장한 바에 따르면 첫째, 인간의 성향은 도덕적이지 않으며 둘째, 도덕적 행동은 사회에 이익이 되지 않는다. 무자비한 이기적 꿀벌로 가득 찬 사회만이, 아주 기괴하게도 실제 초기 자본주의 사회에서 인간의 조건과 유사하게, 벌집의 번영을 창출해낼 수 있다.

> 그러니 불평을 말아라. 바보들은 오로지
> 위대한 벌집을 정직하게 만든다고 애를 쓴다만
> 세상의 편리함을 누리며
> 전쟁에서 이름을 떨치면서도 넉넉하게 사는 것이
> 커다란 악덕 없이도 된다는 것은
> 머릿속에나 들어 있는 헛된 꿈나라 이야기일 뿐이다
> 사기와 사치와 오만은
> 그 이득을 우리가 누리는 한 남아 있을 것이다.[36]

맨드빌과 스위프트의 개입은 블랙 유머의 사례로뿐만 아니라, 검은 진실의 사례로도 분류될 수 있다. 그것들이 하얀 거짓말과 정확히 정반대되는 구조를 보여주기 때문이다. 하얀 거짓말이 속는 이 없는 기만이라면,

검은 진실은 자신이 말하는 것과 완전히 솔직하게 관계를 맺고 있다. 그러나 검은 진실은 다음과 같은 질문을 던진다. 검은 진실이 말하는 바대로 생각하는 것은 가능한가?

하얀 거짓말이 믿기 어려운 것이라면, 검은 진실은 생각하기 어려운 것이다. 하얀 거짓말이 아무도 속이지 않는다면, 검은 진실은 아무도 설득하지 않는다. 하얀 거짓말과 마찬가지로 검은 진실 또한 진술 행위와 진술 내용의 영역 간의 분열을 보여준다. 그러나 하얀 거짓말의 경우 진술 내용은 의심스러운 반면 진술 행위의 입장 자체는 (사랑 혹은 연대와 관련하여) 진실하다면, 검은 진실의 경우는 정확히 정반대이다. 검은 진실이 말하는 바는 아주 합리적이지만, 그것을 말하기란 터무니없기 짝이 없다. 검은 진실의 주장은 '불가능한 견지에서' 개진되는 것으로 보인다.

예컨대 맨드빌이 사법부가 불완전하게 작동하면 좋겠다고 주장한다면, 작은 악당만이 이에 집착하지, 대부분의 사람들은 대충 흘려보낼 것이므로, 양쪽 모두 그의 주장에 동의할 수 없는 게 분명하다. 작은 악당은 아마 이렇게 말할 것이다. "당신은 도대체 어째서 그것을 좋게 생각하는가?" 반면 큰 악당은 이렇게 말할 것이다. "어떻게 당신은 그것이 사실이라고 주장할 수 있는가? 종종 어떤 중대한 범죄자가 방해받지 않는 것은 좋지만, 우리는 장래에 큰 실수를 예방하기 위해 사법 장치를 영구적으로 완전하게 하려는 참이지 않은가?" 한쪽이 평가 요인에 반감을 느낀다면, 다른 한쪽은 그것의 서술에 항의한다. 이 질문에 대한 그 어떤 입장도 맨드빌의 입장과 조화를 이루지 않는 것처럼 보인다.

이러한 의미에서 루이 알튀세르는 불가능한 입장을 수용하는 것은 비판적 이론에 대한 부득이한 전제를 세운다고 강조한다.[37] 알튀세르가 쓴 바로는,

내가 기억하기로 마키아벨리가 거의 말하지 않았지만 실제로는
그가 항상 실천한 방법적 규율이 기록되어 전해진다. 그에 따르면
사람은 극단을 생각해야 하며, 그러한 극단 하에서 이해되어야 하는
것은, 이해 한계와 충돌하는 테제를 말하는 입장에 있는 사람은 불가능
한 것의 자리를 수용함으로써 그 사유를 가능하게 해야 한다는 것이다.

(Althusser [1975]: 56)

검은 진실은 불가능한 것을 말하는 사람의 입장에서 표현된다. 따라
서 검은 진실은 어떠한 동의도 받지 못하며 가능한 모든 토론 집단에서
매번 관련 문제를 다룰 때마다 한결같이 거부된다. 검은 진실의 입장에
는 그 어떤 동일시도 허용되지 않는다. 참가자 중에 그 누구도 검은
진실에 동의하거나 그것이 표현되도록 목소리를 빌려주지 않는다.
따라서 검은 진실이 말할 수 있게 될 때 그것의 위치가 스스로 자신의
정당성을 표현하게 되는 것이라고 할 수 있다. 검은 진실은 고전적
수사학의 개념으로 말하자면 객관적 상황의 '프로소포이아Prosopopoia'
이다. 에라스무스가 『우신예찬』에서 어리석음 스스로 말하게 하였듯
이, — 어리석음이 자신을 찬양하게 되면 그것은 애석하게도 아무것도
찬양하지 않는 것과 같기 때문이다 — 검은 진실을 말하는 것 또한
그러한 태도를 취한다. 즉 상황 자체가 말하게 함으로써 에라스무스의
경우처럼 알레고리적 형상이 재현된다. 물론 항상 그런 것은 아니지만
말이다.

하얀 거짓말은 그 때문에 주어진 요소의 **하부긍정**Unteraffirmationen으로
관찰된다. 특정한 진실을 그리고 연대적인 혹은 사랑하는 결합을 위해
하얀 거짓말은 사실을 완전히 시인하지 않으며 그 대신에 사실의 상부구

조를 형성한다. 하얀 거짓말은 증명을 거부함으로써 외려 그것을 가능하게 한다.

이에 반해 검은 진실은 과도한 긍정[상부 긍정]Überaffirmationen으로서 식별될 수 있다. 검은 진실이 주어진 상황을 긍정하게 되는 지점은 이 상황에 연루된 그 누구도 이를 전적으로 동의할 수 없게 될 때이다. 즉 상황을 은폐시킬 상부구조를 필요로 하는 지점 말이다. 검은 진실은 특정한 상황을 증명함으로써 (누군가가 실제로 할 수 있는 것보나 더) 특정한 상황을 방어하는 상부구조를 빼앗고 이를 통해 그 상황을 불가능하게 만든다.

이것은 검은 진실을 모든 연루자들에게 견딜 수 없는 것으로 만든다. 현재의 상황을 유지하는 데 관심이 있는 계급은 그것의 서술에 대항해야만 하는데(비판받는 것이 이미 더 나은 길로 가고 있는 증거라는 조언과 함께), 이는 그들 자신이 이러한 상황을 내부적으로 정당화하기 위함이다. 또한 이러한 상황으로부터 고통받는 계급은 그러한 상황의 서술에 대해 감내하는 것에 동의한다. 오직 그것이 분노의 어조로 진술된다는 조건 하에서 말이다. 모든 경우에 진단과 평가는 서로 부합하지 않으며, 바로 이는 명백히 그 상황이 오래 살아남는 데 기여한다. 모든 입장들이 놓치고 있는 것은 헤겔Hegel이 "이성의 간지"라 불렀던, 이성의 모든 일의 배후에 숨어 있어서 그것을 아무에게도 들키지 않고 작동시키는 것이다. 검은 진실에서는 이러한 이성의 목소리가 발화함으로써 그것의 간지를 빼앗게 된다. 여기에 존재하는 것은 진술과 진술 행위의 영역 간의 분열이다. 검은 진실이 말하는 것은 그것을 검은 진실이 말한다는 사실로 인해 불가능하게 된다.

완전한 긍정이 그 대상을 파괴할 때

스위프트의 경우에서도, 아일랜드의 가난을 통해 이득을 얻는 이는 가난한 아이를 맛있게 먹는다는 것을 생각하는 것만으로도 깊은 반감을 느낄 것이다. 그리고 바로 이 감정은 스위프트가 친절하게 공식화하였듯이 그들의 부모를 "먹어치우는" 것을 용인한다. 그들이 육식하는 자신들의 입장을 완전히 인정하고 동의한다면, 그들은 그 입장을 더 이상 참지 않을 것이다.

이와 동일한 것이 관찰된 것은 크리스토프 슐링엔지프Christoph Schlingen-sief[3]가 2000년 빈에서 자신의 설치예술 <오스트리아를 사랑합시다!Bitte liebt Österreich!>를 빈 시립 오페라 옆에서 발표했을 때였다. 이 예술품은 저편에 설치된 컨테이너에 망명 신청자들이 살고 있음을 암시하였으며, 대중들은 '빅 브라더'와 같은 인기 티브이 리얼리티 쇼에서처럼 컨테이너에서 가장 인기 없는 사람을 투표로 뽑아 추방하도록 부추겼다. 그들은 곧 셍겐 지역 바깥으로 호송될 것이었다. 그러나 그들이 반드시 케냐에서 온 요리사이거나 베트남에서 온 방직공이어야 했는가 하는 의문은 여전히 남아 있다. 눈길을 끄는 것은 슐링엔지프의 설치예술에서의 무리한 요구에 대한 대중들의 반응이다. 망명 신청자들에게 가장 적대적인 사람들과 정당들이 이 설치예술을 가장 많이 반대하고 또 공격하였다.[38] 현실 정치 영역에서는 예술에서 이를 노골적으로 행하는 것에 대해 분개하였다.

'검은 진실'은 심리치료에서의 '역설적 개입'과 같이 작동한다.[39] 자신의 증상에 대한 환자의 저항이 바로 그 증상의 지지를 형성하는 지점에서,

• • •

[3] 역주. 독일의 연극 감독.

임상의는 환자에게 증상을 고의로 만들어내고 그것을 강화하라고 지시함으로써 개입한다. 상습적인 칠칠이가 다음에 만날 때까지 더 칠칠치 못하게 굴라고 지시를 받는다. 수줍어하는 소심쟁이가 공공장소로 가서 다른 때보다 더 수줍어하고 소심하게 행동하라고 명령받는다. 검은 진실에서처럼 악을 곧이곧대로 긍정하는 것은 악을 보호하는 것, 즉 이 악에 대한 모든 가시적인 반대에 대해서 실제로는 악을 결정적으로 지지하는 셈인 악의 가림막을 공격하는 것이다.

분명 이러한 관계는 논리적이지 않다.[40] 실제로 그것은 감정적 힘의 관계이다. 검은 진실의 엄청난 힘은 그것이 감정의 완전한 배출이 가능하게 하는 데서 온다. (진술 영역의) 실재뿐만 아니라 (진술 행위 영역의) 실재와 반대되는 것 또한 주장함으로써, 검은 진실은 두 가지 상반되는 정신적 노력을 충족시킨다. 단호한 표현에 무조건 적합한 어떠한 억제도 없이 말이다. 이를 통해, 또 자신이 열어놓는 아이러니한 간격을 통해 검은 진실은 중대한 욕망을 생산한다. 이러한 욕망이 생산되는 자리에서 저 신경증적 반^反 욕망은 해체되고 대체되어 고집스럽게 저항력이나 보호를 요구하는 태도에 빠지게 된다. 모든 신경증적 반^反 욕망과 같이 그러한 태도를 견인하는 자는 극도로 지친다. 심리적으로 크게 소진하게 함으로써 사람들이 지속적으로 그와 반대되는 것만을 진실로 믿게 하기 때문이다. 블랙 유머의 완벽한 병존은 이처럼 심리적으로 소진시키는 토대와 그 상부구조 간의 모순된 균형을 대체한다. 여기서 블랙 유머가 '웃어 젖히는 것'을 허용하는 것은 신경증적 점유 에너지의 값을 높게 책정하여 그것이 특권화된 — 또는 소외된 — 계급 위치를 고집하도록 요구하게 하는 것이다.

소통의 상상적 축을 횡단하기

맨드빌과 슐링엔지프가 당시 독자들과 신속하게 소통한 방식은 아리스토텔레스적인 도식 외에도 또 다른 정방형 도식과 연관을 맺고 있는데, 자크 라캉의 도식 L이 그것이다.[41] 통상적으로 소통이란 상상적 축에서 '가능한', 당시의 이상적 자아에 상응하는 입장들 사이에서 발생한다. 이에 대해서 한쪽 극은 그렇게 생각할 수 있다고 말한다. 이를 달리 말하면, 그의 말은 동일시의 의미에서 이해될 수 있다. 다른 한쪽 극은, 그것을 전자가 이해되기를 원하는 방식으로서 이해한다. 반면 검은 진실은 이 축을 횡단한다. 검은 진실은 채널을 그것이 서 있고 싶지 않은 지점에서 들은 뒤, 수신한 극을 그것이 — 자신의 소망과 반대로 — 실제로 서 있는 지점으로 송신한다.[42]

상상적 축을 가로지르는 이러한 소통 방식에 대한 하나의 인상적인 예를 지그문트 프로이트가 언급한 유대인 포병에 대한 농담이 제공해준다.

> 유대인이 포병으로 징집되었다. 분명 그는 똑똑한 청년이지만, 버릇이 없고 근무에도 관심이 없다. 그에게 호의적인 상사가 그를 따로 면담하며 다음과 같이 말한다. "이봐, 유대인, 너는 전혀 쓸모가 없어. 네게 조언 하나 해주지. 대포를 사서 자립해라." (Freud [1905]: 56)[4]

이 충고에 담긴 명백한 넌센스는 프로이트가 밝혔듯이 그것의 합리적

• • •

[4] 역주. 지그문트 프로이트, 『농담과 무의식의 관계』, 임인주 옮김, 열린책들, 2003. 72~73쪽 참조. 역서에서 고유명사로 옮기고 있는 '이치히(itzig)'는 유대인을 폄하하여 부르는 단어이므로 여기서는 '유대인'으로 표기하였다.

인 배경에 의해 방해받는다. 이 조언이 영민한 것은 그것이 말하는 내용 하에서가 아니라 그것이 발화되는 위치에 의해서이다. 프로이트에 따르면 이 조언은 그것이 암시하는 메타언어로 번역한다면 다음과 같은 문장으로 재구성될 수 있다. "내가 지금 너에게 주려는 조언은 정확히 너만큼 멍청한 것이다." 이 조언은 유대인과 더불어 유대인이 실제 처한 위치를 풍자한다. 또한 이 경우에 전달 내용의 완전한 양가성이 수취인의 섬세하게 가려진 안전지대를 공격한다. 또한 이 조언은 유대인에게 자신이 생각하는 것을 말하지 않고 그것을 그에게 '보여줌으로써'[43] 상사로 하여금 상호적인 상상적 이해의 보호선을 무너뜨릴 수 있게 해준다. 이 조언은 유대인 고유의 메시지가 그의 버릇없는 태도로 표현된 것을 '뒤집힌 형태로 전달받도록'[44] 강제한다. 이런 식으로 조언은 유대인에게 이상적인 상을 비춰 보여 유대인이 스스로를 기꺼이 재인식하게 하는 대신에, 유대인 자신이 실제로 서 있는 곳을 스스로 조우하도록 강제한다.

따라서 하얀 거짓말이 수취인을 상대적으로 신뢰하기 어렵고 유익하지 않은 진술의 영역에서 멀리 떨어져서 진술 행위의 영역으로 인도하듯이, 검은 진실 또한 그렇게 한다. 검은 진실은 진술의 놀라울 정도로 과장된 진실성을 통해 진술 행위에 숨은 제2의 축을 즉각 문제화하고 다음과 같은 질문을 던진다: "어떻게 그렇게 말할 수 있지?", "무엇을 말하기 위해 내게 그렇게 말하는 거지?" 등. 이를 통해 하얀 거짓말과 검은 진실은 그전까지 도식 속에 은폐되어 있던, 구조적으로 연합하는 기능을 드러내 보인다.

검은 진실은 한편으로는 하얀 진실에, 다른 한편으로는 검은 거짓말에 저항함으로써 이것들이 자신의 측면에서 동일한 기능을 실현하도록 — 즉 소통의 상상적 축을 마침내 받들도록 한다. 하얀 진실은 가령 경솔하게, 아주 중요하고 불가항력적으로 보이는 실제 사태에 대한 자신의 관점과 자신의 결단을 통해, 발화자의 상황에 대한 중대한 질문들로부터 사태로, 또 사태와 발화자 상호 간의 것으로 관심을 유도한다. 하얀 진실은 다음과 같은 중요한 질문들을 무시한다. "정말로 이것을 알고 싶어?" "정말로 그것을 나를 통해 알고 싶어?" 다시 말해 "내가 그것을 안다는 것을 알고 싶어?" "그것을 너에게 말하는 나는 누구일까?" "내가 너로 하여금 그것을 알도록 해도 될까?" 또는 "내가 너로 하여금 네가 그것을 안다는 것을 인정하도록 강요해도 될까?"[45]

반면 검은 거짓말이 상상적 소통을 강화하는 자기 역할을 수행하는 것은 모든 참여자가 이기심으로 인해 특정 상황에서 자신들의 입장을 오인하는 한에서 자신의 그때그때의 입장을 받아들일 수 있을 때이다. 마치 스스로를 사민주의자로 여기는 정치가에 의해서 잔혹한 긴축정책 및 민영화 정책이 추진될 때처럼 말이다.

이러한 확정에 반해 발화자는 모든 참여된 측면에 사로잡힌 상상 속에서 비본래적 언어의 양쪽 형식을 수행한다. 하얀 거짓말은 하얀 진실로 하여금 교환의 완고한 상상적 축을 포기하도록, 사태 자체보다는 누가 여기서 누구와 말하는지, 그리고 참여자들이 어떻게 마주 보고 있는지를 의식하도록 유도한다. 반면에 검은 진실은 특정 상황 속에 있는 몽상적이거나 위선적인 측면을 무너뜨리고 대신 그러한 구조를 가진 언어를 말한다.

해방적인 예의바름과 해방적인 무례함.

따라서 하얀 거짓말과 검은 진실은 우리가 보았듯이 소통의 상상적 축을 횡단하는 역할을 다한다는 점에서 연합한다. 이는 어째서 우리가 어떤 모순도 없이 해방적인 예의바름만큼이나 해방적인 무례함에 대해서도 이야기할 수 있는지를 해명해준다. 단순히 양극으로 구상되지 않고 네 점으로 확대된, '아리스토텔레스적인' (또는 라캉적인) 대립장이 갖는 이점은 이를 인식 가능하게 해준다는 것이다. 예의바름이 하얀 거짓말일 때, 무례한 발언의 검은 진실이 그 반대는 아닌 것이다.

오히려 비본래적 발언의 두 형식 모두 해방이다. 예의바름의 작은 노력은 적어도 고유한 심적 상태의 게으름으로부터 해방시켜줄 수 있다. 그러한 노력에 대한 경험은 그것이 기분이나 감정을 극복할 수 있게 해준다는 것을 다른 사람에게 상기시켜준다. (이러한 상황은 포스트모더니즘에서는 거의 완전히 망각된 것으로 보이는데, 반권위주의적인 교육을 받은 세대는 이를 학습할 수 없었기 때문이다.)

이러한 방식의 완화, 속는 이 없는 기만에는 해방적 무례함은 존재할 수 없다. 기분 내키는 대로 하는 것은 여기서는 단지 게으른 무례함으로서 어떠한 해방적인 요소도 갖지 않는다. 그것은 단지 특정한 불행 속에서 소위 진정성을 발휘하는 하얀 진실에 불과할 것이다. 이러한 이유에서 예의바름에 대해 정통한 프랑스 철학자 알랭은, 무례함은 형식을 지키고 만족해할 수 있는 우리의 가능성을 의도치 않게 무시하는 미숙함이라는 점을 분명히 하였다. 알랭이 강조한 바에 따르면,

원했던 모든 것은 예의바름과 반대되는 것으로 — 즉 무례함으로 전락한다. 따라서 완전히 정중한 누군가는 경멸적인 사람을 대할 때 자신의 행동이 무례하지 않을 만큼만 거칠게 다룰 수 있다. [⋯] 오히려 예의바름은 깊이 생각하지 않고 행하거나 표현하려고 의도하지 않고도 표현하는 행동들과 관련 있다. 떠오른 생각을 모조리 입

밖으로 내는 사람은 매번 최초의 동요에 몸을 맡기는 사람이다. 자신이 실제로 느끼는 것이 무엇인지 미처 알기도 전에 놀람, 혐오, 기쁨 따위를 신중함 없이 드러내는 이는 무례한 사람이다. … (Alain 1983: 203)

이처럼 자신의 기분과 심리상태에 자발적으로 굴복하는 무례함은 자신의 불행에 상상적으로 구금되는 것을 의미할 따름이다. 이와 반대로 예의규범의 훼손이 해방적인 성격을 갖는다면, 그것은 단지 의도된 무례함에 의한 것이다. 즉 예의바름과 무례함의 대립 바깥으로 떨어짐으로써이다. 따라서 알랭은 다음과 같이 적고 있다.

예의 바른 사람이 누군가를 배려 있게 만나는 것이 불가피하다면, 그의 행동이 더 이상 예의가 아니라 도덕과 관련되는 것은 그에게 달려 있다. 고의로 누군가를 발로 짓밟는 것은 폭력이다. 그러나 고의가 아니라면, 그것은 무례하다. (Alain 1982: 203f).

이처럼 고의로 규율을 위반하는 것은 가령 아방가르드, 팝문화 및 펑크의 담론전략으로 나타나는 것으로서 토마스 미스강Thomas Mießgang이 몰두한 연구이기도 하다.[46] 그는 이러한 난폭한 돌진이 갖는 해방적 효과를 다음과 같이 강조한다.

웃음을 유발하려는 의도에서 내뱉는 상스러운 표현이나 욕설은 공허한 상투어로 가득한 공론장을 독점함으로써 명료함을 만들어내고 언제나 악한 쪽으로 기우는 힘을 눈에 띄게 변형시킨다. (Mießgang 2013: 8)

예컨대 다다이스트가 갑자기 폭력적인 언어를 구사하거나 빈 행동주의자들이 예의바름을 내다 버리게 되었을 때,[47] 이는 단지 부주의나 방임의 결과일 뿐만 아니라 ─ 스위프트와 맨드빌의 개입과 견주어 ─ 위선적인 상황에서 검은 진실이 의도적으로 파괴되는 것을 의미한다. 마찬가지로 2015년 당시 그리스 재정부장관 바루파키스Varoufakis가 유로그룹의 좌장 데이셀블룸Dijsselbloem을 향해 '거짓말쟁이'라고 공개적으로 언급했을 때, 이는 무책임하고 닳고 닳은 관료주의의 한가운데에서 정치가 숨통을 트고 찰나의 섬광처럼 빛나는 순간이었다.

이러한 행동을 검은 진실로 만드는 것은 ─ 단순한 무례함과는 달리 ─ 누군가가 어떻게 발화자가 되거나 스스로를 발화자로 느끼는지를 다루는 상황이 아니다. 오히려 이러한 행동이 다루는 것은 다른 누군가가 어떻게 수취인이 되는가이다. 이는 다른 이에게 어떤 것을 말하지 않고 그것을 보여줌으로써 바로 그가 그것과 어떻게 관계되어 있는지를 알게 하는 유대인 농담과 같은 것이다. 이러한 행동은 진술 행위의 영역을 가리킴으로써 상황의 전체 구조를 환기시킨다. 이러한 행동이 무례한 것은 타인의 무례함을 인식 가능하게 만들어 그것을 불가능하게 만들기 위함이다.

사생아의 형상. 무의식적인 조롱.
검은 진실이 자신과 대조되는 어리석음을 잃어버릴 때

이른바 형식 없음이 형식 ─ 즉 다른 곳으로 향하는 소식, 상황의 특정한 위치에서 그것의 대담한 재현 ─ 을 포함하고 있는 이러한 상황은 쉽게 간과될 수 있다. 이는 특히 무례함이 의식적인 판단으로 발생하지 않고 타인에 대한 기대의 즉흥적이고 무의식적인 반응으로서, '역전이'라는 정신분석학적 원칙에 따라 이루어질 때 그러하다.[48] 이는 포스트모더니즘에서 거듭 회귀하고 있다. 소위 '리얼리티' 형식으로 출현하여 싸구려 텔레비전을 가득 채운 '원초적인 것'들을 사람들은 역겨워하면서도 놀란 눈으로 쳐다보게 되는 것처럼 보인다. 대도시의 촬영팀은 호기심에 차 교외로, 예를 들면 시골의 디스코텍으로 몰려가서는 그곳의 젊은이들 사이에서 즉각 좀 더 날것의 행동양식을 발견하고는 마치 그들이 바로 그것을 기대했던 것처럼 군다. 여기서 중요한 것은 문예학연구자 스티븐 그린블랫Stephen Greenblatt이 논문 「더러운 의례Schmutzige Riten」에서 명확하고 또 교훈적으로 서술하였던 통찰을 떠올리는 것이다. 그에 따르면 그러한 소위 원시적인 행동은 언제나 한 집단이 다른 집단의 경멸을 받는다고 느끼는 곳에서 발생한다. 이러한 감정 아래 해당 집단은 다른 집단을 향해 즉흥적이고 무의식적으로, 다른 집단이 자신들에게서 발견하는 바로 그 경멸스러운 행동을 심지어 좀 더 노골적으로 연기하기 시작한다. 그린블랫에 따르면 이러한 행동은 '패배를 인정하는 것'인 동시에 그것에 대한 항의이기도 하다.[49]

따라서 어떤 이가 특별히 수치스러운 방식으로 행동하는 것은 그가 그런 사람이기 때문이 아니라, 그런 행동을 통해 다른 이들이 어떠한지, 혹은 다른 이들이 그를 어떻게 생각하는지, 혹은 그에 대한 다른 이들의 생각을 그는 어떻게 생각하는지, 혹은 전체적인 상황이 어떠한지를 다른 이들에게 보여주기 위함이다. 그럼에도 이처럼 타인을 향하는, 진술 행위나 표현의 영역에 포함되어 있는 메시지를 흘려듣거나 간과한다면, 그 사람은 필연적으로 원시적이거나 짐승같이 보일 수밖에 없다. 마셜 버먼Marshall Berman은 루소 연구에서 이러한 오해를 아주 잘 분석한 바 있다. 젊은 부하인 루소는 주인에게 자신이 단순한 부하가 아님을 필사적으로 보여주려고 시도한다. 그는 가령 절도와 같은 위반을 저지른다. 그러나 그가 그러면 그럴수록, 다른 사람들은 더욱더 그를 불쌍한 부하에 불과한 존재로 여길 뿐이다.[50] 불쌍한 부하가 할 수 있는 것이라고는, 진술 행위 스스로 드러내는 메시지가 아닌, 사태의 영역에서 진술된 것을 청취하는 것뿐이다.

미스강이 잘 진단하였듯이[51] 검은 진실이 자신의 해방적 힘을 잃을 수도 있는 보다 본질적인 이유는, 검은 진실이 주변 환경의 변화로 인해 자신의 '가려운 곳을 긁어줄 나무'를 잃는 데 있다. 그러나 이러한 저항의 본질은 저항의 상대방 또는 그 상대방에 대한 구역질 나는 경악이 아니라, 저항하는 열등한 자가 상대방에게 자신의 상처에 대해 청구하게 하는 규범에 있다.

이러한 저항적 제스처의 해방적 가치는 규범의 훼손에 있는 것이 아니라, 오히려 다른 사람이나 상황 모두가 그 규범에 대한 보다 심각한 훼손을 재현하거나 작동시킨다는 것에 대한 암시에 있기 때문이다. 상황을 유지시키는 데 결정적인 거짓말, 즉 한쪽만이 저급하다는 거짓말은 과도한 긍정을 통해 허위로 드러나고 이를 통해 상황을 불가능하게 만들 것이다. 그러나 상황 자체가 갑자기 이러한 거짓말을 더 이상 필요로 하지 않게 될 수도 있다. 그러면 다른 사람들은 돌연 저급하게 되어서 그들 중 하나의 어깨를 툭 치며 보증할 것이다. 그들이 자신들의 규범을 경멸하면서 그 폭력성을 고통스럽게 깨닫게 하려는 그에게 동의하게 되리라고 가령 요슈카 피셔Joschka Fischer[5]가 젊은 정치가로서 1980년대에 독일 연방의회에 운동화 차림으로 들어섰을 때,[52] 이는 불만의

• • •

[5] 역주. 독일의 전 외무장관

표현으로, 다른 정당의 대변인을 통한 경멸의 특정한 책략에 대한 항의나 비열한 정치기구에 대한 항의로 이해되었다. 오늘날은 이와 반대로 신자유주의가 민주주의 제도를 평가절하함에 따라, 그의 태도는 관습이 보다 느슨해지고 공공기관에 대한 존경심이 낮아지는 단순한 시대적 현상으로 여겨질 수 있다. 그러한 태도는 더 이상 메시지나 항의로서 영향을 미치지 않으며, 오히려 사실에 대한 단순한 인정으로서나 그러한 사실이 발전하는 데 기여하는 것으로서 영향을 미칠 뿐이다. 운동화를 신게 될 다른 사람들 또한 훗날 이를 복장에 지나치게 신경 쓰지 않아도 되는 상태에 대한 만족의 표현으로 여기게 될 것이다. 저항의 제스처가 규범을 파괴하는 행위로서 의미를 갖게 하는 배후 관계는 사라졌다. 규범을 일부러 보란 듯이 훼손하는 것이 이 규범의 충족에 대한 필사적인 요구를 곧장 의미하는 상황은 이제 더 이상 볼 수 없게 되었다.

유사한 변화가 <Adults for Adults> 단체의 시위에서도 일어났다. 2013년 가을 EU 위원회가 모든 담배 포장지에 담배의 위험을 경고하는 안내문과 함께 충격을 주는 이미지를 부착하게 하는 방침을 결의하였을 때, 단체는 이 결의와 관련된 정치인에게 간 손상을 경고하는 충격 이미지가 상표에 붙어 있는 프랑스산 레드와인을 발송하였다. 이 와인 포장이 보여주는 부조리함은 받는 사람으로 하여금 그들이 결의한 담배 포장의 부조리함을 똑똑히 보여주었을 터였다. 그러나 이 현실의 블랙 유머 풍자극은 곧 철회되었는데, 그 사이에 알코올음료에 대한 충격 이미지가 인쇄된 포장 또한 몇몇 EU 국가들 내에서 이미 통용되고 있었기 때문이다. 그럼에도 현실의 많은 부분 내지 모든 부분이 부조리하게 된다면, 그중 일부는 부조리한 패러디로도 더 이상 눈에 띌 수 없게 되어 종국에는 그런 방식으로 상기시키는 것이 아예 불가능하게 될 것이다.

한 문화의 형식과 규범에 대한 이러한 위반이 보편적인 관습이 된다면, 다른 한편으로 — 명백히 역설적으로 — 발생하는 것은 바람직하지 않은 문화 요소의 가치를 축제를 통해 인정함으로써 뭔가 훌륭한 것인 양 변화시켜버리는 집단 무능이다. 이러한 상황은 포스트모더니즘에 전형적이다. 한편으로 우리는 전 인구의 보편적인 "광기"를 의복과 같은 에티켓의 영역에서 관찰하게 된다. 최근에는 구멍, 찢어진 자리, 안전핀, 거대한 로고나 정치적인 문구와 같은 펑키한 요소로 강조되지 않은 옷을 구하기가 불가능하거나 혹은 굉장히 어려워졌다. 다른 한편으로 드러나는 것은 동일한 광기에 사로잡힌 인구가 자신들의 욕구를 충족시켜줄 수도 있을 블랙 유머, 섹스, 예의바름, 담배 문화, 알코올 또는 성인언어 등을 다루는 데 있어서 의심스러우리만치 무능하다는 것이다. 이처럼 욕구를 다루는 것은 정신분석학적으로 '승화'로 설명된다.[53] 그런데 승화는 성인의 전유물이다. 이러한 모순적인 문화 요소가 언제나 받아들여지는 것은 아니며 오히려 축제와 같은 예외적 상황에만 가능하다는 것을 지금까지 성인들은 알고 있었던 반면, 상업적 지속성을 통해 유지되는 유아적인 포스트모더니즘은 그러한 것들을 당황하고 어쩔 줄 몰라 하며 마주 보고 있으면서, 고작해야 '미시적–공격적'으로 억압받는다고 느끼고는 당국의 도움을 요청할 따름이다. 찢어진 청바지를 입고 험악한 말들에 대해 불평하는 사람들, 여성 흡연자에게 화를 내는 합법적인 대마초 흡연자들, 자신의 섹슈얼리티를 근본적으로 "성차별적"으로 드러내는 피어싱족이 그러하다.

정확히 이 지점에서 또 이러한 상황에서 허버트 마르쿠제Herbert Marcuse가 제시한 개념인 '억압적 탈승화'[54]/[6]가 딱 들어맞는다. 모든 고급문화

---

[6] 역주. 소비자본주의사회에서 인간의 욕망이 문화 예술적으로 채 승화되기 전에 상품 소비를 통해 승화되어버리는 현상.

적 요소나 표현을 청산하는 것은 겉보기에 해방적으로 보였지만 사실상 해방이 아니라 어떤 것을 승화할 수 있는 능력의 전반적인 불능으로 귀결되었다.

습관적인 저항의 아비투스를 통해 과시적으로 규범을 파괴하는 것은 더 이상 규범에 대한 암시적인 호소를 의미하기는커녕 단지 그것의 부재에 대한 만족스러운 증거[표시]로서, 어른스러운 것을 어른스러운 방식으로— 즉 승화하여 취급할 수 있는 능력의 불능으로 이어진다. 성인문화의 하얀 거짓말을 기만적이고 억압적인 것으로 여겨서 거부하거나 규범의 전략적 훼손을 번거로운 규범에 대한 순전한 해방으로 오해하는 사람이 있다면, 그는 이러한 문화의 검은 진실과 더불어 이에 상응하는 실천을 결코 시작할 수 없을 것이다.

유럽식 관계의 어두운 면

하얀 거짓말과 블랙 유머를 실천한 흔적은 고대 유럽에 많이 남아 있다. 특히 미국과 같은 세계의 다른 지역에서 그러한 실천은 이해의 범주를 벗어났으며, 이 국가의 정치적 문화적 헤게모니 덕분에 다른 문화권, 특히 유럽 문화권에서 점차 이해하기 어려운 것이 되었다. 가령 예의바름이 하얀 거짓말의 구조를 차지하고 있는 것은 미국에서는 거의 항상 이해되지 않는다. 적어도 그곳[미국]에서는 세넷이 진단한 '친밀함의 독재'가 확산되기 시작한 이래로, 미국 정치인들은 끊임없이 웃어야 하고 미국 판매원들은 자신의 본명과 사적인 관심사를 동원하여 고객에게 쉽게 설명해야 한다. 그러나 이것은 참다운 예의바름이 아니다. 그것은 속는 이 없는 기만으로 이루어져 있지 않다. 오히려 도처에서 진짜 감정을 가장하고 있다. 여기서 나타나는 것은 '자기애'의 결과물이지, 가상의 제삼자를 상상하기에 적합한 형식은 아니다. 알랭의 다음과 같은 말이 그러한 형식에 해당된다.

> 아첨꾼의 예의바름은 전혀 아름답지 않다. 물론 이 예의바름은 예의바름이 아니다. [···] 의도적으로 보여주는 친절과 계산된 아첨[감언이설]은 예의바름이 아니다. (Alain 1982: 203)

또한 블랙 유머로 말하고 불가능한 입장에서 상대방에게 말을 거는 능력은 고대 유럽에 고유한 영역인 것으로 보인다. 물론 이는 다른 문화권이 이러한 규율을 똑같이 노련하게 구현할 가능성을 배제하지 않는다. 또한 다른 문화권의 탁월한 개인들이 블랙 유머를 파악하고 실천할 가능성을 배제하지 않는다. 그럼에도 오늘날 미합중국 문화의 정치적 상상은, 정치적 올바름과 정체성 정치 프로그램이 보여주듯이, 인간적 소통의 이러한 중요한 기제와 가능성에 대한 특유의 망각이 특징인 것처럼 보인다. 몇 해 전 나는 한 국제 콘퍼런스에서 미국의 여성 철학자와 그의 여성 동료가 유럽의 초기 사회주의 국가에 대해 대화하는 것을 지켜본 적이 있다. 미국인은 자기 집에 있는 아끼는 햄스터가 갑자기 병에 걸려서 살아남으려면 값비싼 진료를 받아야 한다며 슬퍼했다. 그녀가 말하기를, 여기에 필요한 돈을 융통할 수 있긴 하지만, 다른 한편으로는, 이 돈이면 인도에서 굶주리고 있는 아이들을 얼마나 많이 도울 수 있을까 생각하면 자신의 햄스터에게 많은 돈을 지출하는 것이 부끄럽다고 했다. 유럽인 동료는 한 치의 망설임도 없이 이 진퇴양난에 대한 명석한 해답을 내놓았다. "나는 네가 뭘 해야 하는지 알아." 그녀가 말했다. "네 햄스터를 인도에 보내. 굶주린 아이들은 햄스터를 기꺼이 먹어 치울 거고, 햄스터는 더 이상 고통받지 않을 거야." 애석하게도 스위프트식 전통에 실로 충실한 이 사례는 미국인 동료에게 충격적이고 전혀 이해할 수 없는 것이었다. 두 사람 모두 대륙철학의 동일한 과정을 공부했고 이에는 헤겔이나 사드처럼 분열된 언어와 음침한 소재의 전문가들도 포함되어 있었지만, 그럼에도 둘 사이에는 깊은 문화적 단절이 놓여 있어서 둘을 갈라놓고 서로 간의 의사소통을 방해하고 있었다. 미국인은 그의 상상적 축이 기묘하게 교차한 것을 두고 마음껏 웃을 수 없었다. 정신병자나 어린아이처럼 그녀는 언어의 이중적 의미를 이해하지 못했다. 블랙 유머를 통해 메시지가 수신되도록 의도하는 심리 공간에서 그녀는 단지 끔찍한 심연만을 발견할 수 있었다.

　정치적 올바름의 미국식 제안자들을 비롯하여 이와 유사한 이데올로기 프로그램(이에 대한 세계 도처의 협력자들을 포함하여)이 간과하는 것은 언어가 소위 '순수하고' '순결한' 단어들로 상부구조를 구축하는 경우이다. 심지어 이 상부구조는 가장 잔혹한 현실을 은폐함으로써 이를 통해 현실이 실현 가능하도록 작동한다. 한 나라가 다른 나라들을 지속적으로 '실패한 국가'로 규정하고 끝없는 내전의 무대로 몰아넣고, 자국민을 지나치게 많이 감옥에 가둬놓으면서 — 심지어 그들은 정확한 표현으로 명명하려고 노력하는 바로 그 대상들이다 —, 다른 한편으로는 단어에 관해서 민감하게 굴고 그 누구의 감정도 해치지 않으려고 신중을 기하는 것이 놀랍지 않은가? 잔혹한 현실과 민감한 언어가 짝을 이뤄서 조화롭게 발맞춰 걷는다면, 그 맥락을 추론하고 섬세한 언어를 사용하는 정치인들을 공격하여, 그들이 꼭 필요로 하는 게 분명한, 매우 섬세하게 은폐된 현실의 잔혹함을 들춰내는 것이 올바르지 않겠는가?

　슬라보예 지젝이 친절하게 강조한 바에 따르면, 감수성 예민하고 위생적인 언어를 둘러싼 노력은 소수자 내지 사회적 약자 집단과 관련해서뿐만 아니라, 잔혹한 현실 자체에도 적용된다.[55] 예를 들어 CIA가 이른바 '물고문waterboarding'과 같은 자신들의 고문 방식을 '강화된 심문 기술enhanced interrogation techniques, EIT'[56]로 표기하는 것은 어딘가 섬뜩한 방식으로 정치적 올바름에 관한 진실을 드러내 보인다. 그것은 심지어 이러한 실천에 대한 일종의 '유대인' 농담으로 개념화될 수 있다. "내가 지금 너에게 말하려는 표현은 네가 시도하려는 경직된 변명만큼이나 위선적인 것이다."

물론 이 후자의 방식의 명명은 좀 더 나쁜 측면을 드러낸다. 그것은 발화와 기호를 연결한다. 우선 솔직하게 말하는 부분은 미 당국이 이제부터 공식적으로 고문을 표준 절차로 간주한다는 것과, 이를 감추기 위한 일말의 노력도 하지 않는다는 것이다. 이를 통해 두드러지는 것은 이러한 방식이 공공연하게 인정된, 공식적인, 사실상 법치국가에서의 정상성의 지위를 획득했다는 것이다. 고문에 대한 이러한 고백에 대해서는 블레즈 파스칼이 그러한 고백을 불평등으로 단언한 것이 유효하다.

> 사람들 사이에 불평등이 존재하는 것은 불가피하긴 하지만, 그럼에
> 도 이것을 시인한다면, 최악의 폭력뿐만 아니라 최악의 폭정의 문
> 또한 열리게 될 것이다. (Pascal 1997: 337)

당시의 실태(불평등이나 고문)에 대한 고백은 새로운 특성을 재현한다. 그것은 실태 자체에 무언가를 더 추가한다. 이 순수한 상태의 존재가 고상하게 침묵하며 지나간다면, 이 존재는 적어도 하얀 거짓말의 대상으로서 기본적인 인권의 규범에 대한 존중을 표명하는 것이 된다. 반대로 이 하얀 거짓말이 더 이상 필수적이 되지 않는다면, 이는 보편적 규범을

향한 존중과 결별하고, 더 강한 자라는 안전한 배역으로 빨려 들어가 강자의 권리만이 유일하게 통용되게 하는 것이다.

이에 대한 미화된 표현을 만들어내는 것은 최소한 사태를 더 낫게 만들거나 마치 그런 것처럼 재현하려고 어떻게든 노력했다는 것을 전혀 보여주지 않는다. 오히려 드러나는 것은 이제껏 비난받았거나 그래야만 하는 것이 경멸스러울 수 있다는 것, 그리고 고문 방법이 단순히 불쾌하나 피할 수 없는 것으로 여겨질 뿐만 아니라 심지어 그것과 거의 다정한 관계를 형성하게 된다는 것, 그러니까 그것을 기꺼이, 그리하여 특별히 잔혹하고 정교하게 실천하는 것일 뿐이다. 미화된 표현은 따라서 또 다른 위협을 추가로 생성한다.

결론

하얀 거짓말과 검은 진실의 효과에 대한 가능성과 한계

하얀 거짓말에서 검은 진실에 이르는 우리의 짧은 노정은, 이러한 종류의 언어 행위가 현실을 변화시키는 힘을 갖는 또 다른 영역의 끝으로 인도하였다. 길은 흡사 '아리스토텔레스식 정방형'의 시계 반대 방향으로 향하는 것 같았다. 하얀 거짓말은 무분별한 하얀 진실이 우세한 곳, 검은 거짓말로 분류되는 자기애의 단계적 기만이 지배적인 곳에서 효과적인 것으로 드러났다. 칸트가 제시하였듯이 하얀 거짓말은 위선적으로 친절한 사람들이 하는 것인데, 그들은 이미 잘 알려진 진실을 고수하는 것보다 다른 사람들과의 연관관계를 더 중요시하고, 자신의 사회적 차원에서의 말을 진지하게 여기지 단지 사실 확인 정도의 실천으로 무시하지 않는다. 소위 벌거벗은 진실에 대한 발화가 사회적 유대를 파괴하거나 이를테면 반사회적인 것을 생산하는 곳에서, 그들은 연약한 상부구조를 형성하여 이에 관련된 사람들로 하여금 보이지 않는 공동의 제삼자를 가상의 순진한 관찰자로 기만하도록 한다. 그리고 사람들이 스스로를 기만하곤 하는 곳에서 하얀 거짓말은 그들로 하여금 다른 사람들을 — 그리고 동시에 오로지 가상으로 남아 있는 다른 사람들을 — 기만하고 이를 통해 더 나은 현실을 형성하도록 유혹한다.

반면 검은 진실은 정확히 검은 거짓말로 증축된 부분을 통해 나쁜 상태가 지탱되는 것처럼 보이는 상황에서 위력 있는 무기로 입증되었다. 그러한 순간에 검은 진실은 관련된 모든 사람들에게 이러한 관계의 구조를 끊임없이 노출하여 그것을 불가능하게 만든다.

하얀 거짓말이 둔감하게 서술하는 하얀 진실과 자기애에 찬 검은 거짓말에 성공적으로 저항한다면, 검은 진실은 나쁜 관계의 지원을 필요로 하는 검은 거짓말을 스스로 파괴한다. 그러나 상부구조를 전혀 필요로 하지 않는 상황, 자신의 구조를 하얀 진실의 형상으로 외설적으로 드러내는 상황에서 검은 진실은 무능력해 보인다. 상황이 악화되어 강자의 권리만이 지배하면, 더 이상 존재하지 않는 상부구조를 겨냥하는 어떠한 비판적 용어도 더는 소용없게 된다. 그렇게 맨드빌의 「꿀벌의 우화」에서 자유 자본주의의 뒤늦은 정책 입안자들을 말하자면 '액면가 face value'에 따라 적절한 이야기로 이용할 수 있었다. "분명한 것은, 우리가 원치 않을 때에도 가혹할 만큼 이기적으로 행동해야 하며, 그렇지 않으면 보편 복지가 피해를 입을 따름이라는 것이다."[57] 나쁜 꿀벌의 우화는 스캔들을 잃었으며 실제로 풍요의 홍수가 결국 "작은 보트까지도 들어 올리는"[58] 상황에 대한 벌거벗은 하얀 진실이 되었다. 혹은 다른 상부구조를 파괴하는 대신에 스스로 상부구조가 되었다. 하얀 거짓말이나 심지어는 검은 거짓말까지도 이러한 유형의 홍수에서 특정한 보트들만 위로 헤엄칠 수 있고 절대다수는 희망 없이 가라앉는다는 사실을 숨기는 것처럼 보인다.

풍자적인 현실과 풍자의 무력함

하얀 거짓말과 검은 진실과 같은 활동의 '상징적 효력'은 스스로를 유지하기 위해 상부구조를 필요로 하는 상황에 의해 제한될 수밖에 없다. 그럼에도 이러한 효력은 이데올로기적으로 지탱되며 상부구조를 이루는 통치를 억압적 권력 또는 폭력 상태에 기초한 통치가 대체하는 곳에서 끝난다. 또한 이러한 효력은 기존의 상부구조가 작동하지 않게 되고 전혀 다른 성질의 새로운 것으로 대체될 때 사라진다.

이는 오늘날 솔직하고 잔인한 신자유주의적 권력의 전형적 대변인들에 대한 풍자예술이 무력하게 된 데서 아주 잘 드러난다. 언뜻 보기에는 ─고대 로마의 풍자가 유베날리스의 유명한 표현에 따르면 ─ 도널드 트럼프처럼 새로운 유형의 정치가에 대하여 아무 풍자도 하지 않기란 어려워 보인다. 수많은 풍자화가나 만화가들처럼 머리모양이나 파렴치한 어법의 매혹적인 덫에 즉각 걸려들지 않기를! 그러나 정치적 대상 자체에 대해 행해진 이러한 새로운 종류의 현실 풍자는 어떤 패러디에도 전혀 영향을 받지 않는다는 것이 금방 드러난다. 심지어 거기에는 분별 있게 보이려는 어떠한 노력도 하지 않는 사람들의 어리석음을 폭로하려는 목적의식도 거의 없다. 대중에게 편한 사람으로 보이기 위해 지극히 한정된 어휘와 기초적인 문법으로 된 문장구조만을 구사하는 정치인의 은밀한 영리함을 밝히는 것이 차라리 더 효과적일 것이다.[59]

마찬가지로 잃어버린 유권자들에게 그들의 새로운 정치 스타가 진실에 엄격하지 않다는 것을 알려주더라도 그들이 되돌아오지는 않는다. 왜냐하면 이는 엄밀히 말해 진실성에 대한 요구를 별로 끌어당기지 않기 때문이다. 오히려 그가 말하는 방식을 통해 보여주는 것은 그가 사실을 창조하는 것에 익숙하고 또 그럴 의도를 갖고 있다는 것이다. 반면에 정치기구[체제]의 대리인은 자신의 견해에 따라 어떠한 사태 혹은 '실질적인 제약'을 기술記述적으로 표현하거나 거기에 순응하는 것에 만족할 뿐이다. 이러한 유형의 지도자가 실제로 해치는 것은 진실에 대한 사랑이 줄어드는 증거가 아니라 오히려 정반대로 실질적인 제약, 제도적 논리, 연합, 종속과 개인적 유대가 흔히 말하는 추진력에 다시금 실제로 제한되는 특정한 연루에 대한 증거이다. 이는 또 다른 맥락에서 존 하트필드John Heartfield[7]가 자신의 포토콜라주 <히틀러식 인사의 의미Der Sinn des Hitlergrußes>에서 자칭 독재자가 손을 호쾌하게 뒤로 쭉 뻗어 뒤에 서 있는 미확인의 거물로부터 지폐를 받는 것을 아주 생생하고 정확하게 보여주었다.[60] 하트필드는 명백한 함정은 피하고, 자신이 다루는 대상의 은밀하고 숨겨진 약점의 실체가 무엇인지를 잘 간파하였다.

상징적 처리에 힘입어 현실은 실제로 영향을 미치게 된다. 하얀 거짓말과 검은 진실과 같은 비본래적인 언어 형식, 또는 정치적 패러디나 풍자와 같이 그와 유사한 형식에는 실제를 변화시킬 수 있는 힘이 있다. 물론 그러한 것들은 이미 그 자체로 '상징적으로' 작성되어서 특정한 상부구조를 통해 지탱되는 현실에만 영향을 미칠 수 있다. 또한 풍자적 비판은 공격하는 상황이나 공격 대상의 실제 상부구조를 간파하도록

• • •

[7] 역주. 조지 그로스와 라울 하우스만 등과 함께 베를린 다다를 만든 독일의 다다이스트 나치를 비판하고자 포토몽타주를 활용하였다.

형성되어야 한다. 이는 언제나 쉽지는 않다. 왜냐하면 우리가 우리 자신에 대해 마지못해 인정하게 되는 것이 다른 사람들이 자기 자신과 다른 사람들에게 숨기고 싶어 하는 것과 반드시 일치하지는 않기 때문이다. 우리의 치부조차도 다른 누군가에게는 자랑이 될 수 있다. 우리의 조롱이 그들의 판매 전략이 될 것이다. 우리의 이른바 가차 없는 검은 진실이 그들에게는 섬세하게 짜여진 하얀 거짓말로 드러날 수 있다.

4. 타인은 어떻게 우리에게 괴물이 되는가.
포스트모더니즘 하에서 원한의 생성에 관하여

이 장에서는 포스트모더니즘이 원한과 어떤 관계를 맺는지 진단해볼 것이다. 이 '원한' 개념에 대한 견해는 프리드리히 니체가 만들었다. 포스트모더니즘의 시대는 이에 대하여 탁월한 연구 현장을 제공한다. 이 시대는 이러한 현상의 순수하고 심지어 영향력 있는 확산을 통해 두각을 나타내기 때문이다. 아마도 역사상 이전에는 결코—특히 특권화된 서구 역사에서 — 이토록 많은 사람들이 이토록 많은 타인들로 인해 괴로워한 적은 없을 것이다.[1] 달리 말하면 이전에는 자신의 삶에 벌어지는 것처럼 보이는, 또한 성인이 되기 위해 불가피하게 따르는 — 가령 소망하는 것만으로는 그것을 이룰 수 없다는 것을 깨닫게 되는 — 극심한 상실에 대한 책임이 다른 사람들에게 있다고 이렇게 많은 사람들이 느낀 적이 없었다.

성인이 삶에 통상적으로 따르는 불가피한 부가 현상으로 간주하는 것을 요즘의 대다수 사람은 전적으로 피할 수 있는 경험으로 여긴다. 다른 사람들에게는 하찮고 사소한 일로 여겨지는 많은 것들이 그들에게는 적어도 '미세 차별'이거나, 충분히 피할 수 있는 폭력적인 상실의 경험을 반복하는 것으로 여겨진다. 미세 차별을 감수해왔던 다른 사람들은 미세 차별이야말로 그러한 경험을 만드는 원인이라고 생각한다.

이러한 '거대한 행복'의 상실은 정신분석의 견해에 따르면 불가피하게 직면할 수밖에 없는, 따라서 비역사적인 현상이다. 그러나 그것을 연민하고 그것에 대해 다른 사람들에게 책임을 지우는 것마저 똑같이 비역사적이지는 않다. 이에 대해서는 포스트모더니즘이 보여주었듯이 특별히 부합하는 시대가 있다. 특정한 집단적, 문화적 핸디캡은 개인으로 하여금 원한의 태도를 갖도록 자극하거나 그러한 태도를 강화시킬 수 있다.

1편: 명예. 자존감. 피해자의식.

도덕 체계와 사회 조직의 형식

그렇다면 어떠한 문화적 핸디캡[원칙]이 원한을 방조하는가? 브래들리 캠벨Bradley Campbell[1]과 제이슨 매닝Jason Manninf[2]이 자신들의 논문 「미세 차별과 도덕적 문화Microaggression and Moral Cultures」[3]에서 제안한 도덕 체계에 대한 흥미로운 분류는 이러한 질문에 대한 답변을 가능하게

• • •

[1] 역주. 버지니아대학교에서 박사 학위 취득 후 캘리포니아주립대학교에서 재직 중인 사회학자.
[2] 역주. 버지니아대학교에서 박사 학위 취득 후 웨스트버지니아대학교에서 재직 중인 사회학자.
[3] 역주. 2014년 1월에 발간된 <Comparative Sociology> 13권 6호의 692~726쪽에 실린 논문으로, 이후 2018년에 『The Rise of Victimhood Culture』라는 공저 단행본으로 확장되었다.

해준다. 저자들은 세 부분으로 이루어진 분류를 발전시켰다.

1. 명예honor 문화,

2. 자존감dignity 문화, 그리고

3. 피해자의식victimhood의 문화.

여기서 언급한 문화 유형 간의 차이는 캠벨과 매닝이 언급하였듯이 초기 사회학자와 인류학자들이 이미 구성하였지만,[2] 최근의 상황을 고려하여 두 사람은 세 번째 문화의 단계를 추가하였다.

명예의 문화

이 유형의 문화에서는 자기 자신의 '명성reputation'이 가장 중요하다. 명성은 '타인의 평가"evaluation of others"에 근거하며 대부분 신체적 폭력과 무관한 모욕에 맞서 가능한 한 스스로를 방어해야 한다.[3] 이는 심지어 겉보기에 사소한 모욕의 경우에도 유효하다. 그리고 그들의 명예를 신경 쓰는 사람들에게는 복수야말로 외부로부터 주어진, 벗어날 수 없는 의무와 같다.[4]

자존감 문화

타인의 판단에 근거하는 것처럼 보이는 명예의 원리와 반대로, 자존감은 '내적인 가치'이다. 즉,

이 내적인 가치는 다른 사람들에 의해 소원해지지 않아도 되는

종류의 것이다. … 자존감은 다른 사람들의 생각과 무관하게 존재하므

로, 자존감의 문화란 공적인 명성이 덜 중요한 문화이다. (Campbell

/Manning 2014: 713)

명예의 원리가 작은 모욕에도 극도로 민감하게 반응하여 즉각 명예

회복을 요구하는 반면, 자존감의 원리는 '두꺼운 낯짝'이 결정적인 미덕

이다. 사람들은 자기 나름의 내적 판단을 지향하기 때문에, 사소한 것

혹은 그것을 다른 사람들이 어떻게 생각할지에 대해 초연하다. 모욕이

좀 더 크다고 해서 반격해서는 안 된다. 이는 자기통제의 윤리에 위배되기

때문이다.[5] 그 경우에는 법적 중개자나 경찰과 같은 제삼자에게 호소하게

된다.

명예로운 사람들과 달리 자존감 있는 사람들은 제삼자에 호소를

허락하고 '사적인 제재를 하는' 사람들을 비난한다. 자존감 문화에

속한 사람은 절도, 폭행 혹은 계약 위반과 같은 위법 행위에 대해

법률에 호소한다. 그러나 이것이 그들이 겸양과 자제의 윤리를 유지하

기 위한 첫 단계는 아니며, 그들은 이러한 제도[관습]의 빈번한 요구를

경솔한 것으로 판단한다. (Campbell/Manning 2014: 713)

명예의 문화에서는 자발적인 보복을 요구하고 또 의무로 이행할

것을 명한다면, 자존감 문화에서 그러한 보복은 자기통제의 윤리학을

통해 (그리고 더 추가한다면 도덕 또는 법을 통해) 금지된다. 다른 한편으

로 이전에는 수치심이 제삼자의 개입을 금지했다면, 자존감의 문화에서

는 권리의 침해가 일정 수준을 넘어섰을 때에 비로소 제삼자의 개입이

가능하다. 어느 정도의 '회복력', 그러니까 사소한 적대감을 견뎌내는

능력은 자존감이 성립하는 데 반드시 필요한 요소이다.

> 사람들은 심각하지만 고의는 아닌 침해를 용인할 수 있다.
> (Campbell/Manning 2014: 713)

캠벨과 매닝은 자존감 문화가 명예의 문화에 비해 우세함을 관철하게 된 첫 번째 근거로 법률, 질서, 무역의 확산을 든다.[6] 저자들은 이 문화의 아마도 가장 완벽한 형식이 20세기 중반 미국의 균질화된 마을 및 소도시에서 실현된 것으로 본다. 두 가지 요인이 결정적인데, 하나는 막강한 합법적 시스템이고 다른 하나는 친밀한 사회적 근접성이다.

> 안정적이고 효과적인 법체계의 지배가 명예의 문화 내에서 통합에
> 대한 공격성과 적대감의 동기를 잃게 했다면, 사회적 통일성은 —
> 문화와 친밀함의 조직 — 관용의 윤리학 내지 온건한 갈등을 요구하였
> 다. 20세기 후반 교외 지역의 사회적 관계는 거의 비슷하게 친밀함의
> 조직이 없었다. 여기에서는 변형된 자존감 문화가 우세했다. (Camp-
> bell/Manning 2014: 714)

물론 이러한 규정으로는 도시가 자신의 법률적이고 억압적인 기구를 통해 자존감 문화에 더 결정적인 장을 마련한 것은 아닌지에 대한 의문을 해결할 수 없다. 이는 제인 제이콥스의 견해일 것이다.[7] 또한 교외 지역이 자존감에 대한 고루한 문화를 유지할 수 없거나 유지해서는 안 된다고 하는 것이 도회적인 세련됨이 부족하기 때문인지에 대한 의문도 해결되지 않는다. 그에 반해 마을과 소도시의 경우는 사적으로 얽혀서 폭력을 저지하는 높은 수준의 내적인 통제력을 갖고 있다. (경찰조차도, 소도시

에서는 친척이나 지인들을 언제나 엄격하게 법에 따라 대할 수 없다. 예컨대 독일 소도시의 네오나치 범죄를 통해 충분히 드러났듯이 말이다.) 다른 한편 서로가 서로의 모든 것을 알고 있는 데서 나타나는 이러한 압력은 사람들로 하여금 자존감에 대한 열망으로 소도시에서 대도시로 달아나게 한다.

이러한 물음에 대해서 두 저자와 다른 입장을 갖더라도, 의문을 제기하고, 새로운 윤리의 출현을 권위 있는 억압적이고 법적인 기구의 확산 및 관철 능력, 그리고 각각의 주거지역의 규모와 연관시킨 것은 부인할 수 없는 업적이다. 도덕적 문화를 '사회 조직의 반영'[8]으로 파악하는 이러한 접근방식은 캠벨과 매닝이 그들의 분류체계에 새로이 세 번째로 도입한 유형, 즉 피해자의식의 문화를 살펴볼 때 특히 유용하다.

피해자의식의 문화

캠벨과 매닝이 말했듯이, 새로이 발생한, 포스트모더니즘에 특징적인 '미세 차별'에 대한 불만의 특징은 명예의 문화뿐만 아니라 자존감 문화와도 대조적이라는 것이다. 명예의 문화는 의도하지 않은 모욕에 대해서도 비슷하게 상처를 받는 것으로 보인다. 그럼에도 명예의 문화는 제삼자에게 호소하거나 자신의 상처를 과장하거나 동정심에 대한 요구를 공개적으로 알리기를 거부한다.[9] 이에 반해 자존감 문화의 대리인은 제삼자를 끌어들이는 것을 부끄러워하거나 주저하지 않는 듯하다. 그러나 그는 사소한 경우나 단지 말을 통한 모욕의 경우에는 끌어들이는 것을 거부한다. 대신에 그는 모욕을 준 사람에게 말로 맞서거나 토론을 요구하거나 혹은 이 모두를 고상하게 무시할 것이다.[10]

반면 피해자의식의 문화는 아주 사소한 상처도 감지하여 가능한 한 많은 사람들에게 이를 알리려고 한다. 이를 통해 공감을 얻기 위해서뿐만 아니라, 이 공감이 피해자에게 마땅히 돌아가야 하는 것처럼 보이게 하기 위해서이다.

> 사람들은 점점 더 다른 사람의 도움을 필요로 하고, 존경과 도움을
> 받아야 하는 증거로서 자신들의 억압을 선전한다. (Campbell/Manning
> 2014: 715)

이러한 선전이 효력을 발휘하고 피해자가 동정심을 유발하는 사람으로 탁월하게 드러나게 하기 위해 이 공론장의 차원에서 어떤 변화가 일어났어야 했을지에 대해 캠벨과 매닝은 답하지 않는다(이때 니체에 주목하는 것이 유용할 수 있다). 물론 '홍보' 또한 그 자체로 구실이 될 수 있다. 새로운 이른바 '소셜' 미디어에 의해 형성된 특정한 공론장이 피해자의식의 고통에 프리미엄을 얹은 명성으로 보상하는 식으로 작동하는 한 말이다. 감각이 섬세할수록, 문화적 섬세함이 사소한 상처를 더 많이 드러나게 할수록 더욱 그러하다. 이는 결국 사건에 불가피하게 뉴스의 가치를 부여하고, 상처 입은 자들에게는 — 그들에게 공감하는 동조자들도 마찬가지로 — 구별되는 상징자본을 부여한다.

'피해자의식의 문화'를 발생시키는 사회적 조건을 캠벨과 매닝은 다음과 같이 진술한다.

> 그것[피해자의식의 문화]은 친밀함과 문화적 동질성이 점점 더
> 결여되어가는 대학 캠퍼스와 같은 동시대적 맥락에서 발생한다. 이는
> 예전에 도시와 교외에서 보였던 특성이기도 하다. 그러나 거기서는

조직화된 단체와 대중의 여론이 강력한 제재로서 남아 있다. 이러한 조건 아래에서 제삼자에 대한 불만은 관용뿐만 아니라 토의 또한 억압한다. (Campbell/Manning 2014: 715)

대학 캠퍼스의 친밀함이 마을이나 교외의 친밀함보다 더 미약할지는 확실하지 않을 수도 있다. 그러나 다른 한편으로는 캠벨과 매닝이 다른 곳에서 직접 말했듯이 '조직화된 권위organized authority'와 '대중의 여론public opinion'은 유일하고 동질적인 제3의 힘에 의해 파악되지 않는다. 오히려 피해자 문화의 특징인 여론조작에서 관건은 우유부단한 정치적 내지 법적인 권위가 비공식 단체의 압력을 통해 행동하도록 부추겨지는 데에 있다.

그뿐만 아니라 당국에 개입하기 위해 노력하는 이들은 당국이 움직이도록 제삼자의 지원을 동원할 수 있다. (Campbell/Manning 2014: 698)

이러한 전략에 유리한 조건은 신자유주의 경제를 통해 쇠약해진 정부의 권위에 놓여 있다. 정부기관은 근대적 조건 하에서는 옳고 보편타당하게 보이는 것을 모두에게 공평하게 행하였다면, 포스트모던–신자유주의적 상황에서는 오히려 크게 소리치는 집단의 편을 들어주는 쪽으로 기운다. 정부 산하의 관청들에 대한 두려움만으로도 그렇게 한다. 또한 점점 늘어나는 폭력방지위원회들은 이러한 경우에 모든 종류의 고함을 증폭시키는 방식으로 행동함으로써,[11] 큰 고함이나 비명에 대해 지나칠 정도로 높은 보상을 하게 될 가능성을 끌어올린다.

또한 캠벨과 매닝은 피해자의식의 문화가 발생하게 된 또 다른 사회구조적 조건을 다음과 같이 제시하는데, 그러한 전략은 사회의 상층부에서 전형적이라는 것이다. 불평함으로써 책략을 펼치는 엘리트층의 기질에 대한 이러한 구조적 통찰은 이 책의 서두에서 언급했던, '미세 차별'에 대한 불만이 주로 대학 내의 사회적이거나 전문적인 사치 분야에서 나타난다는 관찰과도 일맥상통한다.

반면 전적으로 하층에 속한 부류는 캠벨과 매닝이 언급하듯이 근본적으로 이러한 수단을 손에 넣을 수 없다.

> 그러나 유의해야 하는 것은 이러한 선전 활동[캠페인]이 사회의 가장 낮은 층위에서는 반드시 일어나지는 않는다는 것이다. … 사회적으로 배제된 사람들은 제삼자들 중에서도 가장 낮게 위치하기 때문에 그들이 제삼자의 후원을 받는 것만큼이나 후원을 받기 위해 싸우는 것 또한 가능성이 없다. (Campbell/Manning 2014: 700f)

자신의 피해자의식을 과시하는 것은 오직 중산층과 상류층에만 부합한다. 비록 '피해자화'의 문화가 인터넷의 광범위한 확산을 통해 이미 만개했을지라도,[12] 피해자의식은 저자들이 진술하듯이 페이스북이나 트위터와 같은 특정한 SNS의 이용을 포함하여 인터넷의 확산에 잘 부합하는 조건이다.

> 근대의 기술은 느슨한 추종자들로 이루어진 가상의 바다를 통해 대중 커뮤니케이션을 가능하게 했다. (Campbell/Manning 2014: 710)

다수를 대변할 수 있다는 (그리고 어쩌면 보복할 수 있다는) 희망만이 이전에는 분명 모순적이고 역효과를 낳는 것처럼 보였던 단식투쟁이나 자해, 그리고 크게 주목을 받는 자살과 같은 행동 방식을 설명할 수 있다.[13] 악의적인 개입에 직면하여 직접 폭력을 행사하는 것은 오직 이를 통해 그전까지 무관심하거나 망설이던 집단들이 공격자에 대해 결연한 행동을 취하리라고 기대될 때뿐이다. 물론 이러한 조치들은 피해자의식을 위한 상징적인 홍보 기준보다 훨씬 심각하고 전혀 다른 맥락에서 생겨난다. 그러나 피해자의식의 명백한 단점조차도 공론장으로부터 파생되는 장점으로 설명할 수 있다. 대중에 힘입어 강점으로 바뀌리라고 기대되지 않는 약점은 아무도 내세우지 않는다.

결국 캠벨과 매닝은 소위 소셜 미디어의 '과민함'에 의지하는 이러한 피해자의식이 한 사회를 지배하기에는 결코 적합하지 않을 것이라고 단언한다. 게다가 그것은 지나치게 현실과 동떨어지며 아주 찰나적인, 오로지 심리상태나 기분을 통해서만 설명되는 심약한 동맹에 근거하기 때문이다. 요란한 피해자의식만을 통해서는 장기적인 성공에 진입할 수 없다. 장기적인 성공은, 정확히 말하자면, 스펙터클한 피해자 담론과 잔잔하고 더불어 다스리는 자존감의 담론이 전략적으로 상호 교환될 수 있는지 여부에 달려 있다.

> 자존감과 피해자되기 사이의 코드 전환 능력이 대학생활의 성공을 위해 점점 더 중요해진다. (Campbell/Manning 2014: 718, Anm.)

순진하고 유아적인 피해자의식과 품위 있고 어른스러운 관계 맺기 사이의 냉소적인 유동성은 이제는 사라져가는 어른스러운 시민성의 시대에 성공을 약속하는 중요한 시민의 덕목을 형성한다.

사회학에서 도덕 체계의 정신분석에 이르기까지

캠벨과 매닝의 분석은 이처럼 사안을 아주 잘 꿰뚫어 볼 뿐만 아니라, 각각의 도덕 체계와 이에 대해 구속력이 있는 사회적 조직화의 조건 간의 연관을 형성하기 위해 노력하고 있어 귀중한 통찰을 품고 있다. 아마도 저자들의 소견은 유사한 다른 분석을 덧붙였을 때 특히 유용할 것이다. 정신분석은 이에 의존하는 사회학과 더불어 유사한 결과에 도달하기 때문이다. 또한 거기에는 명예의 문화와 자존감 문화 간의 구별에 있어서처럼 우선 적절하게 둘로 나뉜 분류체계가 있다. 정신분석학자 옥타브 마노니Octave Mannoni는 1964년 '주인 없는 상상croyance, 믿음'과 '주인 있는 상상foi, 신념'을 구별하였다. 이 분류는 정신분석 임상의 핵심 질문을 해명하는 데 기여했을 뿐 아니라, 광범위한 문화이론적 판단에도 꼭 필요하게 되었다.[14] 여기서는 이 분류에 대해 간략하게 개관하고 뒤에 이어지는 니체에 대한 장에서 좀 더 세부적으로 설명할 것이다.

주인 없는 상상, 말하자면 '속는 이 없는 기만'은 행동을 유도하는 매우 강력한 동기이다. 대부분의 교양 있는 사람들은 자신들의 신념에 반하여 정말 불가피하게 예의 바르게 행동할 수밖에 없다. 마치 다른 사람들이 자신의 신념에 반하여 결투하거나 복수해야 하듯이 말이다. 이는 캠벨과 매닝이 명예의 원칙으로 설명한 것과 일치한다.[15] 정신분석 이론은 이러한 역설에 대한 설명을 제공한다. 여기서 중요한 것은 행위자들을 통해 충족되어야 하는 관찰 심급에 대한 상상, 즉 '가상의 순진한 관찰자'에 대한 상상이다. 고유한 신념의 부재야말로 여기서 — 마노니의 "나는 알고 있다, 그럼에도 …"라는 형식에 상응하는 — 강력한 영향력을 낳는다.

고유한 신념을 향한 상상을 획득하거나 이 과정에서 상상이 감수해야 하는 변형을 통해 비로소 이러한 행동의 영향력은 완화된다. 이에 필요한 심리적 억제 효과는 자존심에 넉넉한 값을 매김으로써 실현할 수 있다. 이는 자존감의 원칙과 일치한다. 명예는 검증의 기준, 즉 모호하게 남아있는 다른 사람들이 — 또는 실제로는 보이지 않는 순진한 관찰자가 — '생각할 수 있었을 법한' 기준을 따랐다. 이에 반해 자존감은 초자아를 통한 내면의 자기관찰의 기준을 따른다. 귀족적인 명예에서 시민적인 자존감에 이르는 적절한 문화 발달은 리처드 세넷이 밝혔듯이 맨 처음에는 "외향적 상황에서 내향적 상황으로의" 이동으로 파악되었다. 그러나 세넷이 서술하듯이 광범위한 "자기 침잠으로부터 무엇이 '내적인' 것인지 어느 누구도 말할 수 없는" 이러한 내면화가 어떻게 더 나아갈 수 있는지는 여전히 설명되어야 하는 것이다.[16] 또한 세넷은 이러한 단계를 "나르시시즘"이라고 설명한다.[17]

포스트모던–신자유주의적 상황이 주는 인상 아래에서는 캠벨과 매닝이 했듯이 이러한 사회적으로 야기된 '나르시시즘'(믿음과 신념 외에)에 제3의 범주를 부여하는 것이 불가피하다. 사회적 상상의 세 번째 유형인 편집증적 상상[18]은 피해자의식과 마찬가지로 작동한다. 즉 다른 사람들이 어떻게 생각하는지, 어째서 사람들이 현실과 양심의 철저한 테스트에 따라 스스로 존엄성을 갖도록 설득되는지는 별다른 힘을 갖지 않는다. 반대로 직접적이고 주관적인 느낌은 상대적이지 않은 절대적 진실로 여겨진다. 이러한 나르시시즘의 절대화는 자존감의 원리(현실의 테스트를, 따라서 이상理想의 등급 및 격차를 항상 포함하는)와의 결별을 의미하며, 나르시시즘의 시각에서 편집증적 상상의 새로운 범주를 필연적으로 만들어낸다.

그런데 정신분석 이론과의 비교는 캠벨과 매닝의 사회학적 판단과의 단순한 구조적 유사성에 대한 통찰보다 더 많은 것을 제공한다. 여기서는 무엇보다도 두 가지 관점이 중요하게 여겨진다. 하나는 각각의 도덕 체계에 중요한 관찰 심급에 대한 분석과 각각의 에고에서 그것이 차지하는 자리에 대한 분석이다. 두 번째는 도덕 체계와의 관계로부터 서로 발생하는 정동으로, 이는 자존감의 체계에서 피해자의식의 체계로 이행하는 동기를 형성할 수 있다. 이러한 고찰 끝에 얻게 되는 것은 원한에 대한 이해로서, 포스트모더니즘에 대해 니체를 통해 훈련된 문화비판적 진단을 가능하게 해준다. 오히려 우리가 살고 있는 시대에 대한 경험은 그것에 대한 이론과 더불어서 우리로 하여금 역으로 니체의 원한의 철학을 이해하기 위한 힌트를 제공할 수 있다. 그뿐만 아니라 이러한 이론이 필요로 하는 것처럼 보이는 특정한 세련됨에 대한 힌트도 제공할 수 있다.

2편: 프리드리히 니체의 구상 하에서의 '원한'과 그 포스트모더니즘적 산물.
6단계에 걸친 사용설명서

사회적 산물로서의 원한

이어서 우리가 사는 시대와 원한 간의 관계를 분석하려고 할 때, 이는 프리드리히 니체의 독특한 생애가 이미 그의 이론에 결정적인 동기를 제공한 것이 아닌가 하는 의혹에서 출발한다. 그러니까 니체의 원한 이론은 그의 주장과 달리 2천 년의 문화사와 그 변화에 대한 거시사적 관찰의 결과만은 아니다.[19] 오히려 그의 이론에는 그가 살았던 독일의 상황이 고스란히 각인되어 있는 것으로 보인다. 당시 독일은 시민혁명의 실패 이후 개신교는 주로 부르주아 측과, 고대 그리스 이교도를 상속한 측은 귀족 계급과 손을 잡고 있었다.[20] 이러한 상황은 가령 르네상스 시기 이탈리아의 도시국가에서 번영한 부르주아가 고대 그리스의 후예들에게 맞섬으로써 귀족 가문과 가톨릭교회의 자리를 빼앗으려고 한 상황과는 결정적으로 구별된다.[21]

니체가 그랬듯이 우리도 우리 시대로부터 원한에 대해 배울 수 있다. 실제 호황기에 타인에 대한 불평이나 불만은 타인을 악마화하고 타인에게 행복을 베푸는 데 무능한 경향을 뚜렷하게 보여주기 때문이다. 이처럼 이른바 '비판적 백인성Critical Whiteness'[4]의 노력은 그것이 모두에게 열려 있지 않는 한, 백인의 소위 배타적인 특권 전반뿐 아니라 반발심의 작은 표현조차 모두 제거하려고 한다. 예를 들어 펑크밴드 '파이네 자네 피쉬필레Feine Sahne Fischfilet'의 드러머가 빌레펠트 콘서트에서 티셔츠를 벗은 것조차도.[22]/[5] 이처럼 아주 사소한 것에 이르기까지 다른 사람의 행복을 혐오하는 것은 니체가 원한에 대해 강조했던 첫 번째 특성과 일치한다. 가령 그는 다음과 같이 쓰고 있다.

이들 모두는 원한의 인간들이며, … 행복한 자들에 대해 감정을 터뜨릴 때도, … 지치지 않고 싫증을 모르는 자들이다. (Nietzsche [1887]: 311)[6]

그럼에도 니체의 원한 개념에서 두 번째로 중요한 요인인 금욕주의는

• • •

[4] 역주. 서구에서 특권적 지위를 점한 백인성에 대한 비판적 접근을 가리키는 개념.

[5] 역주. 2013년 독일 빌레펜트에서 열린 콘서트에서 해당 밴드의 드러머가 티셔츠를 벗자 공연이 중단되었다. 당시 페미니스트들은 이러한 행위가 공공장소에서 동일한 행위를 할 수 없는 여성에 대한 성차별이라고 주장하였다.

[6] 역주. 프리드리히 니체, 「도덕의 계보」, 『니체 전집 14』, 김정현 옮김, 책세상, 2002. 490쪽.

포스트모더니즘에 부재한다. 포스트모더니즘은 우리가 과거에 누렸던 즐거움을 놀라울 만큼 증오한다. 우리는 최신의 신어Newspeak[7]에 부응하기 위해 성sex, 性에 부정적일 뿐 아니라 고기, 모피, 담배, 술, 예의바름, 향수, 성인언어, 농담 등에도 부정적이다. 최근까지도 여전히 우리의 신성한 기쁨으로 여겨졌던 것이 이제는 우리를 탄압하는 악마적 힘의 형상을 하고 우리를 놀라게 한다. 하인리히 하이네를 기리며 지그문트 프로이트는 언캐니unheimlich, uncanny[8]에 대한 자신의 논문에서 그를 다음과 같이 언급한다.[23] 우리가 더 이상 숭배하지 않는 고대 신은 추락[타락]함으로써 악마가 되었다. 이는 원한에 특유한 '가치 전도'이다.[24] (니체 자신 또한 이렇게 쓰고 있다. "지금까지 모든 신들은 그처럼 신성하게 되어 개명한 악마가 아니었던가?")[25]

더 놀라운 것은 우리가 이에 대해 전혀 부끄러워하지 않는다는 것이다. 이는 포스트모더니즘의 시대를 원한의 시대로 이해하도록 암시하는 세 번째 특성이다. 원한은 특히 다른 사람을 악마화하거나 그의 행복을 증오하는 것을 부끄러워하지 않는 것에 탁월하기 때문이다. 그 점에서 원한은 질투와는 구별된다. 거칠게나마 공식을 도출하기 위해 다음과 같이 말할 수 있을 것이다. 질투와 원한의 관계는 프로이트에 따르면 강박장애와 종교의 관계와 같다.[26] 어떤 경우에 개인적인 병리학으로 여겨지는 것이 문화의 영역으로 옮겨갔을 때는 집단적 표준이나 심지어는 미덕으로 변한다. 이러한 전이로 인해 병리학은 원래의 자기 경멸을 상실한다. 원한이 수행하는 가치의 전도는 심지어 원한의 자기평가와 관련해서 유효하다.[27]

· · ·

[7] 역주. 조지 오웰의 『1984』에서 등장하는 개념으로 사고의 확장이 아니라 사고의 축소를 위해 만들어낸, 단순화시킨 언어를 가리킨다.
[8] 역주. 낯설게 다가오는 친밀함(친밀한 대상)을 가리키는 개념.

원한을 집단적 산물로 간주하는 나의 견해는, 원한을 개인적 악덕뿐 아니라 문화적 정치적 현상("도덕에 있어서 노예의 반란"으로서),[28] 즉 사회적 기구와 그 기구의 임원("사제")의 실존에 좌우되는 영향으로도 보았던 니체의 소견과 일치한다. 이는 원한의 역사성을 승인함을 의미한다. 원한은 보편적이지 않기 때문이다. 즉 원한의 전성기로서 특권화된 시기가 있다. 반대로 다른 시대에는 원한이 부재할 수 있다. 이것이 니체가 고대 그리스 로마 연구를 통해 얻은 핵심적인 발견임을 잊어서는 안 된다. 니체의 설명에 따르면 원한은 인류학의 상수도 모든 문화에 본질적인 특성도 아니며, 오히려 이와는 완전히 다른 문화가 [역사적으로] 존재했음을 보여준다. 심지어 그러한 문화는 그가 살던 시대에도 여러 곳에서 여전히 존재하고 있었다. 따라서 어떤 문화는 원한 없이도 가능하다. 니체가 쓰기로는,

> 두 번째 가치가 확실히 오랫동안 우세하게 지배했다고 해도, 지금까지도 승패를 결정하지 못한 채 싸움이 계속되는 곳이 없는 것도 아니다. (Nietzsche [1887]: 241)[9]

나는 여기서 또 다른 관점에서도 니체를 따르려고 한다. 즉 나는 원한을 하나의 정동인 동시에 정동을 산출하는 능력으로, 즉 심리장치의 특정한 연합체로 간주한다. 이는 원한에 특화된 흥미로운 특성으로서, 죄[책임]이나 수치와는 구별되는 것이다. 마르크스가 '노동'과 '노동력'을 구별했듯이 능력과 그것의 실행을 본질적이고 아리스토텔레스적으로 구별하여 응용하기 위해,[29] 여기서는 죄책감과 죄가 서로 다른 것임을

- - -

[9] 역주. 프리드리히 니체, 「도덕의 계보」, 『니체 전집 14』, 김정현 옮김, 책세상, 2002. 386쪽.

확인할 필요가 있다. 특정한 순간에 어떤 곤경에 대해 나에게 책임이 없다고 느낄 수는 있지만, 이는 내가 죄책감을 갖지 않음을 (따라서 어떤 것에 대해 일반적으로 책임을 느끼는 능력이 없음을) 반드시 뜻하는 것은 아니다. 이는 수치심에도 동일하게 적용된다. 내가 특정한 상황에서 부끄러워하지 않을지라도, 수치심을 가질 것을, 따라서 다른 상황에서는 부끄러움을 느낄 능력이 있을 것을 여전히 요구할 수 있다. 그럼에도 이는 원한의 경우에 반드시 해당되지는 않는 것 같다. 누군가가 '원한의 감정'은 갖고 있지만 실제 원한을 품고 있지는 않다고 말하는 것은 넌센스다.[30] 질투의 경우와 유사하게 원한의 경우에도 그것이 만들어질 수 있을 때 언제나 그것이 실제로도 만들어지는 게 확인된다. 정동과 그것을 생산하는 능력은 완전히 동일한 것으로 보인다. 부끄러움과 죄의 경우는 각각의 능력이 실제 감정과 분리되어서 연구되어야 한다면 (왜냐하면 능력과 감정이 분리되어 존재하므로), 원한의 경우는 정동과 더불어 관찰되어야 한다(왜냐하면 분리된 존재를 갖지 않으므로).[31] 니체가 원한에 대해 일반적으로 설명한 것이 여기에 절묘하게 들어맞는다. 즉 영향과 그것의 능력은 분리되어서는 안 되며, 이 구별은 단지 '언어의 매혹' 내지 '민중의 도덕'에 대한 환상에 빚지고 있다는 것이다.[32] (바로 이 구별 자체를 니체는 원한의 생성에 결정적인 신념의 구별에 따른 것으로 설명하고 있다. 따라서 이를 통해 정동이나 행위에 대한 표현은 주체의 죄로 파악될 수 있다.)[33]

그렇기 때문에 이는 원한이 정동으로서뿐 아니라 이를 형성하는 사회적 방식으로서도 관찰되는 것에 기초한다. (수치심과 죄책감이 문화적으로 독특한 사회적 산물인 것처럼 말이다.)[34] 혹은 마르크스주의적, 알튀세르적 용어로 표현하자면 원한은 주체 형성의 특수한 방식인 특정한 이데올로기로 관찰된다. 여기에는 다음과 같은 질문이 따른다.

그것은 어떤 이데올로기인가? 이러한 주체 형성의 방식은 역사적, 집단적으로 어떻게 발생하는가?

이러한 접근을 취하면서 나는 니체를 통해서는 답을 구할 수 없는 중요한 질문에 주목하려 한다. 어떻게 원한은 우위를 점할 수 있었는가? 중요한 것은 원한이 어떻게 발생했는지 (니체가 설득력 있게 설명한 것) 뿐만 아니라, 어떻게 원한이 지배적인 이데올로기가 될 수 있었는가를 알아내는 것이다. 어떻게 하여 사제가 주도권을 갖게 되고, 그의 '거짓말'이 헤게모니를 얻게 되었는가? 왜냐하면 이는 결코 명백한 것이 아니기 때문이다. 예를 들어 노예제사회에서 노예가 (혹은 노예의 사제가) 자신은 도덕적으로 우월한 사람이며, 따라서 자신이 주인이 될지도 모를 하늘이나 사후 세계를 꿈꾸게 되더라도 자신의 진짜 주인에게는 전혀 해롭거나 전염되지 않는 해석을 펼친다고 가정해보자. 차라리 "계속 꿈이나 꿔라, 멍청아"라고 생각하게 할 것이다. 천한 사람이 더 높은 세계를 꿈꾸는 동안 그는 계속해서 천하게 머무를 것이라고 베르톨트 브레히트Bertolt Brecht는 말한다. 반면에 정말로 올라가려면, 천한 사람은 바로 천함에 대해 생각해야 한다.[35]

더 높은 세계에 대한 동경이 언젠가는 억압받는 이들을 강하게 해주고 지배계급을 극복하게 해줄 수 있을까? 그리고 그들의 도덕적 서사에 그들의 주인들도 수긍하여 그것을 넘겨받은 끝에 그것을 통해 힘을 잃고 그것에 정복당하게 될 수 있을까? 혹은 지배자들에게 그 후로도 힘이 남아 있어서 노예의 도덕에 대한 선언을 통해 노예를 더욱 효율적으로 억압하는 법을 찾아냈을까?[36] 끝으로, 이는 어떤 불가피함에서 발생했을까? 원한의 만개는 역사적 발전이나 독특한 '문명화 과정'의 불가피한 결과인가?[37] 그렇다면 우리의 포스트모던한 곤경은 대안이 없는 것인가, 혹은 고려해볼 만한 해결책이 있을 것인가?[38]

이데올로기의 세 유형: 미신, 신앙, 편집증

원한이 속하는 이러한 유형의 주체 형성 내지 이데올로기를 자세히 다루기 위해 나는 투박한 구분을 제안하(는 동시에 기억을 불러 일으키)려고 한다.[39] 이데올로기는 미신, 신앙, 그리고 편집증적 의식이라는 세 가지 서로 다른 유형으로 존재한다. 이를 구체적으로 보여주기 위해 종교에서 실제로 나타나는 세 가지 서로 다른 형상을 동원할 것이다.

종교는 (1) 미신(주인 없는 상상)의 형식을 예컨대 강박적 텔레비전의 형상으로 취한다. 그러한 [형상의] 텔레비전은 전적으로 종교적인 실천으로서 여러 신학자들이 확인하였듯이 '예배의' 방식으로 관찰자의 시간에 미신적 구조를 부여한다. 관찰자는 그들이 선호하는 채널의 모든 결과를 주기적으로 보아야 한다. 여기에 부여되는 어느 정도의 강제성은 일반적으로 관찰자가 조금 부끄럽게 여긴다.[40]

종교의 또 다른 유형은 (2) 주인 있는 상상을 갖는 신앙의 형식이다. 여기에는 신을 이상적인 존재로 믿는 전형적인 독실한 기독교인이 해당된다.[41] 이 이상적인 존재는 신실한 신앙인의 자긍심을 고취시킨다. 물론 그것은 때때로 그가 진정 좋은 기독교인인지 아닌지 의심하도록 그를 인도한다. 내면화는 겉보기에 어리석은 외적인 실천들에 대한 의심으로부터 구원함으로써 이러한 의심에 대한 수치심으로부터 해방시켜준다. 대신에 내면화는 기쁨으로 자아를 만족하게 한다. 다른 한편으로 내면화는 외적인 실천을 통해 조정되는 확신의 상실을 의미하며, 종종 그칠 줄 모르는 의심으로, 또한 고유한 이상적 자아에 대해 결코 제거되지 않는 것 같은 불일치를 향한 불만으로 이어진다.

끝으로 (3) 이데올로기의 **편집증적** 유형은 특정한 주체가 스스로를 예수로 여기는 경우에 드러난다. 이 주체는 자긍심과 의심을 통해서뿐만 아니라 절대적 확신을 갖고 믿는다.[42] 이러한 주체–형성의 종교적 유형은 분명 정신질환 시설에서 가장 많이 발견되지만, 내가 다음에 보여주려고 하듯이 반드시 그런 것은 아니다. 이데올로기의 이 세 번째 유형은 내가 주장하려는 바에 따르면 원한의 고유한 형식이다.

나는 이데올로기의 세 유형에 대한 '이상적으로 전형적인' 분류로 또다시 되돌아와서 이 유형들의 각각의 구조를 보다 정확하게 해석할 것이다. 우선 언급할 것은 다양한 '종교들', 예를 들어 '위생숭배religion', '지속성숭배', 혹은 '안심숭배'와 같은 것들에 대해 지금 이야기하는 것이 완전히 정당하다는 것이다. 물론 이는 주체–형성의 어떠한 유형에서 이야기되는지를 명확히 하는 중요한 조건 아래에서 그러하다. 나의 견해에 따르면 위에 호명된 세 가지 '종교들'은 나의 분류체계에서 세 번째인 편집증적 유형에 속한다. 이 종교들의 추종자는 미신이나 신앙의 형식에서처럼 행동하지 않는다. 오히려 그들은 마치 그들 자신이 예수인 것 같은 완전히 광적인 형식으로 행동한다. 이는 건강숭배에 전형적인 변주인 '자기 최적화'에서 가장 분명하게 관찰된다. 스스로를 극대화하라는 강제는 불순한 것에 대한 미신적인 기피나 도덕적으로 정화되기 위한 신앙에의 노력과 비교할 수 없다. 오히려 그것은 완전히 순수한 '나'를 편집증적으로 구축하는 것으로서, 이를 위해 쾌락적인 모든 것들은 자기 내부에, 쾌락적이지 않은 모든 것들은 자기 외부에 놓이게 된다(혹은 경멸되어야 한다).[43] 이것이야말로 저 종교들이 편집증적 주체–형성의 유형뿐만 아니라 원한의 질서에 속하는 것임을 이 이데올로기가 보여주는 지점이다.

관점주의적 환상:
어떻게 원한은 편집증으로 귀결되는가
미신에 대한 신앙의 관점에서

원한이 어떻게 발생하는지 설명하기 위해 우선 우리는 미신의 이데올로기적 형식에서 출발해야 한다. 옥타브 마노니가 강조하였듯이,[44] 누구도 믿지 않는 환상, 그러니까 속는 이 없는 기만에는 아주 기이한 형식이 있다. 예의바름을 예로 들어보자. 임마누엘 칸트가 언급하였듯이 예의바름은 기만인 동시에 거짓말이지만, 그것은 허용된 거짓말이다. 왜냐하면 그것이 거짓말임을 모두가 알기에 누구도 속지 않기 때문이다. 나는 이러한 유형의 이데올로기를 '주인 없는 상상'으로, 또는 마노니의 용어를 번역하여 '미신'으로 명명하였다.[45]

알다시피 관건이 되는 것은 환상이기 때문에, 마노니가 단언하였듯이 이 환상은 정신분석적으로 보았을 때 부정의 구조를 갖는다. 환상은 '나도 알지만 …, 그럼에도 …'라는 유형의 표현으로 나타난다. 가령 예의바름의 경우에 이러한 표현은 다음과 같이 보충될 것이다. "예의 바르게 처신하는 것이 모두 환상에 불과하다는 것을 나도 알지만, 그럼에도 우리가 이에 진심으로 참여하는 것처럼 서로 행동하는 것은 훌륭한 것이다." 또는 스포츠 경기의 결과가 나온 경우에는 "이 모든 것이 바보 같고 내 삶에 아무 의미도 없다는 것을 알지만, 그럼에도 나는 신문에서 스포츠 경기의 결과를 가장 먼저 펼쳐봄으로써 그것이 세상에서 가장 중요한 것처럼 군다." 여기서 '그럼에도 …'라는 부분이 가리키는 것은 언제나 페티시즘과 더불어 강박노이로제의 특징이면서, 더 나은 앎과 모든 고유한 신념에 반하여 존재하는 강박의 계기이다.

이러한 미신의 구조는 신앙의 구조와 명백히 구별된다. 신앙은 특정한 사람들이 실제로 믿는 환상으로서, 우월한 주인이 있는 상상이다. 예를 들어 사람들은 신을 믿거나 인류의 발전 혹은 금융시장의 자기조정을 믿는다는 것을 자랑스럽게 이야기한다. 이는 그들의 고유한 상상이며, 또는 미신의 경우와 같이 주인 없는 상상이다. 특이하게도 마노니의 표현이 여기에는 적용되지 않는다. 즉 그 어떤 독실한 기독교인도 "나도 이게 아주 바보 같다는 걸 알지만 그래도 나는 교회에 간다"라는 식으로 말하지 않을 것이다. 그리고 그 어떤 신자유주의 경제학자도 2008년 금융위기 이후에조차도 "나도 이게 어리석다는 걸 알지만, 그럼에도 금융시장이 스스로를 조절할 수 있는 것처럼 처신하는 것은 훌륭하다"라고 말하지 않는다.

미신과 신앙은 내가 다른 곳에서 자세히 설명하였듯이[46] 다양한 감정적 작용을 한다. 미신이 쾌락을 발생시키는 반면 신앙은 자긍심을 발생시킨다. 마노니가 설명하듯이 미신의 구조는 모든 문화에 존재한다.[47] 그러므로 그 어떤 문화도 누구도 믿지 않는 상상을 계발하지 않고서는 존재할 수 없다. 반면에 신앙은 특정한 문화에서만 등장하는 아주 특수한 결과인 것으로 보인다. 가령 유일신교는 이러한 유형의 주인 있는 상상에 근거한다. 이는 유일신교가 '제2의 종교'로 분류되는 이유 중 하나이다. 수많은 성스러운 존재와 이에 준하는 환상들을 제 것으로 만들려는 아무런 노력도 없이 찬미하였던 '원시적인' 이교도 종교들과 달리 말이다.[48]

따라서 마노니에 따르면 문화의 두 유형이 구분된다. 첫 번째는 미신만을 보여주는 문화이고, 두 번째는 미신이 신앙에 의해 떠받쳐지는 문화이다. 그렇다고 후자가 전적으로 신앙의 문화, 즉 '오직 믿음faith alone'의 문화인 것은 아니다. 설혹 그렇게 보일지라도 말이다. 그럼에도 모든 신앙의 문화에서 우리는 미신 또한 발견하게 된다. 가령 기독교 문화에서 성 니콜라우스[10], 크리스마스트리[11], 부활절 토끼[12]와 같은 요소들이 이에 해당한다.[49] 미신의 문화는 이러한 요소들을 공개적이고 진술하고 또 풍성하게 찬미한다. 반대로 미신적 요소들이 신앙에 의해 떠받쳐지는 문화에서는 미신적인 요소를 숨기거나 그 의미를 적어도 겉보기보다 대단치 않은 것처럼 왜곡하려고 한다. 신앙의 문화는 미신에 적대적인 모습을 보인다. 낯선 미신에 대해서 뿐 아니라 그 문화에 속하는 미신에 대해서도 그러하다.[50] 이는 신앙의 문화가 그 문화에 고유한 미신의 마술적 요소에 대해 맹목적이 되는 이유이기도 하다. 미신의 문화가 마술사가 있거나 마술을 행하는 것을 어느 정도 공개적으로 허용하는 반면, 신앙의 문화는 이를 인정하지 않는다. 신앙의 문화는 예컨대 특정한 사람 내지 사물의 매력이나 마술적인 특성을 말할 때면 그러한 것과는 기껏해야 아주 비유적인 의미에서나 관계가 있다고 생각한다.[51] 또한 신앙의 문화는 점성술이나 크리스틴 부인의 사랑의 조언을 재미 삼아 읽고,[52] 자신이 좋아하는 스포츠 스타가 잘되기를 '그냥' 빌거나, 행운의 편지가 담긴 이메일을 '그냥' 전달한다. 자기 [문화] 나름의 미신적 요소나 실천에 대한 신앙의 문화의 이러한 맹목(성)은 '관점주의적 환상' 을 효과적으로 기만하기에 이른다. 그러한 환상은 신앙의 문화가 미신적 인 문화와 마주쳤을 때 발생한다. 신앙의 문화가 다른 문화의 미신을

• • •

[10] 역주. 지금의 터키에 속한 리키아 지역 주교로서, 어려운 처지에 놓인 가족 혹은 연인을 위해 몰래 선물했다고 한다. 이 이야기가 바로 산타의 기원이다.
[11] 역주. 독일인에게 크리스마스트리는 곧 전나무이다. 이는 선교사 오딘이 떡갈나무에 인신공양하는 독일의 악습을 폐지하고자 전나무 가지로 아기 예수의 탄생을 기념하라고 한 데에서 유래한다.
[12] 역주. 부활절에 부활절 달걀을 가져다주는 토끼로 알려져 있다. 원래는 부활절에 아이들의 행동을 평가하는 존재로 받아들여졌다.

감지하면, 신앙의 문화는 이 미신을 오해하고 그것을 다른 문화의 신앙이라고 생각하게 된다. 다른 문화가 미신을 통해 수행하는 것, 즉 빈정거리며 거리를 둠으로써 더 나은 앎에 반대하는 것이 신앙의 문화에서는 빈정대는 거리두기 없이 더 나은 앎이 결핍된 채로 마치 그 문화 고유의 상상으로부터 일어나는 것처럼 보인다. 따라서 다른 문화의 마술적 실천은 그 문화의 무지의 증거로 드러난다. 이러한 방식으로 신앙의 문화의 구성원들은 관점주의적 환상에 빠져 이렇게 생각하게 되는 것이다. "우리가 그것을 하지 않는 것은 우리가 그것을 더 잘 알기 때문이다. 그들이 그것을 하는 것은 그들이 그것을 모르기 때문이다."[53]

이런 식으로 신앙의 문화는 자기 고유의 신앙적 요소와 미신적 요소 간의 긴장 관계를 극복하기 위한 편리한 방식을 발견한다. 그전까지 신앙의 문화는 자신이 여러 상상들을 믿는 동시에 믿지 않던 상황을 해결해야 했다. 그러나 신앙의 문화에게 자신의 신앙을 유일하고 순수한 것으로 표현하고, 또한 그에 반해 미신과 이에 상응하는 쾌락적인 실천들은 그것을 신앙으로 여기는 다른 문화에 속한 것으로 여길 순간이 왔다. 신앙의 주체를 한편으로는 정통한 부분과, 다른 한편으로는 이러한 더 나은 앎에 반하여 행동하는 부분으로 분리하는 '수평적' 분열은, 더 나은 앎에 접근하기 어려워서 겉보기에 확고하게 미신적으로 행동하는 다른 주체와 신앙의 주체를 분리하는 '수직적' 분열로 변형된다. 신봉자는 겉보기에 무지한 다른 사람들보다 우월하다고 느끼는 동안 이 우월감을 즐기고, 경우에 따라서는 그들을 향해 어떤 교육적이거나 선교적인 열정을 발휘한다.

그럼에도 이러한 우월감은 자신과 반대되는 것, 즉 편집증적 원한으로 단숨에 전복될 수 있다. 이 경우에 더 지적이어서 마술적으로 행동하지 않는 신봉자는 겉보기에 무지하게 행동하는 상대방을 질투 어린 시선으로 바라보기 시작한다. 이제 또 다른 신봉자는 지적인 자가 잃어버린 것처럼 보이는 행복을 소유하고 있다. 아쉴 음벰베Achille Mbembe에 따르면,

> 밀교의식의 보고寶庫로서의 아프리카는 결국 억제와 죄책감 없는 쾌락적이고 야만적인 축제에의 소망에 대한, 양심의 가책 없는 생기론의 탐구에 대한 서구의 담론이다. 이는 전후 시대에 유럽을 괴롭혔던 욕망이다. (Mbembe 2017: 86f)

 좀 전까지 경멸했던 대상을 향한 이러한 욕망을 설명하기 위해 그러한 욕망의 정동적인 측면과 관련한 견해를 주시할 필요가 있다. 정신분석학적 관점에서 이는 다음과 같은 의미를 갖는다. 무지하고 마술적으로 행동하는 것은 나르시시즘의 형상이자 현실원칙의 불인정의 형상이다. 따라서 이는 자크 라캉이 엄밀한 의미에서 '향유jouissance'로 명명했던 것의 형상이다.[54] 사람들이 다른 사람을 무지하여 마술적으로 행동한다고 추측하게 되면, 그를 무한한 나르시시즘적 향유의 통로로 간주하게 된다. 그러나 이 향유는 앎에의 접근을 얻은 이들, 즉 현실원칙을 승인한 이들에게는 영원히 상실된 것처럼 보인다. 현실의 제한적 조건에 대한 앎을 얻는 것은 따라서 '상징적 거세', 즉 나르시시즘적 향유로 추정되는 이전의 행복으로부터 영원히 분리시키는 것으로 여겨진다.
 다른 사람의 미신을 그들의 신앙으로 오해하는 관점주의적 환상은 이런 식으로 행복하고 제한 없는 향유의 인상을 다른 사람의 측면에서 발생시킨다. 그리고 이러한 향유는 신봉자에게는 불가능하고 또 접근이 어려운 것처럼 여겨지는데, 이는 바로 그들의 '거세하는' 더 나은 앎에 의한 것이다. 신앙인이 다른 사람의 미신을 잘못 인지하는 것은 그들의 더 나은 앎을 간과하는 것이며, 이로 인해 제한 없는 향유에의 접근과

거세를 성공적으로 피하는 것을 그들의 탓으로 돌리는 것이다.

다른 사람의 관점이 더 나은 앎을 통한 거리두기 없이, 즉 무한한 향유의 특권으로서 신앙으로 나타나는 경우는 신앙의 문화에 있어서 극도로 혼란스럽고 터무니없는 것, 즉 우리는 향유를 박탈당했지만 다른 사람은 그렇지 않다는 것을 의미한다. 그리고 다른 사람은 향유를 소유하는 반면 우리는 그것을 결여하고 있다면, 이는 다음을 뜻할 수밖에 없다. 다른 사람이 갖고 있는 것은 우리에게 결여된 것이어야 한다. 다른 사람의 향유는 사실은 우리의 향유다. 다른 사람은 '우리의 향유를 훔쳐 간 사람'인 게 틀림없다.[55] 우리가 삶으로부터 알게 되는 제한적인 실제의 행복이 나눌 수 있고 강화할 수 있는 것으로 보이는 것과 달리, 무한한 향유는 명백히 불가피하게 하나이자 불가분의 것으로서만 제시될 수 있다. 이러한 상상적인 거대한 행복은 나누거나 연대하여 공동으로 향유될 수 없다. 그것의 소유는 '너 아니면 나'라는 무자비한 원칙을 따른다.

그러므로 우리의 잃어버린 향유를 되찾을 유일한 길은 오직 다른 사람의 향유를 파괴하는 것뿐이다. 이는 그들에게서 거세의 결핍을 제거하는 것을 의미한다. 우리는 스스로를 '탈-거세'하기 위해 다른 사람을 거세해야 한다. 이는 우리가 다른 사람이 더 나은 앎을 얻게 돕는 것, 그러니까 앎을 강제하는 것에 그토록 끈질기게 집착하는 이유이다. 가령 담배가 해롭다는 것을 모르는, 분명 향유를 소유하고 있을 미지의 타인에게 말이다. 우리는 이 '사냥감'을 위해 경고문과 — 그들이 거세되지 않은 무지함으로 인해 심지어 읽지 않을 수도 있기 때문에 — 담뱃갑에 충격적인 사진을 배치하는 비용을 아끼지 않는다. 이는 그들이 확실하게 알 수밖에 없게 만들기 때문에 그들을 거세하고 우리를 탈-거세한다.

이러한 정신분석적 성찰을 보완하기 위해 한 가지를 더 추가해야 한다. 타인의 향유를 증오하는 것은 그 자체로 향유이다. 기독교 교부 터툴리안은 이를 예리하게 간파하고 다음과 같이 쓰고 있다. "그 어떤 쾌락이 쾌락 자체에 대한 혐오보다 더 크겠는가!"[56] 다른 사람이 무한한 향유를 갖고 있는 것을 보았다고 생각할 때마다 우리는 그들의 향유를 파괴하기 위해 무한하고 광신적으로 열중하게 된다. 예를 들어 흡연 정책이 모든 관련된 이들에게 간단한 관용적인 규율만을 요구하는 대신에 지금 이 순간 흡연을 문자 그대로 도처에서 — 레스토랑과 바에서뿐 아니라, 야외의 공적인 공간에서부터 사적인 거처에 이르기까지 — 내쫓으려고 하는 상황은, 이러한 무한한 광신, 즉 다른 사람의 열정을 알려고 하지도 존중하지도 않는 이들의 사악한 열정을 증명하는 것처럼 보인다. 이러한 무한한 열정과 향유는 다른 사람의 파렴치한 향유를 제한하려는 구실로 발생한 것으로서, 편집증의 감정적 토대를 형성한다. 편집증은 자신의 상징적 거세를 상실하여 무한한 향유로 흘러넘치도록 위협받는 주체로부터 발생한다. 물론 이때의 향유는 결코 쾌락적인 것이 아니라 오로지 비통한 것으로만 경험될 수 있다.[57] 도둑맞아 다른 사람의 것이 된 것처럼 보이는 향유의 비쾌락적인 형식에서 말이다. 편집증은 낯선 향유의 표상을 통한 광기, 즉 그 자체로 향유인 광기이다.

심리적 거리의 용해. 포스트모더니즘

'국부적' 관점 하에서, 말하자면 심리적 기구의 다양한 심급들(프로이트에 따르면 자아, 초자아 및 자아이상과 더불어 이드)과 관련하여 편집증은 비편집증적 주체 내에서 이러한 심급을 서로 분리하는 거리의 상실로 표현될 수 있다. 그러나 이러한 거리의 상실을 근거로 이러한 심급들 간의 차이는 심지어 사라지는 것으로 보인다. 편집증에서는 초자아나 자아가 없는 것처럼, 혹은 이들 사이에 어떠한 차이도 없는 것처럼 보일 수 있다.

이러한 '전체론적 상실'은 일상에서 사랑에 빠지는 경우에 유사하게 일어난다. 프로이트가 언급하였듯이 사랑할 때 사랑에 빠진 사람은 자아이상의 자리에 위치하게 된다.[58] 사랑하는 사람이 더 이상 고유한 자아이상을 갖고 있지 않은 것 같은 상태에 갑자기 빠져들 수 있기 때문이다. 따라서 사랑할 때 우리는 물리적 조직[기관]의 구분을 상실하게 된다. 말하자면 편집증적으로 되는 것이다. 이는 프로이트가 동성애적 결합을 편집증에 전형적인 질투의 근거로 삼는 이유 중 하나일 수 있다.[59]

이러한 정신분석적 설명은 포스트모더니즘에서 원한이 눈에 띄게 번성하는 이유를 설명해준다. 이는 말하자면 일종의 편집증이다. 포스트모더니즘이 지식의 특정한 형식, 즉 이보다 더 나은 지식은 없는 것 같은 지식을 발전시켰기 때문이다. 포스트모더니즘은 우리로 하여금 현실에 주어진 지식이 실제로는 일개 서사일 뿐이며 거대 서사의 시대는 지나간 것처럼 가르쳤을 뿐 아니라 그렇게 느끼도록 만들었다. 미신과 (기만적인 형식일지라도) 신앙에서 더 나은 앎이란 심리적 거리를 생성하는 메커니즘이었다면, 포스트모더니즘 이데올로기의 주체에게 더 나은 앎이란 심리적 거리의 철회를 의미한다. 이는 이데올로기의 세 가지 유형과 관련하여 간략하게 설명된다.

미신에서나 신앙에서나 자아와 초자아의 위치는 특정한 거리를 통해 분리된다. 이는 특히 초자아가 자아보다 좀 더 높이 자리하는 '높이의 차이'를 통해 이루어진다. 미신에서 주체는 초자아의 위치에 자리하여 애정 어린 미소를 띠며 자아를 내려다본다. 이는 프로이트가 묘사했던 유머의 관점이다.[60] 이러한 아래로 굽어보는 관점은 예를 들어 자신의 신을 아이로 재현하는 종교에 전형적이다.[61] 반면 신앙에서 주체는 자아의 위치에 자리하여 초자아를 우러러본다. 이러한 올려다보는 관점은 존경심을 발생시킨다. 이는 자신의 신을 전지전능한 성인으로 묘사하는 종교의 특징이다. 이러한 신들은 위를 향하는 시선의 효과이다. 왜냐하면 높은 곳에서는 명백히 모든 위대한 것의 관점으로 수렴되기 때문이다. 이 높이 올려다보는 관점을 프로이트는 주지하듯이 종교에 있어서 미숙한 것의 전형으로 분류하였다.

> 이러한 섭리를 보통 사람들은 특별하게 끌어 올려진 아버지의 형상으로 상상할 수밖에 없다. [⋯] 전체는 명백히 미숙한 것이다. ⋯ (Freud [1930a]: 206)

반면 편집증에서는 거리의 두 형식이 사라진다. 자아와 초자아의 경계는 무너진 것으로 보인다. 적어도 둘은 동일한 중심을 갖는다. 그러나 정확한 관찰을 통해 드러나는 사실은 초자아가 언제나 자아보다 좀 더 크다는 것이다. 자아의 순수한 사실성은 규범을 통해 폭격을 당한 것처럼 보이기 때문이다. 의무는 초자아의 현존에 대한 반역의 징후이다. 여기에는 단순히 자아만 있는 것이 아니다. 오히려 이 자아는 제대로 처신하라고 끊임없이 명령하는 초자아의 그늘 밑에 놓여 있다. 여기에서 이 의무의 특수한 성격이 발생한다. 거리를 둔 초자아가 자아를 높은 이상(자아이상)으로 끌어올리려고 하는 데 반해, 편집증적 초자아는 자아를 바로 그 지점에 고정시키려고 한다. 이 초자아는 바로 자아가 있는 곳에 위치하지만, 자아에게 지시를 내리기 때문에 자아보다 명백히 더 거대하다. 이로 인해 이 초자아는 포위하고 에워싸는 것으로 묘사될 수밖에 없다. 자아를 포위한 남성복 차림의sartorisch 초자아는 '너 자신이 되어라!'라고 강압적으로 명령한다.[62]

이처럼 즉자적으로 자신과의 거리를 상실하고 광기에 사로잡히는 것은 포스트모더니즘의 특징이다. 포스트모더니즘은 주체를 형성하는 미신 및 신앙의 초기 유형을 극복하는 데서 기인한다. 오늘날 이러한 즉자적 광기는 예를 들어 자신을 극대화하려는 절망적인 시도나 이와 유사한 '건강을 숭배하는' 노력에서만 발견되는 것이 아니다. 그러한 광기는 때때로 기괴한 정치적 움직임에서, 가령 극단적인 동물권 발의와 같은 것에서도 드러난다. 극단적인 동물권에 따르면 인간이 동물을 먹어서는 안 될 뿐만 아니라 동물도 동물을 먹어서는 안 된다. 이 지점에서 문화이론에 대한 질문이 나올 수밖에 없다. 어째서 인간은 갑자기 동물이 더 이상 사람에게 먹혀서는 안 된다는 전폭적인 관심을 갖게 되었는가? 어떻게 이러한 관심사가 그토록 우세하게 되었는가? 유일하게 가능한 대답은 인간이 스스로를 특정한 온순한 동물과 동일시하기 시작했다라는 것처럼 보인다. 인간은 자신의 상상계 속에서 스스로 가축이 되었다. 이처럼 많은 동시대인들이 자신을 가축과 동일시하는 현실은 니체가 『도덕의 계보』에서 관찰했던, "'인간'이 맹수에서 온순하고 문명화된 동물, 즉 가축으로 길러지는 것", "온순한 가축의 위선(이라고 근대인이 말할 법한 것)"의 경향을 강하게 환기시킨다.[63] 이러한 동일시는 원한을 특징짓는, 종속적인 무해함을 근거로 스스로를 한없이 좋게만 여기려는 소망과 일치한다. 선하게 존재하는 것은 여기서는 (포스트모더니즘에서 자주 그러하듯이)[64] '아무도 해치지 않는다'는, 오로지 부정적인 개념으로만 규정될 수 있다. 그러나 모든 생명은 다른 생명을 희생함으로써 존재한다. 금욕적인 '소식가'조차도 [희생의] 그림자를 드리운다. 우리는 [어쩌면] 이 세계에 이익보다 손해를 더 끼칠 수도 있다(알프레드 노스

화이트헤드의 선견지명 있는 표현을 인용하자면 "삶은 강도 짓이다 life is robbery")[65]라는 것을 받아들이는 능력의 부재, 혹은 니체가 표현하였 듯이,

> 삶이란 본질적으로, 즉 그 근본 기능에서 다치기 쉽고 폭력적이며
> 착취적이고 파괴적으로 작용하며, 이러한 성격 없이는 전혀 생각할
> 수 없는 것 (Nietzsche [1887]: 263)[13]

임을 받아들이는 능력의 부재, 그리고 야생에 속하거나 온순하지 않은 '동물적' 감각을 향한 욕구를 스스로 받아들이는 능력의 부재를 증명하는 것은 초자아에 둘러싸여 완전히 자아와 일치하도록 강제당하는 자아이다.

이와 같은 광기가 나타나는 것은 1990년대 초기 포스트모더니즘에서 아동 성적 학대의 모티브와 관련해서이다. 아이를 방치하는 것과 더불어 아이에 대한 폭력이 훨씬 빈번하고 위험한 위협으로 표현된다는 사실에도 불구하고, 집단적인 상상은 아동 성적 학대의 모티브에 사로잡혀 있다. 또한 이는 초기 포스트모더니즘의 성인들이 스스로를 아이로 상상하기 시작했다는 것을 통해서만 잘 설명될 수 있다. 그들은 자신의 섹슈얼리티를 더 이상 적절하게 다룰 수 없었고 이 불편한 침입재[섹슈얼리티]가 외부의 폭력을 통해서만 침입할 수 있으리라는 방식으로밖에 설명할 수 없었다. 여기서도 거리감을 상실한 유머 없는 초자아는 섹슈얼리티처럼 자아와 조금이라도 일치되는 것에 관여하는 것을 허락할 수 없다. 소위 무성화 내지 '포스트섹슈얼리티'에서 나타나듯이[66] 편집증적

• • •

[13] 역주. 프리드리히 니체, 「도덕의 계보」, 『니체 전집 14』, 김정현 옮김, 책세상, 2002. 420쪽.

인 탈–성애화는 포스트모더니즘적 원한의 전형적인 증상이다.

이 지점에서 니체가 원한의 계보를 재구성한 것이 어쩌면 한 가지는 틀렸다는 것이 분명해진다. 왜냐하면 원한이 생기기 위해 진짜 패배나 패배자가 반드시 필요하지는 않기 때문이다. 그것은 원한을 위한 충분조건도 필요조건도 아니다. 그렇기에 가령 마사다Masada[14]는 [이스라엘 민족에게] 원한이 아니라 영웅주의와 자부심을 유발하였다. 다른 한편으로 오늘날 관찰되는 것은 얼마나 많은 사람들이 실제로는 잃은 것이 없음에도 원한에 사로잡히는가이다. 여기서 우리는 스토아 철학자 에픽테토스가 강조한 법칙, 즉 인간을 흥분상태로 옮겨놓는 것은 [객관적] 사실이 아니라 오히려 생각이라는 것을 다시 한번 기억할 필요가 있다.[67] 이로부터 도출되는 결론은 원한이 종종 '이유 없는 반항아', 즉 결코 상실해본 적 없는 패배자와 관계있다는 것이다. 원한의 원인은 실제의 상실이 아닌 상상적인 상실에서 찾아야만 한다. 실제 [원한의] 효과는 충분히 상상적 원인을 통해 작동될 수 있다.[68] 그러므로 우리의 설명은 다음과 같을 것이다. 원한은 인간이 — 경우에 따라서는 자신의 문화에 이끌려서 — 자신이 성인이 되어간다는 사실을 폭력적인 상실로 느끼기 시작할 때, 그리고 이러한 상실로부터 자유로운 다른 누군가가 있으리라고 생각할 때 발생한다.

무엇을 할 것인가?

이제 스스로에게 질문해보자. 평등하고 자유롭고 연대하는 사회를

• • •

[14] 역주. 이스라엘 민족과 로마군이 격돌한 자연 요새지.

건설하기 위해서 불필요한 것은 무엇인가? 이를 위해서는 어떤 개인이 필요한가? 그런 개인은 당당하고 강인하고 위험한 야생동물을 통해서 만들어지는가, 혹은 반대로 소심하고 연약한 가축을 통해서 만들어지는가? 동물을 은유로 한 이 질문에 대한 우리의 대답은 니체의 대답과 크게 다르지 않다. 이는 물론 이러한 사회에서 맹수적 상황이 지배할 수 있거나 현실의 신자유주의처럼 진행되어야만 한다는 것을 뜻하지 않는다. 오히려 관건은 이 사회가 개인들에게 어떠한 자아상을 권하는가, 그리고 이 개인들이 왕래하면서 서로를 어떻게 대하는가 하는 물음이다. 서로 간의 예절에 있어 어떠한 외양이, 어떠한 '마치 …처럼'이 필요한가? 이에 대한 대답은 다음과 같다. 당신들이 강하고 위험한 존재여서 타인에게 고통을 줄 능력만 있는 게 아니라 고통을 견뎌낼 위치에 있기도 한 것처럼 서로 처신하라. 민주적인 정부는 이러한 윤리와 호소를 통해 시민들을 대해야 한다. "여러분은 성인입니다. 여러분이 약간의 소음이나 성인언어를 듣는다고 해서 곧장 죽지는 않습니다. 그러니 최소한 여러분이 성인인 것처럼 처신하세요. 당장 여러분 자신이 그렇게 여겨지지 않더라도 말입니다." 반대로 정부가 주민들을 아이나 가축과 같은 극도로 연약한 존재로 다루게 되면, 이러한 존재는 서로를 향해 격렬한 원한을 생성할 것이고, 그들은 자신과 똑같은 사람들로부터 스스로를 보호할 우리 속에 처박혀 있게 될 것이다. 가축으로 이루어진 사회는 완전히 억압적인 사회이다.

이제 우리는 서두에 제기한 질문, 즉 무엇으로 인해 원한이 세상에 등장했고 어떻게 우세하게 되었는가에 대해 대답할 차례가 되었다. 흥미롭게도 최근 몇십 년간 서구사회에서 경찰과 관료주의적 규제(은행과 금융시장이 아닌 일반시민의 삶에 대한)를 외치는 것은 대부분 녹색단체와 사민주의 단체였다. 이러한 특별한 과잉결정은 원한이 주도권을 쥐게 해준다. 즉 이 경우에 겉보기에 진보적인 그룹이 겉보기에 진보적인 목표(약자를 보호하기, 온전히 자기 자신이 되기, 소외와 타율성을 벗어나기)를 갖고 적극 가세하여, 극단적으로 퇴보적인 효과(공론장의 파괴, 민주적 토론의 차단, 갈등의 회피)를 불러일으킨다. 해방의 느낌, 혹은 적어도 해방에 대한 약속을 통해 그들은 제한적[구속적]인 규정을 실행하는 데 기여했고 그러한 규정의 관료화에 스스로 정착했다. 정확히 니체가 말한 '사제들'처럼 말이다. 그들이 야기하는 제도적 편집증은 굉장히 약하고 완전히 속수무책인 피해자의 형상을 환기함으로써 언제나 즉각적인 조치를, 그러한 조치나 그 수단의 적합성에 대한 신중한 검토나 토론 없이 요구한다. 종종 이는 민주주의적 통제, 합법성 그리고 권력 분리의 '무효화'를 동반한다.

편집증이 수단의 적합성을 따지지 않기 때문에, 원한과 더불어 이에 상응하는 유사정치가 스스로 목표로 내건 바로 그것에 대해 스스로 결정적인 훼방을 놓는다. 건강숭배 정치는 다른 많은 것을 파괴할 뿐만 아니라 심지어 건강 자체도 방해한다. '건강식품 탐욕증orthorexia'(몸에 좋은 영양의 과도한 공급으로 인해 야기되는 결핍)과 같은 새로운 유형의 질병이 건강의 자리를 차지한다. 안전숭배 정치는 결국 안전을 위태롭게 하는데, 주민들에게 불안전하다는 느낌을 강화시키고, 국가비밀정보기관과 비밀수사관에게 통제되지 않은 권한을 허용하기 때문이다. 후자는 런던 지하철 테러 이후 장 샤를 드 메네즈Jean Charles de Menezes[15]의 불행한 사례에서 볼 수 있듯이 무고한 시민을 살인하는 데까지 나아갈 수 있다.[69] 동일한 것이 편집증적 광신과 그것이 그때그때 가장 최고의 것으로 대하는 대상에도 유효하다. 가령 질투가 특정한 대상을 습득하기 위해

• • •

[15] 역주. 브라질인으로서 런던 폭탄 테러 시도에 연루된 도망자 중 한 명으로 오인되어 테러 다음 날 런던 지하철 스톡웰역에서 런던 경찰관에 의해 살해되었다.

몸부림칠 때, 실제로는 질투 자신이 그것을 습득하는 데 가장 큰 방해물이 된다.[70] 또 질투가 사랑에 빠진 사람이 처하는 고통인 양 처신할 때 오히려 분명해지는 것은, 질투가 심한 이는 실제로는 사랑이나 사랑하는 사람보다 질투를 더 선호한다는 것이다(영화 <약속The Appointment>(1969)[71]에서 잘 보여주듯이 말이다). 마찬가지로 원한 또한 평등함을 추구하기보다는 오히려 그것을 방해한다. 니체는 이를 기민하게 알아차려 다음과 같이 쓴 바 있다. "역사적으로 관찰되듯이, 속세의 법은 바로 수동적인 감정을 거스르는 투쟁을 의미한다."[72]

여기서 니체의 통찰을 민주주의와 평등에 대한 니체 특유의 대체로 적대적이고 구역질 나는 발언들에 맞서서 뒤집을 수 있을지도 모른다. 왜냐하면 민주주의와 평등은 말하자면 강하고 당당한 사람만이 감당할 수 있기 때문이다. 오직 이러한 니체적 의미에서의 '주인'만이 평등한 위치에 있다. 반대로 노예는 언제나 주인을 필요로 한다.[73]

원한 없는 도덕과 정치

그렇다면 어떻게 해야 사회가 편집증을 극복하고 두려워 않는 주체를 형성할 수 있을까? 무엇이 우리로 하여금 포스트모더니즘에 원한이 덜하도록 만들 수 있을까? 잊지 말아야 하는 사실은 역사적으로 형성된 문화적 처방이 개인들이 자기 자신과 거리를 두도록 훈련시켰다는 것이다. 리처드 세넷은 이를 상세하게 묘사하였다. 사적인 개인과 공적인 역할의 분리를 다시 확립하고 보호하는 것은 도덕적이고 정치적인 성과였다. 그러한 분리가 존재하는 한, 사람들은 공적인 공간에서 다른 사람의 행복을 시샘하지 않았다. 그들은 다른 사람들의 쾌활함과 우아함, 의무,

예의바름과 매력 등과 더불어 행복과 즐거움을, 다른 사람들이 공적인 공간에서 해야 하는 역할에 걸맞게 할 의무가 있는 것으로 보았기 때문이다. 그들은 다른 사람의 흡연이나 추파를 취향이나 외설적인 개인의 열정이 아니라 의무로 해석하였다. 이러한 구별을 통해 다른 사람들은 소위 '무지한', '거세되지 않은', 외설적인 향유를 소유한 원시의 짐승으로 '동화'되지 않고, 오히려 공론장의 요구를 의무로서 따르려고 노력하는, 동등하게 거세된 주체로 이해되었다. 성인의 방식으로 다른 사람을 바라보고 그들을 똑같이 성인으로 인지하는 위치에 있는 사람은 그들을 호의적이고 관대하게 대한다. 이러한 호의는 사회에서 발생하는 불평등에 저항하기 위한 조건이기도 하다.

5. 겸손함의 잘난 척하는 제스처.
성인언어 내의 분열에 관하여[1]

> 자기 자신을 경멸하는 사람은,
>
> 그러면서도 언제나 경멸하는 자인 자신을 존중한다.
>
> 니체 ([1886]: 73)[1]

전도된 이성

오늘날 우리가 '이성'이라고 명명하는 것이, 그리고 우리가 이성의 이름으로 취하게 되는 모든 조처들이 한결같이 그 반대로 — 순수한 비이성으로 — 전도되는 것을 보게 되는 것이 한편으로는 슬프지만, 다른 한편으로는 웃기다. 가령 안전을 위해 이성적 조치를 취할 때, 우리는 시민권이나 자존감 — 혹은 둘 다 — 을 완전히 파괴하는 개입을 허용하게 된다. 혹은 우리가 환경이나 건강 혹은 비용의 효율성을 위해서 이성적 조치를 취하게 된다면, 우리의 삶의 기쁨을 파괴하는 그것들에 의지하게 될 것이다. 친환경 연료를 사용해야 한다고 확신한다면 곡물 가격을 상승시키고 수백만 명의 사람들을 식량난으로 몰아가는 조처를 취해야 할 것이다. 학생의 이동성을 위해 혹은 높은 학업 중단율에 대하여 무언가를 하려면 사회를 지적으로 탐구하고, 자신을 비판적으로

. . .

[1] 역주. 프리드리히 니체, 「선악의 저편」, 『니체 전집 14』, 110쪽.

성찰하는 장소로서의 대학을 파괴하게 된다. — 더욱이 이동성을 높이거나 중퇴율을 전혀 줄이지는 않으면서 말이다. 효율성을 절대시하고 그것을 위해 모든 것을 희생한다면, 결국 우리는 효율성마저도 희생하게 될 것이다.

그밖에 다른 예들도 쉽게 찾을 수 있다. 따라서 이처럼 소위 이성이 비이성으로 변환되는 것이 오늘날의 전형적인 현상을 나타낸다고 말할 수 있다. 전반적으로 확인되는 것은 오늘날 이성이라고 일컫는 것이 한결같이 뭔가 과도한 것, 패닉에 사로잡힌 것, 맹목적인 것 — 따라서 비이성적인 것 — 을 자체적으로 갖고 있다는 것이다. 이러한 소위 이성적인 조치들은 결국 한결같이 이성의 반대 방향으로 향하면서 그것을 위해 살도록 우리를 인도한다.

이와 더불어 생기는 의문은 내가 2011년 출간한 책에서 던졌던, 무엇을 위해 살 것인가 하는 질문이 어떤 가치를 갖는가 하는 것이다. 이 질문은 이성의 척도, 합리성의 시금석이다. 이 질문의 가장 중요한 본질은 명상을 하는 것과 킥복싱을 배우는 것 중에, 아이를 얻는 것과 애완동물을 들이는 것 중에, 더 일하는 것과 쉬는 것 중에, 혹은 건강하게 먹는 것과 요란한 파티를 자주 벌이는 것 중에 무엇이 더 나은지 결정할 수 있는 대답을 찾으려고 노력하는 데 있지 않다. 이 모든 것은 우리가 충분히 답을 찾을 수 있는 질문이다. 그러나 무엇을 위해 살 것인가라는 이 질문의 결정적인 가치는 전혀 다른 것이다. 이 질문을 제기하는 동시에 우리는 이성이라고 명명하는 모든 것을 이 질문으로 측정하게 된다. 이를 행할 때라야 우리가 현재 고려하는 불완전한 이성이 그 고유의 의미를 얻는다. 우리가 이 불완전한 이성을 '도대체 무엇을 위해 살 것인가?'라는 질문으로 측정할 때만, 이 불완전한 이성이 완전한 비합리성으로 바뀌는 것을 막을 수 있다. 왜냐하면 이 질문의 측정을 통해서만 안전, 건강, 환경보호, 비용효율 등과 같이 부분적으로 이성적인 원칙들이 그 의미를 갖게 되기 때문이다. 이 질문을 견뎌내는 이성만이 그 이름을 얻을 자격이 있다.

반대로 우리가 이러한 원칙 중의 어느 한 가지를 절대적으로 상정한다면, 예를 들어 "이제 우리는 모든 것을 건강을 생각해서 해야 해"라고 말한다면, 건강은 인간으로부터, 그리고 삶을 가치 있게 만드는 것으로부터 등을 돌릴 것이다. 그 뒤에는 돌연 더 이상 건강이 인간을 위한 것이 아니게 되고, 사회가 개개인이 건강하게 지내도록 지원하고 질병으로 인해 다시 가난에 빠지지 않도록 안전 조치를 취하는 곳이 아니게 될 것이다. 오히려 우리가 건강을 절대적인 것으로 상정하고, 무엇을 위해 살 것인가라는 질문으로 이를 평가하지 않는다면, 어느 순간 건강이 인간을 위하는 것이 아니라 인간이 건강을 위하는 것이 될 것이다. 그런 다음에는 돌연 개인의 건강이 사회적인 의무가 되기 시작할 것이다. 오늘날 우리는 이러한 상황에 처해 있다.

내 생각에 이는 우리가 맞서야 할 위협이자, 내가 유럽 전역의 지식인들과 함께 최근에 시작한 정치적 플랫폼의 취지이기도 하다(www.adultsfora dults.eu를 보라). 그럼에도 불구하고 중요한 것은 '모든 사람은 스스로에게 해를 끼칠 권리가 있다'거나 이와 유사한 사드적인 관점을 말하는 정신 나간 자유주의를 설교하는 것이 아니다. 오히려 문제는 사회가 자신의 정치적 책무를 인식하여 자신을 이루는 각 개인만큼 [정치적으로] 비싼 대가를 치를 수 있으려면 무엇을 해야 하는지 숙고하는 대신에, [사회가] 개인에게 건강에 대한 의무를 지우고 개인으로 하여금 건강을 돌보게 하는 것을 막는 것이다.[2] 물론 이는 다른 것에도 동일하게 적용된다. 가령 비용의 효율성 또한 인간을 위해 존재하며 그 반대가 될 수 없는 것처럼 말이다.

따라서 무엇을 위해 살 것인가라고 질문하는 것은 이성을 스스로에게 돌려주고 비이성으로 전도되는 것을 막는 방법이다. 또한 무엇을 위해 살 것인가라는 질문을 던지는 것은 특정한 도덕을 훈련하는 연습, 즉 이성적인 방식으로 이성적이게 되고자 노력하는 삶의 태도라고 말할 수 있다.

그러니까 삶에 질문을 던진다는 것은 이성을 배가倍加시키는 것인 셈이다. 단순히 이성적인 것만으로는 결코 충분하지 않기 때문이다. 그렇지 않으면 이성과 반대로 앞서 말한 이성의 전도가 일어난다. 우리가 정말로 이성적이려면 이성적인 방식으로 이성적이어야 한다고 우리 자신에게 말함으로써, 이성은 스스로에게 적용되어야 한다. 그렇다 하더라도 일련의 도덕적 원칙 내지 미덕이 중복됨으로써만 그 고유의 의미에 도달한다는 깨달음은 흥미롭다. 철학자 에피쿠로스는 이를 예컨대 ― 아리스토텔레스가 높이 평가한 ― 절제의 미덕을 통해 인식하였다. 왜냐하면 에피쿠로스에 따르면 절제란 그것을 적절하게 추진하기만 한다면 전혀 나무랄 데 없기 때문이다. 그렇지 않을 경우에는 다 내려놔 버리는 쾌락적인 탐닉에, 즉 절제와는 너무나 명백히 반대되는 것을 의미하는 무절제한 절제에 빠지게 된다.[3] 따라서 절제를 제대로 추진하기 위해 절제는 절제되어야 한다.

이는 다른 도덕 원칙들에도 유효하다. 가령 사람은 세련된 방식으로 세련되어야 한다. 성가실 정도로 세련되고, 계속해서 흠잡을 데 없이 꾸미다 보면, 다른 사람들을 금방 싫증 나게 해서 결국 세련되지 않게 된다. 또한 사람은 예의 바른 방식으로, 즉 다른 사람이 거기에 대응할 수 있는 만큼만 예의를 차려야 한다. 그렇지 않으면 그것은 예의바름을 통해 다른 사람에게 창피를 주는 것인 동시에 무례한 것이 될 것이다.

이와 같은 중복의 관념이 스토아학파의 풍자시인 유베날리스Decimus

Junius Juvenalis, AD. 55-140[2]의 중심 사상에서도 똑같이 반복되는 것으로 여겨졌다. 그는 벌거벗은 삶[즉 삶 그 자체]을 위하여 삶을 가치 있게 만드는 근거들을 절대로 희생해서는 안 된다는 중요한 원칙을 옹호하였다.[4] 그렇지 않으면 우리는 단지 죽지 않는 것만 생각하게 된다. 그러나 그전에 삶이 달아나고 없을 것이다. 유베날리스의 명제를 따라서 다음과 같이 요약할 수 있을 것이다. 사람은 살아있는 방식으로 살아있어야 한다. 단지 목숨을 부지하는 것으로는 충분치 않다. 거기에는 벌거벗은 삶만 있고 삶의 이유는 없다. 무엇을 위해 살 것인가라는 물음 — 이 표현은 바로 유베날리스에게서 가져왔다 — 은 따라서 이 중복의 형상으로 인도한다. 우리가 미덕, 긍정적 특성, 도덕적 원칙으로 발전시킬 수 있는 모든 것은 이 질문으로 측정해보아야 한다. 그렇지 않으면 그것은 중복되지 않기 때문이다. 그것들은 중복되지 않으면 정반대로 전도될 것이고, 예의바름은 예의 바르지 않게, 세련됨은 세련되지 않게, 삶은 생기 없게, 이성은 비합리적으로 될 것이다.

중복. 언어의 영역.
자아와 초자아

이제 나는 이러한 주장의 배후에 숨어 있는 메커니즘으로 눈길을 돌리려고 한다. 이러한 중복의 형상은 나로서는 전혀 예기치 못한 발견이다. 왜냐하면 원래 나는 고대 그리스에서 발생한 유물론적 사고의 전통을 살펴보려 했기 때문이다. 이 사고는 예컨대 20세기에 베르톨트 브레히트

• • •
[2] 역주. 부패한 당대 사회를 비판한 『풍자시집』을 남긴 로마의 시인.

에게서 다시 출연하여 그가 파리 코뮌의 구성원들로 하여금 그들의
결의를 통해 적에게 다음과 같이 말하도록 하였다.

> 그들이 우리를 심지어
> 총과 교리로 위협하고자 했을 때
> 우리의 결정은 더 이상 나쁜 삶을
> 죽음보다 더 두려워하지 않겠다는 것이다.[5]

이 "나쁜 삶을 죽음보다 더 두려워하지 않는 것"이라는 표현은 유베날
리스의 표현을 브레히트가 되풀이한 것으로서, 삶 자체를 위해서 삶을
가치 있게 하는 근거들을 희생하지 않겠다는 의미이다. 그러한 희생은
최근 어떤 것도 견뎌내지 않으려는 모든 태도와 모든 정치적 해방을
지배하는 충동이기도 하다.

이 고대의 혼적을 추적하면서 나는 돌연 중복의 형상과 맞닥뜨렸고
전혀 예기치 못한 문제와 부딪쳤다. 왜 우리는 사안을 왜곡시키지 않기
위해 중복을 도입해야 하는가? 이는 도대체 어떤 경우에 유효한가?
가령 이성이나 절제의 경우가 그러하다. 그러나 우리는 또한 이렇게
물을 수 있을 것이다. 우리는 위대한 방식으로 위대하거나, 빠른 방식으로
빠르거나, 정확한 방식으로 정확해야 하는가? 즉 어떤 경우에 중복이
정당한지 명확하지 않다. 그렇지만 [나에게] 얼른 떠오른 생각은 중복과
도착倒錯 간의 연관은 철학의 시대와 정반대로 특정한 중요성을 갖는다는
것이었다. 헤겔이나 버트란트 러셀Bertrand Russell의 경우에 중복과 도착
간의 연관에 있어서는 의견이 일치하지만 모순의 해결에 대해서는 극단
적으로 상반되는 입장을 취하였다. 한 명이 중복을 해야 모순을 피할
수 있다고 생각했다면, 다른 한 명은 중복을 허용해서는 안 된다고

단언했는데, 그것이야말로 바로 모순의 원천이라는 것이다.[6]

그러나 나는 이 중복의 형상과 최초로 마주쳤던 때를 상기해보았다. 아마도 내가 철학자 중에 가장 많이 신세를 지고 있을 게 분명한 프랑스 철학자 루이 알튀세르는 『'자본'을 읽자』(1965)에 실린 그의 논고에서 "모든 이론이 잿빛에 추상적인 것은 아니고, 모든 삶이 다채롭고 풍부한 것은 아니듯이" 등으로 말하는 특정 철학자들에 대한 논평을 쓰고 있다. 알튀세르에 따르면 그러한 유형의 문장은 제대로 귀 기울여 들으면 거만한 형식을 하고 있는 지적인 겸손이라는 것이다.[7] 아울러 알튀세르는 여기서 중복의 형상을 제시한다. 즉 그는 그것이 겸손이라고 말하지만, 그 겸손은 거만하다. 다시 말해 겸손한 방식으로 겸손하지 않으면 그것은 겸손이 아니다. 왜 그런가? 여기서 나타나는 것은 정신분석에서 중요한 역할을 하는 것으로서, 보다 정확히 말해 지그문트 프로이트의 이론에서 부정의 역할을 하는 것이다.[8] 내가 여러분에게 이렇게 말한다고 상상해보자. "모든 게 다 정리되었으니 여러분은 가만히 앉아 계셔도 됩니다. 아무런 위험도 없습니다." 이는 사람들을 안심시키는 안정적인 가르침일까? 여기서 언어 자체에 뭔가 기이한 것이 있음을 보게 된다. 즉 우리는 언어가 의미하는 것만을 말하는 게 아니라, 언어를 통해 사태에 그 이상의 의미를 부여한다. 그리고 심지어 이것은 언어가 의미하는 것과 모순될 수 있다. 내가 여러분을 나의 언어로 안심시킬 때, 여러분을 안심시키고자 하는 상황 자체는 여러분에게 매우 불안한 것일 수 있다. 이것이 바로 프로이트가 '부정Verneinung'으로 파악한 것의 구조이다. 정신분석 대상자가 "꿈속에 나타난 사람이 누구인지 모르겠지만 엄마는 아니에요"라고 말할 때, 이것이 발화되는 상황은 발화된 언어를 거짓말로 정죄한다.

자크 라캉은 언어의 이러한 구조와 관련하여, 우리가 여기서 언어의 두 영역과 관계 맺을 뿐 아니라, 서로 다른 두 주체와도 관계 맺는다고 강조한다.[9] 하나는 진술의 주체로서, 이는 무엇이 말해지는가를 통해 나타난다. 다른 하나는 진술 행위의 주체로서, 이는 말해지는 행위를 통해 드러난다. 이 두 개의 주체, 혹은 프로이트에 따르면 두 개의 정신적 심급은 여기서 서로 일정한 거리를 두고 있다. 이는 알튀세르가 언급한 문장에서 잘 드러난다. 누군가가 당장 자신의 말을 통해서 아주 겸손하게 행동할 수는 있지만, 이는 사실은 자신의 말 자체 때문에 아주 오만한 것이다. 내가 누군가를 안심시키려는 것으로 가정된 상황에서도 마찬가지로, 누군가가 안심이 되게 행동하는 것은 바로 그로 인해 불안을 유발한다.

이러한 분열은 일상의 여러 사례 속에서도 역할을 한다. 이러한 분열은 가령 아이러니나 블랙 유머와 관련된 작품 속에 나타난다. 이 경우에 나쁜 단어는 실상은 정반대로 좋은 단어를 의미하기도 한다. 이를 작은 [개인적] 에피소드를 통해 설명해보고자 한다. 나는 2006년에 옥스퍼드에서 열리는 국제회의에 초청받았는데, 이는 영국 현상학협회에서 철학자 슬라보예 지젝의 저작을 주제로 주최한 것이었다. 당시 지젝은 나와 이미 여러 해 동안 우정을 맺고 있었다. 이 회의에서 여러 연구자들이 그의 이론을 다양한 관점에서 설명하였다. 지젝은 직접 참석하여 그들의 분석에 대해 자신의 관점에서 매번 논평하였고, 이는 아주 생산적인 교류로 이어졌다. 여러 날 뒤에 회의는 막을 내렸고, 지젝은 마지막 다과 시간에 작별 인사를 하였다. 그때 수많은 동료들이 창문에 서 있었고, 나는 어쩌다 보니 대열의 마지막에 서 있었다. 지젝은 모두를 향해 "안녕히 계세요!" "또 뵙겠습니다!"라고 말했다. 그런데 그가 나에게 왔을 때, 그는 "엿먹어!And Fuck You!"라고 말했다. 나는 곧바로 의기양양해했다. 왜냐하면 그가 이렇게 말함으로써 내가 단순히 여러 사람들

중 하나에 불과한 그저 알고 지내는 사람이 아니라 진짜 가까운 친구라는 것을 나에게 보여주었기 때문이다. 또한 그가 나를 "어떻게 나한테 그딴 식으로 말할 수 있어?"라고 물어볼지도 모를 얼간이로 여기지 않을 뿐 아니라, 그것이 진술 행위의 영역에서 인정 넘치는 작별의 형식 중 하나로 제시될 수 있음을 잘 이해하는 이로 여긴다는 것 또한 보여주었다.

이를 이해하는 데 여러 해 동안 철학을 학습해야만 배울 수 있는 어떤 특별히 성숙한 해석 능력이 요구되는 것이 아니다. 심지어 성인이자 합리적 인간인 독자 여러분에게도 유사하게 해당될 것이다. 왜냐하면 무언가가, 심지어는 특정한 방향으로 변화하고 있기 때문이다. 이는 가령 아이가 그 같은 방식으로 이해할 수 없다는 것에 비추어 생각할 때 잘 드러난다. 아이는 아이러니를 인식할 능력이 없다. 아이들은 특정한 연령대부터 우리가 무엇을 말하는지 [문자적 의미는] 모두 파악할 것이다. 그러나 당신이 "아무런 위험도 없으니까 완전히 안심해도 돼"라고 말한다면, 아이들은 여기서 불안한 요소를 전혀 알아차리지 못할 것이다. 물론 지젝이 내게 말한 것을 아이들에게 말할 사람은 전혀 없겠지만, 어쨌든 아이들은 그것을 이해하지는 못한다.

이는 지그문트 프로이트가 정신적 심급 형성에 관해서 인식했던 것과 관련되어 있다. 즉 우리가 무언가를 이해할 수 있는 것은 우리가 이드, 자아, 초자아와 같이 여러 다양한 부분적 기구들로 구분된 정신을 갖고 있다는 점에 근거한다. 이 경우에 중요한 것은 자아와 초자아의 구분이다. 자아의 영역에서 우리는 내용을 이해한다. 반면 초자아의 영역에서 우리는 여기서 더 나아가 이 내용이 자신에게 전달된 것이 무엇을 의미하는지에 대해서 숙고할 수 있다. 그리고 자아와 초자아 사이에 거리가 존재한다는 것을 통해 우리는 아이러니를 이해할 수 있다. 그러니까 진술은 자아가 그것을 [문자적으로] 이해했을 것과 같은 방식으로만 파악되지 않는다. 그렇기 때문에 자아의 영역에서는 용인할 수 없는 많은 것들이 초자아의 영역에서는 돌연 용인할 수 있게 된다. 프로이트는 이러한 능력을 '유머'로 명명하였다.[10] 그의 구조적 설명이 뜻하는 것은 유머를 통해서 자아를 정신적으로 점유하는 에너지가 다른 정신적 장소로, 즉 다른 관점을 갖는 초자아 쪽으로 옮겨진다는 것이다. 이제 이 초자아는 성인이 아이를 살펴보듯이 자아를 아래로 내려다볼 수 있다. 그리고 자아를 걱정시키고, 흥분으로 몰아넣고, 분노하게 만드는 것을 초자아는 친절하게 웃으면서 논평하고 이렇게 말해준다. "그래, 이 어릿광대야, 너 지금 좀 무섭구나, 그치?" 혹은 "걱정하지 마, 더 심한 일들도 아직 많이 남아 있어"라는 등 말이다. 프로이트가 말했듯이, 초자아는 여기서 부모의 심급으로서의 자신의 출신을 드러낸다. 프로이트의 예시는 월요일이면 교수대에 끌려갈 사형수와 같다. 자아의 영역에서 그것은 사형수에게 당연히 끔찍한 것이다. 그러나 범죄자는 사람들이 교수대 유머로 이름 붙일 법한 말을 이렇게 말한다. "오케이, 이번 한 주도 잘 시작되었군." 또한 이 사람이 갖고 있는 초자아, 즉 자아와 전혀 다른 것은 이미 일주일을 계획하고 있는 데 반해 자아는 더 이상 그럴 기회를 갖지 못한다. 이러한 유머 능력은 자아와 초자아가 서로 다른 장소에 자리하고 있어서 점유하는 에너지의 특정한 유동성을 생성할 수 있는 것을 전제로 한다. 즉 점유하고 있는 에너지를 자아에서 초자아로 옮길 수 있어야 한다. 그곳에서는 상황이 전혀 다르게 보이는 것이 관찰된다. 그곳에서는 진술 또한 다른 의미, 다른 제스처를 갖게 된다. 교수형마저도.

거리 상실의 진원지로서의 자아

특정한 문화적 시기의 산물로서의 자아와 관련하여 오늘날 무엇이 변화하고 있는지 설명해보자. 지금, 현재 자아에 무슨 일이 일어나고 있는지와 관련하여 우리의 문화를 구조적으로 설명하려고 할 때, 지금의 문화에서는 바로 이러한 거리가 점점 없어지고 있다고, 즉 자아와 초자아가 구분되어 하나가 다른 하나의 관점에서 유머에 대해 논평할 수 있도록 넓은 관점을 갖게 하는 거리가 없어지고 있다고 말하기 쉽다. [그러나 내가 보기에 실제로] 오늘날 우리가 얻게 되는 것은 유머가 없는 자아, 말하자면 자신의 초자아에 의해 포위된 자아이다. 자아와 초자아는 동일한 입장을 갖고, 이제 초자아는 구심점이 되어 자아에게 영향을 미치며 다음과 같이 말한다. "너는 언제나 그리고 반드시 온전히 너 자신이어야 해!" 이는 나르시시즘적 자아라고 명명될 수 있는 것이다. 그런데 여기서 밝혀야 하는 것은 어째서 나르시시즘과 쾌락주의가 서로 같지 않을 뿐 아니라 정반대가 되는가 하는 것이다. 나르시시즘은 유머도 즐거움도 전혀 없고 욕망을 적대시하는데, 왜냐하면 욕망은 사람이 유머가 있고 자기 자신으로부터 어느 정도 거리를 둘 수 있는 것을 전제하기 때문이다. 이를 통해 사람들은 약간의 미친 짓, 약간의 흥분, 약간 멍청하지만 어쨌든 재밌는 것을, 예를 들면 사랑이나 그와 비슷한 것들을 특별하게 여길 수 있다. 이러한 것은 유머를 통해서만 할 수 있다. 반대로 우리가 이러한 것을 아주 진지하게 여긴다면, 그것은 [외려] 두려운 것이 될 것이며, [따라서] 그것을 무섭게 여길 것이다. 바로 이것이 오늘날의 문화에서 벌어지는 일로서, 잘 알다시피 그러한 것들이 갑자기 무섭고 혐오스러운 것으로 드러난다. 음주, 흡연, 연애, 하이힐 신기, 숙녀의 겉옷을 받아주기 등, 약 15년 전만 해도 우리에게 기쁨을 주었던 모든 것들이 이제는 모두 완전히 금기시되고 혐오를 불러일으킨다. 이 모든 것을 초자아에 포위당한 자아가 포기하는 것이다.

그러나 다른 한편으로 자아는 전혀 다르게, 즉 초자아의 방향에서도 포기한다. 사람이 항상 온전히 자기 자신이어야 하면, 실제로 그 어떤 [다른] 이상도 추구해서는 안 되므로, 다음과 같이 자문할 수밖에 없다. 내가 지금 이것 혹은 저것에 대해 진짜로 잘 싸우고 있는 건가? 라는 식으로 말이다. 포스트모더니즘 시대에 이상적이 되는 것은 뭔가 극도로 모욕적인 것으로 느껴진다. 이상은 언제나 우리 자신보다 더 낫다. 그리고 이는 당연한 것이다! 그러니, 이상과 함께 꺼져라! 이것은 소위 "규정하는 사람들"에 대한 논의에서 볼 수 있다. 누군가가 나에게 "남자가 되어라!" 라고 말한다면 이는 지나친 요구사항이다. 그는 나를 규정하고 있지 않은가! 온전히 나 자신이고 싶은 나와 달리 말이다.

우리는 스스로에게 즐거움을 보장하는 약간의 미친 짓도, 자신을 존엄하게 해주는 위대한 이상도 견딜 수 없는 반면, 다른 이들이 잘 되는 꼴은 못 본다. 이는 무엇보다 우리가 완전히 자기 자신이어야 할 때 이를 분산시키는 것으로 느끼게 한다. 다른 사람의 행복을 또한 우리 자신을 위한 행복으로 느낄 수 있으려면 우리는 자기 자신을 자기 자신이기보다는 다른 사람으로, 즉 어떤 보편의 흐름[공동체]에 속한 존재로 느껴야 한다. 또한 다른 사람 또한 그러한 사람으로 느낄 수 있어야 한다. 오늘날 우리를 성가시게 하는 모든 것은 좀 더 좋게 받아들이고 좋게 부를 수 있을 것이다. 예를 들어 "이 사람들이 단지 안마당에서 양고기를 구워서 우리 집 발코니 쪽까지 냄새가 퍼져요. 이건 너무 심하잖아요, 경찰 아저씨!"라고 말하는 대신 다음과 같이 말함으로써 좋게 받아들일 수 있을 것이다. "아, 드디어 외지인들이 그동안 방치된 공간에 이사 와서 기뻐하고 있으니 보기 좋구나. 내가 샐러드를 좀 만들어간다면 파티에 초대받을 수 있겠지."

따라서 누군가가 정신분석학적 관점에서 다음과 같이 말하는 게 내게는 지나치게 여겨지지 않는다. 오늘날 우리가 다른 사람을 향해 매우 분노하는 모든 것들, 우리의 분노를 불러일으키고 미국의 문화비평가 로버트 휴스Robert Hughes가 명명한[11] 불평의 문화로 인도하는 모든 것들이 진지하게 여겨져야 하는 것은 우리가 타인의 행복에 대하여 불평하고 그것을 우리 자신의 행복으로 느끼지 못하는 한에서 그러하다. 내 생각에 이는 우리가 나르시시즘적으로 되어서 우리 자신뿐만 아니라 다른 사람에게서도 보편적인 것을 의식할 수 없게 된 것과 결부되어 있다. 우리는 다른 사람을 단지 우리가 접근하기 어려운 어떤 수상한 열정에 몰두하는 음침한 쾌락주의자로만 본다. 다음과 같이 말할 수도 있을 텐데 말이다. "다른 사람이 기분이 좋다니 [정말] 좋다, 이건 내게도 좋은 거야, 사실 나도 조금 기분이 좋아. 그리고 아마 그 다른 사람도 단순히 그냥 기분만 좋다기보다는 자기 자신과 다소 거리를 두어서 그 자신에 매몰되기보다는 뭔가 좀 더 보편적인 존재가 되려고 정신을 차리고 노력한 걸 거야. 바로 나를 편하게 해주기 위해서 말이야." 이렇게 반응하는 대신에 우리는 오히려 다른 사람의 행복을 부러워하고 그것을 폭력적인 도둑질, 즉 '쾌락의 도둑질'로 느낀다.[12]

이는 다음의 사례를 통해 잘 드러난다. 병원은 전형적인 갈등의 공간이다. 예를 들어 오스트리아 출신과 (터키 출신) 이민자가 환자가 되어 같은 입원실에 투숙하게 되면 언제나 충돌이 일어난다.[13] 오스트리아인의 경우 대략 일주일에 두 번씩 매번 30분 정도 반려자가 방문하는 반면, 터키에서 온 사람에게는 증조할머니부터 증손주에 이르기까지 온 가족이 하루 종일 방문하기 때문이다. 그들이 좋은 것을 갖고 와서 오스트리아인에게도 넉넉하게 나눠주고 하는 것을 오스트리아인은 전혀 견디지 못한다. 여기에 다시 경찰이 동원된다. 그러한 행복과 대가족을 갖고 있는 것은 실로 불손한 행위이기 때문이다. 그럼에도 오스트리아인에게 "자, 당신도 대가족을 원합니까?"라고 묻는다면, 그는 깜짝 놀라 소리칠 것이다. "아니요, 세상에, 나는 왜 내가 싱글로 사는지 잘 알고 있다니까요!" 여기서 거칠게나마 드러나는 것은 쾌락의 정신분석학적인 문제이다. 특정한 행복은 우리 자신에게 결코 다가오지 않는다. 우리가 성인이 되면서, 즉 오이디푸스 콤플렉스와 상징적 거세를 통과하면서 남겨둬야만 했던 것을 통해서 (소망하던 것과 실제로 이루어진 것이 같지 않다는 것을 깨달았을 때), 우리는 그러한 소위 큰 행복을 누릴 능력을 잃게 되었다. 다른 한편 이러한 거대한 행복은 종종 큰 어려움 없이 가능할 것처럼 보인다. 그곳에서 우리는 문제없는 쾌락을 관찰할 수 있다. 따라서 대가족의 경우처럼 우리에게는 참을 수 없는 것이 다른 사람에게는 큰 행복인 것처럼 보인다. 그러니까 우리는 거세되어 쾌락으로부터 분리되었지만, 쾌락을 즐기는 다른 사람들은 그렇지 않다. 곧장 드는 생각은, 그들의 쾌락이 심지어 우리의 거세의 토대일 수도 있다는 것이다. 따라서 그는 대가족과 그들로 인한 기쁨을 갖고 있고, 나는 대가족도 그들로 인한 기쁨도 없다. 마치 하나의 대가족과 하나의 기쁨만이 있는 것처럼 말이다. 이는 질투의 특별하고 실로 놀라운 구조로 이어진다. 사람은 자신이 가질 수 있거나 갖고 싶어 하는 무언가에 대해 다른 사람을 부러워하지 않는다. 오히려 자신이 결코 참을 수 없을 것 같은 무언가를 갖고 있는 다른 사람을 부러워한다.[14]

여기서 드러나는 것은 우리가 더 이상 다른 사람의 행복을 어떤 보편적인 것으로서 다른 사람에게나 우리에게나 동일한 거리, 동일한 규칙성과 불충분함에 예속된 것으로 인식하지 않고, 오히려 반대로 어떤 특별한 것, 오직 그들에게만 고유하고 내밀하고, 완전한 것으로서 오직 우리의 행복을 위협할 뿐인 것으로 느낄 때 무엇이 변하는가 하는 것이다. 다른 사람의 행복을 보편적인 것으로 다룰 수 있는 능력의 부재는 다음과 같은 원칙에 따라 사회의 폭력적인 탈연대로 이어진다. "즐거워하거나 기뻐하지 마십시오. 그렇지 않으면 나는 당신이 내 행복을 훔쳐간 것이 아닌가 하는 의혹을 바로 품게 될 것입니다."

특정한 시대에 전형적인 자아가 이처럼 나르시시즘적이 되고 자신의 심급 구분 ─ 여기서는 자아, 저기 다른 곳에서는 초자아 ─ 을 잃게 된다면, 이는 특정한 사회적 실천과 제도가 낳은 효과인 것이 분명하다. 그렇게 되도록 더 많은 자아들이 갑자기 결정한 것이 아니라, 특정한 대중 교육, 가령 이른바 정치적 올바름을 통해 생겨난 것이다. 정치적 올바름은 언어에 대한 완전히 잘못된 상을 그럴듯하게 만들어냈다. 그것은 우리를 다음과 같이 꾀어낸다. "좋은 언어가 있고, 나쁜 언어가 있어. 네가 나쁜 언어를 말하면 너는 나쁜 거야. 하지만 네가 좋은 언어를 말하면 너는 아주 확실하게 안전하고 좋은 쪽에 속하는 거야." 그러나 이는 유치한 말이다. 이는 성인을 위한 것이 아니다. 이렇게 말하도록 배운 사람들은 나의 친구 지젝이 한 것과 같은 방식으로 다른 이를 이해할 줄 모른다. 또 다른 한편으로 그들은 합리적인 이방인을 향해 잔뜩 힘주어 좋은 언어를 사용하며 다음과 같이 말한다면 이방인이 그것을 모욕으로 느낄 수도 있다는 것을 이해하지 못한다. "아, 당신은 이민자 출신이시군요." 이렇게 말하는 사람은 그 순간 자신이 안전하다고 잘못 느끼며, 그렇게 말함으로써 [이민자들이] 그들의 언어가 있는 곳이 아닌 어딘가 다른 곳에 있을 수밖에 없게 된다는 것을 알아차리지 못한다.

내가 보기에 나르시시즘이 제도적으로 학습된 또 다른 사례는 대학에서 잘 관찰된다. 우리는 종종 학생들에 대해 불평하며 다음과 같이 말한다. 그들이 그렇게 낮은 집중력을 아주 잠깐만 발휘할 수 있다는 게 믿기지 않는다, 그들은 강의를 20분도 채 버티지 못하고는 곧장 뮤직비디오를 다시 찾는다, 그들은 더 이상 책을 한 권도 읽지 않는다, 등. 그러나 많은 강사들이 학생들을 두고 불평하는 집중력 부족 신드롬attention deficite syndrome은 학생들의 잘못이 아니라, 오히려 대학을 독점하고 현실에 대한 보고서로 현실을 대체한 대학 관료주의에 책임이 있다. 따라서 학생이 공부를 한다는 것은 어느 순간 더 이상 중요하지 않고, 졸업을 하는 것만이 중요해진다. 졸업을 통해 일자리를 얻을 기회를 전혀 얻지 못할지라도 말이다. 따라서 학생들은 자신들의 학업이 정형화되는 것에 점점 더 스트레스를 받게 된다. 대부분의 학생들은 학업의 관리에 끊임없이 신경 써야 한다. 이는 그들이 시험을 치르고 얼마나 많은 점수를 받는지 확인할 때까지 계속된다. 이는 그들의 집중력의 75%를 차지한다. 이 학생들이 더 이상 내용에 신경 쓸 수 없고 결과가 매우 불확실하다는 것은 자명하다. 따라서 우리는 성실한 철학자들을 얻기는 하겠지만, 그러한 이점이 가장 필요한 것인지는 잘 모르겠다.

이와 유사하게 오스트리아에서 최근에 선고된 (또한 그사이에 다행히도 철회된) 행정법원 판결은 비흡연자가 음식점에서 화장실에 가는 길에 흡연실을 통과해야 하는 경우를 원천 차단한다는 내용이다. 이러한 판결은 대중교육적 효력의 측면에서 위험하게 여겨진다. 왜냐하면 그러한 것은 언제나 특정한 자아 형성을 초래하기 때문이다. 사람들은 자신이 묘사된 바와 같이 스스로를 느끼기 시작한다. 그들은 다음과 같은 감정을 갖게 된다. "확신하건대 나는 다치기 쉽고 병들기 쉬운 존재야. 나는 폐가 굉장히 약해. 내가 이걸 보기만 해도 나는 이미 아플 거야." 등. 사람들을 진지하게 받아들이고 어린아이로 키우지 않는 것은 반대로 그들에게 다음과 같은 신호를 주는 것을 의미한다. "여러분은 성인입니다. 여러분은 바로 죽지 않고 그와 같은 것을 견뎌낼 수 있습니다. 그렇게 되지 않는다면, 여러분이 화장실에 있을 때는 잠깐 숨을 멈추고 다시 깊이 심호흡을 하세요. 하지만 고등법원을 그러한 유치한 짓으로 괴롭히는 것은 그만두세요."

여기서 이미 앞서 인용했던 철학자 루이 알튀세르가 "이데올로기는 개인을 주체로 호명한다"[15]는 테제를 통해 말한 것을 잘 이해할 수 있다. 특정한 기구나 제도로 구현된 이데올로기는 개인이 특정하게 형성되도록 추동한다. 이 개인은 당연히 제도가 그들에게 본보기로 세워놓은 그러한 자아로 스스로를 느낀다. "너는 약해." "맞아, 나는 약해." 이를 알튀세르는 '호명' 내지 '호명에 응답하는 것'이라고 한다. 내 생각에 사람들은 물론 그럴 수 있다. 따라서 철학은 일종의 훈련을 제공할 것이고 최소한 모든 호명이 이러한 전형에 따라 작동하지 않는 사회에서 자유로이 다음과 같이 말하게 할 것이다. 잠깐 기다려, 나는 차라리 다르게 호명되고 싶어. 나는 그런 불쌍한 사람 내지 건강 염려증 환자로 소개되고 싶지 않아. 오히려 나는 내 마음에 들지 않는 모든 것을 견뎌낼 줄 아는 합리적이고 정치적인 시민으로 대우받고 싶어. 이러한 것이야말로 겉보기에 분명한 사안을 전혀 다른 관점에서도 바라보는 가르침을 주는 철학을 통해 얻을 수 있는 것이리라. 그리고 우리가 어떻게 호명되는지에 대한 이러한 종류의 민감한 귀는 아마도 그러한 논쟁을 통해 얻을 수 있는 철학적 승리[이득]일 것이다. 우리가 모든 호명에 응답할 필요는 없다. 적어도 현재로서는 우리에게 확실한 선택의 자유가 있다.

이러한 고찰은 이 시대 특유의 더 많은 문제들에 대한 해결의 열쇠 또한 제공한다. 가령 발견자의 이름을 따라 '리스만 역설'이라고 명명할 수 있는 문제 같은 것 말이다.[16] 개인적인 가상의 관계들은 긴밀해지는 반면 현실의 사회적 관계는 어째서 이렇게 구멍이 많은 것인가? 보다시피 이는 또한 다음과 같이 공식화할 수 있다. 구조적, 사회적 연대는 점점 상실되고, 이를 개인의 도덕적인 태도를 통해 회복하도록 개인에게 의무로서 부과된다. 따라서 구조적으로 더 이상 조절되지 않는 것은 개인이 스스로 해결해야 한다. 그러면 개인들은 대단히 긴밀하게 "협동할 수 있게" 되거나 혹은 그와 비슷하게 되어야 하는 반면, 사회는 동시에 엄청나게 비非연대적으로 된다. 이는 최근 금융위기 때 사람들에게 요구되었던 것과 놀라울 만큼 유사하다. 당시에 우선 금융시장의 규제를 풀고 나서, 은행가로 하여금 탐욕스럽지 않도록 요구하였다. 이는 그야말로 웃긴 일이다. 우리는 그런 일이 개인에 대한 도덕적 호소로 흘러가지 않고 정치적 과제로서 해결되는 구조적 상황을 만들어내야 한다. 베르톨트 브레히트가 언젠가 비행경로와 관련하여 다음과 같이 말했듯이 말이다.

> 배에는 영웅적인 선원이 필요하다는 말을 들었을 때, 나는 그것이 부패하고 오래된 것은 아닌지 자문하였다. … 선장이 천재여야만 한다면, 그의 도구들은 아마도 신뢰할 수 없을 것이다. (Brecht 1971: 106)

또한 은행가가 성인군자여야만 한다면, 사회의 정치적 조절장치는 잘 작동하지 않을 것이다. 이러한 도덕의 첨예화가 매번 사회의 훼손을 동반하는 것은 물론 우연이 아니다. 왜냐하면 이 도덕은 그러한 전개를 통해 지탱되기 때문이다. 이는 나의 책 『제2 세계』의 주제이기도 한데,[17] 거대한 사회적 현실 내의 특정한 잔혹과 추함을 실현시킬 수 있으려면, 사소하고 사적인 삶을 특정하게 고양시켜야 한다. 그리고 나서야 개인들은 이를 견디거나 전체적으로 잘 진행되도록 나름으로 기여한다. 이는 콘라드 파울 리스만Konrad Paul Liessmann이 그 의심스러운 부흥을 가리켜 불렀던 '협동심'이라는 단어와 관련하여 잘 드러난다. 여기에서 다시금 드러나는 것은 이 '협동심'이라는 단어의 의미마저도 오늘날 정반대로 뒤집혔다는 것이다. 예를 들어 회사 면접시험에서 "당신은 협동적입니까?"라고 묻는 것은 무엇을 의미하는가? 이러한 질문은 방금 막 자신의 모든 객관적인 자격을 제출한 뒤에 제기된다. 따라서 이것이 항상 의미하는 바는 특정한 집단은 그 누구도 지나치게 독창적이고, 자의식 있고, 강하고, 고집 세고, 자신감 넘치게 행동하지 않는 것을 원한다는 것이다. 누군가가 다른 사람에 대해 자기 자신을 완벽히 낮추는 태도를 보인다면, 그는 협동적이다. 이러한 이상한 용어를 따라서 말이다. 그러나 사람들은 — 이는 프리드리히 니체가 가르쳐주었다[18] — 철학에서 단어를 사용할 때 모든 은유까지도 받아들여야 한다. 협동심을 위와 같은 의미에서 사용하는 사람들은 팀에 대해 아무것도 이해하지 못한다. 협동심이 무엇인지 알려면, 팀 스포츠를 관람하며 거기서 일이 어떻게 돌아가는지를 주목해야 한다. 가령 이와 관련하여 사람들은 2012년 UEFA 챔피언스리그가 어떻게 진행됐으며 누가 우승했는지 떠올려볼 수 있을 것이다. 런던의 첼시 축구 구단이 간판 스타 디디에 드록바Didier Drogba를 등에 업고 우승했다. 완강함, 자존심, 변덕 따위를 형상화한 사람이 있다면 이 선수가 바로 그럴 것이다. 믿을 수 없을 만큼 의지가 강한 이 남자는 당시 FC 바이에른에서 가진 경기 중 87분 만에 굉장한 헤딩골을 날렸다. 당시에 분명했던 사실은 바로 잘 짜여진 팀워크를 통해 우승한 첼시 구단은 이 구단을 이루기 위해 선수를 필요로 했으며, 그가 보여준 것은 협동심의 절대적인 최대치였다는 것이다. 그러나 동시에 드록바 같은 최고의 선수는 '협동심'을 요구하는 오늘날의 상황 속에서 마피아의 원한의 희생물이 될 수도 있다. 바로 이것이 이 '팀'이 배제할 수도 있는 타입이다. 따라서 또한 여기서 바뀌는 것은, 처음에 보여주었듯이, 포스트모더니즘에서 어떤 것이 그 반대가 되는 것이다.

따라서 우리는 여기서 이 인간 상호 간의 따뜻한 느낌을 주는 속삭임이 어떻게 사회적 해체에 유리하게 작용하는지 보게 된다. 나르시시즘적으로 각인된 개인이 다른 사람의 행복과 자존감을 증오하게 될 정도로, 소규모 그룹 내에서 사람들은 서로에게 편협하고 비굴하게 군다. 그리고 그들은 그들의 자존심과 자존감을 위해 관대함 자체에 대한 다른 사람들과 그들 자신의 감각을 마비시킨다. 그러나 그들이 그것을 필요로 하는 것은 광범위한 사회적 해체에 저항하고, 사회적 네트워크의 거대한 실재 속에서 망가져 가는 것들을 기꺼이 받아들이지 않기 위해서이다. 철학이 조언해줄 수 있는 경우는 많지 않고, 나 또한 조언을 잘 하지 않지만, 이 자리에서는 두 가지 조언으로 끝맺으려 한다. 내가 말하고 싶은 것은, 다른 사람의 행복에 분노하고 싶은 유혹에 넘어가지 말라는 것이다. 또한 이와 정반대로, 당신을 연약하고 보호를 필요로 하는 존재로 내세우는 모든 것을 불신하라. 당신을 그렇게 내세우는 교사나 외견상의 보호자는 당신을 전혀 보호해주지 못한다. 그들은 당신의 당당한 성인으로서의 자아 — 이는 정치적 시민의 소양이기도 하다 — 를 제거하려고 할 뿐이다.

6. 정체성의 수상한 보물

신자유주의 유사정치를 비롯한 여러 유사정치를 통해 부추겨진 예민함은 (문화적, 인종적, 종교적, 성적 등등의) 정체성에 대한 질문에 갖는 관심에 근거한다. 더 이상 미래에 대한 시각을 가질 수 없게 되면 사람들은 차라리 자신들의 과거, 출신, 혹은 지금 서 있는 지점으로 시선을 돌린다. 따라서 다음의 두 절에서는 우선 정체성에 대한 질문이 갖는 모순과 역설을 서술할 것이다. 이는 다음 단계의 질문, 즉 어떤 사회적 상상의 체계가 오늘날 모든 불특정하고 변화무쌍한 것들에 우위를 부여하는가 하는 질문으로 나아가기 위한 것이다. 상상력의 체계에 대한 이러한 질문은 다음 주제로 이어진다. 이 질문을 통해 가령 어째서 여성이 자기 성별 특유의 특정한 특권들을 돌연 불이익으로 인식하게 되었는지, 또한 어째서 매번 다른 사람들의 행복이 단지 약탈로 여겨지는지가 분명해질 것이다.

"나는 잘하는 게 아무것도 없어. 뭔가 있어야 해!"[1]
정체성에 대한 약간의 변주, 탈선 그리고 유희

포스트모더니즘이 정점으로 치닫던 1990년대 후반 무렵, 가장 먼저 미국과 영국의 대학이 모든 대학 관계자들의 정체성을 정중하게 고려하여 다루고 있다는 것을 입증하는 새로운 조치들을 취하느라 힘쓰고 있었을 때, 대학의 경제화 또한 활짝 만개하고 있었다. 대학 경제화의 결과는 대학의 모든 관계자들을 영구적으로 통제하고 검사하며 그들이 행한 것에 대해 정기적으로 보고하는 것이었다. (아마도 이러한 양쪽의 전개는 하나의 동일한 흐름 속에 있었을 것이다. 왜냐하면 바로 이러한 종류의 사람들이 여기서 이익을 얻고, 신종 점수 집계 기구를 비롯하여 성별 등에 대한 대부분의 평등 기구에 자리 잡기 때문이다.)

오스트리아의 한 동료 여성은 영국의 대학에서 강의를 했는데, 자신의 수업을 보고해야 하는 압박에 시달려서 특별한 보복을 생각해냈다. 그녀는 단호하게 "이것은 우리 문화에 반하는 것이다"라고 말했다. 특기할 만하게도 당시 대학 지도부는 그녀의 의견을 받아들였고 그녀는 곧 모든 보고 의무와 평가에서 면제되었다. 고유한 정체성을 언급하는 것은 포스트모더니즘의 정점에서, 심지어 포스트모더니즘적 평가단으로부터 벗어나게 해주었다.

*

이 사례를 간과했을 때는 정치적으로 사고하도록 교육받은 사람들이 어째서 자신의 정체성을 그토록 중요하게 여기는지 전혀 이해하지 못했다. 내가 좀 더 관심을 가졌던 것은 그러한 정체성의 적절한 가치평가를 둘러싼 투쟁이 결코 해당 정체성 집단 전체에 도움이 되지 않을 뿐 아니라, 심지어 그들에 속하지 않고 그저 그들의 이름으로 발언하는 사람들에게만 이익이 된다는 것이었다.[2] 그러나 이후에 집단 전체가 그들의 정체성에 대한 포괄적인 사회적 인정을 요구했을지라도, 이를 통해 실제로 뭔가가 달성되었는지는 의문이다.

어째서 사람들은 갑자기 인정을 얻기 위한 투쟁을 하는가? 평등을 얻기 위해서가 아니라?[3] 인정이란 니체가 헤겔에 반대하며 분명히 했듯이 노예를 위한 것이지 않은가?[4] 또 어째서 그들은 그들이 애초에 갖고 있던 권리를 위해 투쟁하는 것일까? 어째서 적어도 다른 뭔가가 되기 위한 권리를 위해서는 투쟁하지 않는가? 혹은 어째서 어떤 주어진 존재나 정체성이 비난받지 않기 위해, 또는 그러한 비난에 따라 대우받지 않기 위해 투쟁하지는 않는가? 그리고 어째서 사람들에게 갑자기 존재가 그토록 중요해졌는가? 이것은 우리가 가지고 있거나 가지고 있지 않은 것에 관한 질문에서 관심을 돌리기 위해서 고안된 질문인 것은 아닐까?

*

1990년대 말에 나는 미국 주립대학에서 일했었다. 일을 시작하고 얼마 되지 않아 나는 대학의 사무실에 불려가게 되었는데, 처음에는 그 의미가 분명치 않았다. 한 교직원이 그곳에서 나에게 어느 인종에 속하느냐고 물었다. 나는 깜짝 놀란 반응을 보였다. 그때까지 나는 게슈타포를 제외하면 나에게 그렇게 질문하는 곳이 없으리라고 생각했다.

나는 공손하게, 내가 알기로 나의 인종은 여전히 확인되지 않은 것 같다고 말했다. 그리고 이에 대해 누구에게 물어야 하는지 자문해보았다. 나의 담당 교직원으로 보이는 이가 서류 한 장을 탁자 위로 밀어 넘기고는 말하기를, 내가 정확한 항목에 표시해야 한다는 것이었다. 내가 이미 자주 들어봤던 '아프리칸', '히스패닉'과 같은 명칭 옆에, 그중에서도 내가 한 번도 들어본 적 없었던 '코카시아인'과 같은 다른 명칭들을 찾을 수 있었다.

나는 정신을 집중하여 곰곰이 생각해보았다. 오스트리아와 스페인은 역사적으로 한 나라에 속한 적이 있다. 또한 내가 살았던 시카고 내 멕시코 구역의 한 이웃은 내 머리색과 피부색이 애매하다는 이유로 내가 'greasy spoon'(멕시코어로 그링고[1]를 뜻하는)인 것은 아닌지 놀리듯이 물었다. 그렇다면 나는 아마도 '히스패닉'인 걸까? 나는 불안하여 망설였다. 교직원은 신경질적으로 종이를 **빼앗더니** '코카시아인'에 체크하였다. 나는 도대체 이것이 무엇을 의미하는 건지 물었다. 그녀는 내게 '코카시아인'은 단순히 '하얗다'는 것을 의미한다며, 내가 망설인 것을 통해 내가 하얗다는 것을 분명히 증명한 것 같다고 했다. (참고로 나보다 훨씬 피부가 창백한) 그녀의 말에 따르면 백인은 언제나 그런 익살스런 표정을 짓는다는 것이었다.

그건 그렇더라도 나는 이러한 절차가 어디에 좋은 건지 물었다. 차별로부터 나를 보호하기 위한 거라고 교직원은 친절하게 대답했다. 나를 차별로부터 보호하기 위해 나는 차별당했다. 즉 나의 정체성은 다른 사람들의 정체성으로부터 분리되었다(또한 그들의 정체성은 약간 나쁘게 얘기되었다).

*

1990년대 중반 이래로 터키인 노동자는 오스트리아에서 무슬림으로 인식되어, 노동자 자신이나 그의 가족, 친지들이 겪는 모든 어려움은

• • •

[1] 역주. 라틴아메리카의 비라틴계 주민을 조롱조로 일컫는 말.

종교나 문화의 문제로 설명된다. 이는 새로운 것인데, 왜냐하면 1990년대 중반까지 그러한 노동자는 우선 공산주의자로 인식되었기 때문이다. 당시 노동자들은 종종 5월 1일 노동절 시위 행렬에 크고 유쾌한 무리를 형성했었다. 유사하게 크고 유쾌한 (그러나 물론 모든 국제 연대에서는 그들로부터 정확히 분리되어 행진하는) 쿠르드족 무리와 함께 말이다. 그전에도 존재했던 논쟁이 1995년부터 문화적, 종교적 정체성의 문제로 인식된 것은 어딘가 새로운 것이었다. 더불어 내가 기억하기로는 이와 동일하거나 유사한 논쟁이 이미 있었으나, 그 당시에는 오스트리아에 터키인 노동자가 아주 조금 있거나, 혹은 아예 없었다. 또한 모든 노동자가 독일인이었을 때, 아이들은 시 소유의 건물에서는 다른 아이들과 놀 수 없었고, 부모들은 서로 이야기하지 않았다.

*

1988년 조각가 알프레드 흐르디카Alfred Hrdlicka가 전쟁과 파시즘에 대한 기념비를 빈에 설치했을 때, 서로 다른 두 집단이 그의 청동 조각상 <길을 닦는 유대인straßenwaschenden Juden>에 대해 격분하였다. 하나는 이스라엘의 종교집단, 다른 하나는 나치 전범자와 친화적인 오스트리아의 종교집단이었다. 이 상황을 통해 내게 처음으로 분명해진 것은 아마도 서로를 악의적으로 생각할 적대적인 두 집단이 서로 갈등하는 와중에도 공통점을 갖는다는 사실이었다. 예컨대 둘 다 어떤 특정한 사실을 기억하기를 원치 않는다는 점에서 동일했다.

이와 비슷한 상황이 세르지오 레오네Sergio Leone의 서부영화 <석양의 무법자The Good, the Bad and the Ugly>에서 주인공이 미국 남북전쟁의 증인으로 설 때 일어난다. 연합군과 동맹군이 강의 양측에서 아주 잔혹하게 싸운다.

그러나 양측 군대는 목조 다리를 보호하기 위해 극도로 신경 쓰는데, 이 다리는 양쪽 강둑을 서로 이어줄 뿐만 아니라, 그들이 서로 공격하기 위해 필요한 것이기도 하다. 양쪽에서 악당들이 도착하자 비로소 이 무시무시한 연합은 다이너마이트의 도움으로 끝이 난다. 그러나 적대적인 집단들 자체는 이러한 암묵적인 합의 지점을 결코 포기하지 않을 것이다.

　이는 이민자 출신 하층계급이 다른 출신의 하층계급과 주 외곽지역에 서 충돌할 때도 유효하다. 여기에서 모든 적대세력은 자신들의 분쟁을 문화적 내지 정체성의 충돌로 설명하려는, 명백하게 강력한 공통의 관심사를 갖고 있다. 이민자들과 정치적으로 우경화된 비이민자들 양쪽 모두 자신들의 분쟁이 몇십 년 전 문화적으로 동질적인 민족집단 간에 있었던 분쟁과 비교되는 것에 매우 만족한다. 그것은 가령 어느 정도 [계층] 상승 의지가 있는 저임금집단 내의 분쟁이나 중산층과 하류층 간의 분쟁으로 묘사되곤 한다. 물론 이러한 분쟁은 솔직하게 [문제를 들춰내어] 해결되는 분쟁보다 한층 더 해결하기가 어렵다. 왜냐하면 문화적, 종교적, 인종적 등등의 분쟁과 같이 당사자가 기꺼이 받아들였으 나 실은 그들을 헷갈리게 하는 분쟁을 그만두게 해야 하기 때문이다.[5]

*

　일찍이 전통적 관료국가였던 오스트리아에서는 과거에 포스트모더 니즘적 정체성 정치를 모범적[선구적]으로 경험한 적이 있었다. 모든 공무원을 비롯하여 낮은 급여에 자극받아 국가나 정부 관리와 관계 맺기를 원했던 사람들에게는 돈 대신에 진부하지만 감정을 일깨우는 직함이 주어졌다. 연수가 오래된 행정 공무원은 '사무국 고문'으로, 장기 근속한 고등학교 교사는 '고등학교 고문'으로, 정당에 흔쾌히 기부하는 사업가는 '상업 고문'으로, 공로가 있는 장학사는 '관리 고문'으로, 실패한 늙은 예술가는 '교수'로 앉혔다. 신자유주의로 훼손된 포스트모더니즘 사회에서도 사람들은 [통상] 저평가되는 상황, 사물 그리고 과제 등에 기꺼이 그럴듯한 이름을 붙인다. 청소부는 '공간 관리자'로 승진하고, 웨이터는 '요식업 전문인력'으로, 쓰레기 소각시설은 '폐기물처리센터'로, 신종 단기학습의 마지막에 대학 밖으로 학생을 방출하는 것은 '평생 학습'으로 이름 붙인다. 지금까지 장애인으로 불리던 이들은 '지원이 필요한 사람들'로 불린다.

여성이 동일한 업무에 동일한 임금을 받도록 보장하는 대신에, 사람들은 여성이 남성과 유사하게 보이고 문화적 관계에서 남성처럼 거칠게 다루어지는 데만 신경 쓴다. 그 밖에도 사람들은 여성이 성별 상 특수한 직함을 부여받은 것에 만족하도록 노력한다. 이는 그 밖에도 학술적인 약어인 '석사Mag.', '박사Dr.' 혹은 '교수Prof.'처럼 그전까지는 차별을 할당받지 않던 곳에서 이제는 고전적인 성차별이 관철되고, 남성 동료에 비해 여성이 뭔가 다르고, 특별하고, 언급할 필요가 있는 존재로 표현되는 것을 의미한다.[6]

모든 불공정함으로부터 차별받은 이들은 그들이 특별하고, 대부분 민감한 어떤 이름으로 불리는 문제 말고는 어떠한 걱정도 없는 것처럼 다루어진다. 그리고 일종의 마술적 세계관 속에서 그러한 조치들을 위임해온 관료주의는 더 나은 이름을 통해 더 나은 상황을 유도할 수 있다는 입장을 유지한다. 그러나 엄밀하게 보았을 때 상황이 더 나아지지는 않는다고 말해야 한다. 오히려 — 나의 책 『제2 세계』의 관점에서 쉽게 설명될 수 있는 것처럼[7] — 좀 더 있어 보이는 구어식 명명이 모든 것의 현실적인 개선을 대체해버렸다. 더 나은 이름이 존재한다는 바로 그 이유로 인해, 상황은 여전히 나쁜 채로 남아 있다.

우리는 단지 이러한 상황을 명확하게 가리키는 명명을 회피할 뿐이다. 마치 그것이 견딜 수 없을 만큼 민감하다는 듯이 말이다. 그리고 정말로 의심스러운 것은, 상황이 더 힘들어질수록 우리는 더 연약한 것처럼 다루어진다는 것이다. 실제로 이로 인해 우리는 상황의 어려움에 맞서 싸울 생각을 하지 않게 된다.

*

항상 자기 자신으로, 혹은 아무것도 아닌 것으로 불리고 또 다루어지는 것이 정말로 가장 큰 행복이고, 사회적으로 보상받을 수 있는 최대치의 요구인가? 이에 대한 힌트를 제공할 만한 프랑스 농담이 있다. 이 농담은 의례적인 예의바름과 실제 배려 간의 차이에 대해 묻는다. 그에 대한 답은 다음과 같다. 예의바름은 낯선 방문을 열었을 때 벌거벗은 부인을 발견하고 "죄송합니다, 부인Madame"이라고 말하는 것이다. 반대로 배려는 같은 상황에서 "죄송합니다, 선생님Monsieur"이라고 말하는 것이다.[2]

가령 오늘날 대다수의 젠더 및 퀴어운동이 이른바 '이성애 규범성'에 맞서 투쟁함으로써 성별을 양극적이고 긴장으로 가득 찬 차이[의 체계]로서가 아니라 평온한 연속체로 정의하려고 할 때마다 성립하는 질문은, 그렇게 상정된 연속체의 막연한 중심 언저리에 스스로를 위치 짓는 이를 어떻게 하면 정중하게 취급할 수 있는가 하는 것이다. 그 사람을 바로 그런 사람으로 [명확히] 언급해야만 하는가? (만약에 그렇다면, 어떤 명칭으로?) 혹은 비록 생물학적으로나 자신이 이해하는 자기 자신과 일치하지 않을지라도 그들에게 가면극을 허용하고 그들이 기존의

• • •

[2] 역주. 벌거벗은 부인에게 예의를 지키고자 벗은 몸을 본 것에 대해 용서를 구하느니, 차라리 그녀를 아예 보지 못한 것처럼 처신하라는 의미다.

성별 역할을 요구할 수 있도록 허용하는 것이 좀 더 세심한 배려이지 않을까? 이는 성별을 지우거나 성별이 불명확한 것을 특권화하는 프로테스탄티즘적 문화의 경향인 것 같다. 이는 기독교 근본주의적인 성 적대감을 비롯하여 사회적 가면과 가볍고 예의 바른 교제 형식에 대한 현실적인 불신과 일치한다. 따라서 자신의 아비투스에 있어서 대체로 목사 자녀를 상기시키는 활동가는 성별 없는 명명에 대한 인권적 배려를 요구한다. 세속적으로 각인된 가톨릭 문화와 반대로 말이다. 예를 들어 페드로 알모도바르Pedro Almodóvar의 영화와 <나자리오Nazario>의 만화 주인공은 바르셀로나의 셰말레스Shemales[여자 역할을 맡은 호모]인데, 대체로 숙녀로 대우받는 것에 큰 가치를 둔다. 왜냐하면 성별 역할에는 '규범화[규격화]' 내지 의무뿐 아니라 특정한 특권 또한 필연적으로 따르기 때문이다. 치마 속에 작은 놀라움[남자의 성기]을 갖고 있을지라도 손등에 입을 맞추는 인사를 받거나 문을 먼저 지나가게 양보를 받는다면 그것은 퍽 애교 있는 것이다.

소위 정체성을 둘러싼 포스트모더니즘적 투쟁은 이러한 관점에서 전형적인 신자유주의 정치 전략으로 이해된다. 포스트모더니즘은 개인으로 하여금 자신의 정체성을 스스로 찾고 이 정체성에 스스로를 맞추도록 독려한다. 그것을 넘어서는 모든 것, 즉 개인을 사적인 관심과 친숙하고 인종적인 연결이나 성적인 제약을 갖는 사람을 넘어서, 세계시민, 시민 혹은 귀부인으로 만들 수 있는 모든 것을 개인들은 전혀 요구해서는 안 된다. 모든 보편주의는 그들에게 낯선 것이 된다. 고유의 뿌리와 문화적 출신 조건과의 모든 비판적 불화 또한 낯선 것이 된다. 슬라보예 지젝은 이에 대해 적확하게 설명하기를, 오늘날 혁명적 연대의 모토는 '차이를 인정하자!'가 아니다. 그에 따르면 문제는 "문화의 동맹이 아니라, 문화의 내부에서 이루어지는 투쟁의 동맹, 모든 문화의 내부에서 정체성의 기반을 약화시키고 그것을 억압하는 존재에 맞서 싸우는 것 간의 동맹이다."[8] 우리가 우리의 무언가를 위해 싸워야만 한다면, 그것은 우리의 멍청한 정체성의 특수성이 아니라, 이 정체성을 비판적으로 대하고 경우에 따라서는 정체성과 결별하는 자리에 우리를 데려다 놓는 보편성이어야 한다.[9] 이 보편성은 같은 투쟁을 하는 다른 이들과 우리가 연대하도록 해준다.

"교양이 없는 것은" 리처드 세넷이 어딘가에 쓰기로는 "다른 사람을 고유한 자기 자신으로 [존재하라고] 부담을 지우는 것이다."[10] 이 원칙을 정반대로도 보충할 수 있을 것이다. 교양이 없는 것은 또한 다른 사람을 그들의 소위 진정한 자아로 규정짓고 이를 통해 그들에게 부담을 지우는 것이다.

불확실성의 도취 속에서. 모호한 정체성,
기만적인 자유, 끈질긴 구조

미신으로부터 신앙으로: 어떤 것을 믿으면 믿을수록, 점점 더 그것은 아무것도 아닌 것이 된다.

포스트모더니즘 이데올로기가 스스로에 대해 즐겨 말하는 주장은 자신이 더 이상 거대 서사를 믿지 않는 시대라는 것이다. 이 주장을 우리는 커다란 불신을 갖고 마주해야 한다. 왜냐하면 인류가 좀 더 현명해졌을 수는 있지만, 인류가 그것을 스스로 믿을 때는 반드시 그렇지는 않기 때문이다.

정신분석학자 옥타브 마노니는 이를 탁월하게 규명해주는 이론을 제시한 바 있다. 그의 논문 「나도 안다, 그럼에도 불구하고 …」에서 그는 아프리카의 가면의식을 사례로 논의한다. 이 의식의 집행인이 민족학자에게 알려준 바에 따르면 그들 자신도 이 의식이 무엇을 의미하는지 더 이상 알지 못하는데, 왜냐하면 그것에 대한 믿음은 사라졌기 때문이다.[11] 정보를 제공한 사람에 따르면 이전에는 사람들이 가면을 믿었었다.

파괴된 문화에 대한 가설에 몰두하는 대신에, 마노니는 믿지 않음과 그럼에도 행함의 이 기이한 모순 상황을 가면의식의 정상 상태로 바라볼 것을 제안한다. 즉 이 의식은 언제나 이를 믿지 않는 이의 자의식 속에서 추동되어 왔다는 것이다. 사람들은 이 의식이 무엇을 의미하는지 더는 알지 못하고, 오직 이전 사람들만이 그것을 믿었다.

마노니의 말처럼 우리의 문화에서도 누가 믿는지 진술할 수는 없지만 환상이 유지되는 여러 상황들이 있다. 마술 공연의 경우 우리는 물론 초자연적인 일이 일어나지 않는다는 것을 알고 있으며, 그럼에도 마술이 완벽히 성공했을 때 이를 기꺼이 즐긴다. 마노니는 어떠한 지지의 근거[토대]도 없는 이러한 유형의 상상을 '[속는 이가 없는] 믿음croyance'(독일어의 '미신Aberglaube[3]'이라는 단어로 가장 잘 표현될 수 있는 용어)으로 설명하고, 이를 '신앙foi', 즉 위대한 것이나 신, 인류의 진보, 혹은 금융시장의 자기 조정 능력 등을 믿노라고 의기양양하게 선언하는 신도들을 찾을 수 있는 믿음과 구별한다.

이는 신앙foi이 언제나 환상과 스스로를 동일시하는 원칙에 근거한다는 것을 의미한다. 미신, 즉 믿음croyance의 형식은 즐거움은 주지만 그 어떤 동일시도 허락하지 않는다. 신봉은 자긍심을 생산한다. 반대로

- - -

[3] 역주. 독일어로 미신을 뜻하는 단어 'Aberglaube'는 'Aber(그러나)'와 'Glaube'(믿음)의 합성어로 '그럼에도 불구하고 믿는다'를 뜻한다.

미신은 쾌락[욕망]을 유발한다. 혹은 정신분석학적으로 다시 표현하면 신봉은 자아 리비도의 영역에서 작동하고, 미신은 대상 리비도의 영역에서 작동한다.[12]

마노니의 논의에서 광범위한 결론을 이끌어낼 수 있다. 첫 번째 견해는 상상이 '믿음'의 형식으로 나타남으로써 불특정하게 존재하는 지지자를 대상으로 할수록 (사치스러운 가면의식보다도) 훨씬 다채롭고 물질적으로 실존한다는 것이다.

이와 반대로 상상 자체를 믿기 시작하자마자 그것은 더욱 창백하고 추상적이 되어 그 물질성을 상실한다. 이는 가령 종교의 역사에서 관찰된다. 고대 다신교의 신들은 구체적이다. 그들은 다양하고, 눈에 보이기도 하며, 성별, 욕구, 어리석음, 흥분 등을 보여준다. 그러나 사람들은 그들을 믿지 않는다. 대신 그들에 대한 재미있는 신화를 들려준다. 인간이 그 신들을 믿기 시작하면 비로소 신들은 다양성, 확실성, 가시성을 상실한다. 이후의 이른바 '제2 종교'에는 고유하고, 비가시적이고, 성별 없는, 전지하고 언제나 공평한 신만이 있다.[13]

여기에 마노니의 이론의 두 번째 의미심장한 결론이 나온다. 미신의 형식은 모든 문화권에서 발견되는 반면 신앙은 몇몇 문화에서만 발견되는 뒤늦은 결과물이다. 모든 문화에서 그 문화가 가꿔온 상상을 믿도록 하는 공명심이 발전한 것은 아니다.

이는 세 번째 결론을 함의한다. 초창기에 사람들은 투철하게 믿지 않고 적당하고 느슨하게 믿었다. 따라서 마노니는 중세인들은 자신들이 사랑하는 신에 대한 행복하고 순진한 믿음으로 보호받았던 반면, 오늘날 우리는 전 세계에 걸친 '초월적 덮개의 상실'[4] 속에서 방황하고

• • •

[4] 역주. 지식사회학자 피터 버거는 『종교와 사회(Sacred Canopy)』에서 거룩한 덮개(天蓋)를 종교의 사회적 기능으로 제시한다. 종교를 통해 세상의 질서와 의미가 주어진다는 뜻이다.

있다는, 계몽과정에 대한 널리 퍼진 신화에 반대한다. 오히려 상황은 정반대이다. 이전에 사람들은 단지 환상만을 앞세웠다. (그리고 이를 통해 선대 사람들 또한 그것을 믿었으리라는 유쾌한 정보로 소통했을 것이다.) 이후에야 사람들은 이러한 묘사를 그만두었는데, 그들이 점점 더 강하게 이 상상 자체를 믿고자 했기 때문이다.[14]

이러한 관점에서 마노니의 통찰은 이른바 '세계의 탈마법화'에 관한 막스 베버Max Weber의 진단과 일치한다.[15] 베버 또한 물질적 환상의 매력적인 아름다움을 세계로부터 빼앗아가는 과정의 책임을 학문이나 유물론 철학에 지우지 않고, 오히려 강화되는 동일시의 원칙에 근거한 종교, 즉 프로테스탄티즘 기독교에서 찾았다.

이는 계몽의 과정으로 파악되는데, 그러니까 이성의 증가분과 경건한 동일시의 추가분을 제외한 모든 것이다. 그것은 차라리 강화된 동일시의 과정이자, 모든 것을 진지하게 받아들이기에 어떠한 농담도 견디지 못하는 내면화의 과정이다. 결국은 그 어떤 것도 믿을 수 없는데, 그 무엇이든 너무 진지하게 믿어버릴 수 있기 때문이다. 상상에의 동일시가 강해질수록, 상상은 점점 더 그 이미지를 잃게 된다.

바로 이것이 거대 서사의 종말에 기초하여 포스트모더니즘 서사를 파악하게 되는 맥락이다. 이 인상은 실재하지만 기만적인데, 왜냐하면 그것이 모든 환상의 종말을 의미하기보다는 오히려 강화된 동일시의 새로운 단계를 의미하기 때문이다. 우리가 관찰한 과정의 경과 속에서 개인은 그 어느 때보다 강력하게 자신의 상상과 동일시하도록 인도된다. 강화된 동일시에서 물론 상상의 대상은 점점 더 상실되어간다. 자아 리비도는 대상을 비용으로 치른다.

• • •

근대에 들어와 종교의 이러한 기능이 중단되었다고 주장하였으나, 말년에 이르러 그 주장을 철회하였다.

따라서 극도로 동일시된 이는 자신이 아무것도 믿지 않거나 모든 것을 의심한다고 자신自信한다. 그러나 데카르트를 통해 알고 있듯이, 모든 것에 대한 의심은 언제나 그 이면에 의심하는 자아의 자기 확신을 필요로 한다. 이 자기 확신은 단지 인식의 특성인 것만은 아니다. 그것은 무엇보다도 리비도의 점유이다. 이에 상응하는 것은 강한 정동이다. 우리는 — 애석하게도 — 아무것도 믿을 수 없는데, 왜냐하면 우리는 — 기쁘게도! — 자기 자신을 너무나도 믿으며 우리의 의심을 통해 이 믿음을 언제나 새로이 확인하기 때문이다.

물론 이러한 강화된 자아 리비도 쾌락은 가면을 쓴 대상 리비도의 기분전환이나 마술 트릭, 혹은 어리석은 신의 이야기와 같이 동일한 방식으로 기쁘게 경험할 수 있는 것이 아니다. 오히려 여기서 지배적인 것은 일찍이 프로이트가 인식했던, 그럼에도 포기되지 않는 일관된 불쾌이자, 자크 라캉이 분열된 이름인 '주이상스jouissance, 향유'로 명명한 '신경증적인 불쾌'이다.[16] 의심하는 자는 그 무엇도 믿을 수 없고 그 어떤 재미있는 바보짓에도 동참할 수 없는데, 왜냐하면 그는 항상 이성적이어야 하고, 그에게 "즐겨라!"라는 잔인한 지시를 내리며 괴롭히는 독재자 초자아의 명령 하에 항시 놓여 있기 때문이다.

주체의 효과:

자기 자신을 믿으려고 하면 할수록,

[자기 자신이 아닌] 특정한 뭔가가 되는 것을 점점 더 견딜 수 없다

부유하고, 파편화되고, 퀴어적이고, 교차하며, 생성 중인 주체, 그리고 다른 불확정의 정체성에 대한 포스트모더니즘 특유의 편애는 이러한

관점에서 파악되어야 한다.[17] 알튀세르의 이데올로기 이론으로 말하자면 형식이 주체화를 강화하는, 즉 개인을 이데올로기적으로 호명하고 종속시키는 것을 강화하는 것이다. 이러한 불확실성은 확장된 '주체 효과effets d'assujettissement'이다.[18]

알튀세르에 따르면 주체 효과는 가령 '그래, 맞아! 여기서 나는 노동자, 기업가, 군인이다!'[19]라는 모토를 따라 (여교수, 예술가, 트랜스젠더 등등 계속해서 열거될 수 있다) 개인이 상징적인 위임을 받았을 때는 발생하지 않는다. 오히려 주체 효과는 상상적인 전복이 나타났을 때, 즉 개인이 '언제나 이미 주체로 존재한다'고 생각할 때, 자신의 위치를 자발적으로 선택했고 이미 존재하는 주체로서 각각의 권한을 위임받았다고 생각할 때 존재한다.

특히 주디스 버틀러Judith Butler가 해방의 관점으로서 구상한 '수행적 변형'의 가능성은 주체 효과, 즉 개인의 이데올로기적 복종으로부터 상징적 역할을 이끌어내는 것이 아니라, 오히려 주체 효과 속으로 들어간다. 개인이 자신의 역할을 스스로 형성한다고 느끼는 바로 그 순간에 그는 주체가 된다.[20]

알튀세르의 이데올로기 이론은 이러한 관점에서 자발성의 기만적이고 상상적인 느낌에 대한 스피노자의 교훈을 정확히 뒤따른다. 스피노자가 쓴 바에 따르면,

> 진실로 만일 그들이 인간은 나중에 후회하게 되는 많은 일을 저지르며, 또한 반대되는 감정에 사로잡혀 있을 때는 자주 더 좋은 것을 보면서도 더 나쁜 것을 따른다는 것을 경험을 통해 알지 못했다면, 그들은 인간이 모든 것을 자유롭게 행한다고 주저 없이 믿었을 것이다. 따라서 젖먹이는 자유로이 젖을 원한다고 믿고, 성난 아이는 자유로이

복수를 바란다고 믿고, 겁쟁이는 자유로이 도망친다고 믿는다. 또 주정쟁이는 나중에 술이 깼을 때 잠자코 있지 않은 것을 후회하게 될 말들을 지껄인 것이 정신의 자유로운 결의에 따른 것이라고 믿는다. (Spinoza 1976: 115)[5]

동일한 것이 포스트모더니즘의 상황에서도 이야기될 수 있다. 파편화된 정체성은 자신의 의지로 분열된 것이라고 생각하고, 불확실한 성별은 자신의 의지로 불확실하다고 생각한다. 자발성의 감정은 그 대상이 더 무질서하고 불확실하게 여겨질수록 강화된다. 자발성의 감정이 클수록 어떤 특정한 것보다 좀 덜 특정하거나 불특정하게 될 수 있기 때문이다. 여기서도 강화된 자아 리비도가 이른바 자신의 대상이 갖는 물질성을 소진시킨다.

이는 사회학자 리처드 세넷이 '친밀성의 폭정'으로 설명한 것이다.[21] 그의 이론은 특별히 신자유주의 경제와 이에 상응하는 포스트모더니즘 이데올로기의 상황 하에서 탁월한 시의적절함을 발휘한다.

친밀성의 폭정과 저능함의 승리

서구사회의 상당 구성원으로 하여금 대략 1990년대 초반부터 자신의 정체성에 대한 물음에 몰두하게 하는 데 성공했다는 사실은 신자유주의 이데올로기의 중요한 성공으로 평가되어야 마땅하다. 모든 사람들이 자신이 무엇이 되고 싶은지에 대해서만 숙고하는 동안, 그들은 자신이 무엇을

• • •
[4] 역주. B. 스피노자, 『에티카』, 황태연 옮김, 비홍출판사, 2014. 164~165쪽.

가져야 하는지에 대해서는 더 이상 숙고하지 않게 되었다. 이것이 유용한 것은 그들이 장래에 더 이상 가질 수 없게 될 것들, 가령 민주적 공동결정, 노동 내지 소득에의 접근, 교육, 인프라 구조, 사회적 안전, 노후 준비 혹은 자존감과 품위 같은 것들을 약탈하는 데 가담하고 있을 때이다.

그러나 정체성에 몰두하는 이 신자유주의 이데올로기는 다른 중요한 질문으로부터 방향을 돌리는 데만 이용되는 것은 아니다. 그것 자체가 신자유주의적 상황을 특징짓는 공론장의 파괴와 민영화의 일부이기도 하다. 정체성에 대한 질문은 이전에 공적인 역할과 사적 인간을, 공론장과 개인 공간을 구별했던 것이 소멸되는 곳에서 나타난다(또한 문제 제기를 통해 이 구별의 마지막 잔재를 스스로 '수행적으로' 소멸시킬 수 있는 곳이라면 어디서든지).

리처드 세넷은 르네상스 이래로 서구사회에 존재했던 공론장이 하나의 연극적 공간이라고 설명했다. 그곳에서 사람들은 어떤 역할을 연기하며, 이 연기는 다른 사람들과 사적 인간으로 마주치는 것을 막아주는 기능을 하였다. 세넷에 따르면 그 본질은 공론장의 특징인 교양[문명화]의 미덕이다. "교양은 다른 사람들과 마치 낯선 사람인 것처럼 교제하고, 또 이 간극을 넘어서 그들과 사회적 관계를 맺는 것을 의미한다."[22]

이와 반대로 포스트모더니즘 이데올로기의 특징인 이른바 '수행적 전환'은 오직 — 퍼포먼스 장르 전반에서 그러하듯이 — 사람과 역할 간의 연극적 분리가 폐지되는 데 초점이 있다. 이제 모두가 자기 자신에 이르고자 한다. 그리고 모두가 온전히 자기 자신일 수 있을 때 자유롭다고 느낀다. 혹은 보다 정확히는, 이데올로기 이론으로 표현하자면, 모두가 자기 자신 외에는 그 무엇도 되지 않도록, 또한 그들이 그들 자신으로만 존재하고자 할 때 자유롭다고 느끼도록 독려된다. 세넷은 이러한 자아 리비도의 선호를 '나르시시즘'이라는 용어를 통해 정신분석학적으로 정확히 설명한다.

개인화된 텔레비전의 사례에서 이것이 무엇을 의미하는지 잘 확인할 수 있다. 이제는 예전과 달리 사실상 모든 사람들이 텔레비전에 나온다. 벌거벗은 사람, 무능한 사람, 평범한 사람, 술 취한 사람 등등까지도 말이다. 그러나 이는 그들이 그곳에서 그들의 개인적 변덕을 포기하고, 그들의 평범한 능력을 통해 사회적 맥락에 대해서 이야기하지 않는다는 조건 아래에서만 그러하다. 여기서 확인할 수 있는 것은 세넷이 사적인 인간과 공적인 역할을 구분했던 것으로서, 이는 프랑스 혁명으로부터 유래한 부르주아bourgeois와 시티즌citoyen의 구분과 일치하는 것이다. 또한 텔레비전이 더 이상 어떠한 공적인 차원도 갖지 않고 사람들이 그곳에서 더 이상 공적인 역할을 하지 않아도 될 때 무엇이 소멸되는지도 보여준다. 그들은 오직 부르주아로만 다루어지게 된다. 혹은 고대 그리스의 표현에 따르면 바보, 즉 자기 자신의 사정 말고는 아무것도 신경 쓰지 않는 사람으로 다루어지게 된다. (이러한 소위 '리얼리티 TV'의 전제하에서 미셸 푸코의 섹슈얼리티 이론은 새롭게 조명되어야 한다. 그 이론은 순수하게 억압적인 권력 대신에 정체성의 언어와 고백을 독려하는 이론인 것만은 아니다. 그것은 무엇보다도 개인의 주체화가 증대하여 개인이 공적 역할을 할 가능성을 빼앗는 데 이용되는 것에 대한 이론이기도 하다.)

이처럼 다른 사람들을 순전히 바보로 제한하고 동질화[23]하는 것은 포스트모더니즘 이데올로기에서 '관용'으로 오인된다. 코미디언 사차 바론 코엔Sacha Baron Cohen이 만들었던 캐릭터 '알리 지Ali G'[6]나 '보랏Borat'[7]

. . .

[6] 역주. 코엔은 HBO의 인터뷰 코미디 <다 알리 지 쇼>를 위해 알리 지라는 바보 캐릭터를 만들었다.
[7] 역주. 코엔이 주연을 맡은 영화 제목이자 주인공 이름이다. 주인공 보랏은 카자흐스탄의

은 이러한 이른바 관용의 효과를 명백하게 보여준다. 누군가를 마치 그 자신의 바보 같은 정체성 말고는 아무것도 될 수 없는 것처럼 대한다면, 또 어떤 역할을 위하여 이 정체성을 벗어나고 공론장에서 교양 있게 행동할 수 있는 그의 능력을 인정하지 않는다면, 그 사람은 말 그대로 인종차별자이다. 포스트모던 인종차별의 본질은 다른 사람을 순전히 그 사람의 정체성 자체로 축소시킴으로써 그로부터 티끌만큼도 기대하지 않게 하고 그를 바보와 동질화하는 데, 즉 문화와 거리가 먼 카자흐스타인, 엄청나게 멍청한 래퍼, 혹은 외설적인 하류층, 교양 없는 대학생, 종교적, 인종적, 성적 등등으로 민감하고 '미세차별'에 상처받는 사람 등으로 동질화하는 데 있다.[24]

　포스트모던한 '관용'을 통해서 각 개인에게는 완전한 바보가 될 수 있는 무제한의 권리가 승인된다. (따라서 『바보도 윤리를 완전히 이해하기 위한 가이드』나 『멍청이를 위한 데리다』[8]와 같이 완전히 반어적인 입문 서적이 호황을 누린다.) 이에 대해 오늘날 사람들은 한나 아렌트의 문장을 다음과 같이 수정한 것을 대항원칙으로 삼아 맞서야 한다. 그 누구도 완전한 바보가 될 권리는 없다. 또 그 누구도 다른 누군가를 그렇게 대하고 그에게서 아무것도 기대하지 않을 권리는 없다.

"네 역할을 잘 연기하라"

　　고찰: 너는 작가가 캐릭터를 결정하는 작품의 배우다. …

· · ·

　리포터로 미국을 횡단하는 가운데 미국의 위선을 드러낸다.
[8] 역주. 국내에서도 『더미를 위한 시리즈』(시그마프레스)라는 제하에 번역 출간된 바 있는, 입문서 시리즈 중에서는 세계적인 베스트셀러이다.

너의 과제는 단지 네가 맡은 배역을 잘 연기하는 것이다.

그것을 고르는 것은 다른 사람의 권한이다.

에픽테토스 2004: 25

역할을 연기하는 것은 단지 자기 자신으로 존재하는 것과는 뭔가 다른 것을 의미한다. 모든 연기가 그렇듯이 이 공적인 역할극은 세넷이 정확하게 명명하고 분석했던, 포스트모더니즘 이데올로기의 나르시시즘적 조건 하에서 문제적으로 나타나는 두 차원을 필연적으로 동반한다.

첫째로 연기하는 것은 언제나 잘 연기하려고 노력하는 것을 의미한다. 연기의 허구 — 연기의 성취가 결정적인 중요성을 갖는다는 미신 — 를 유지하려고 돕지 않는 사람은 연기를 망치는 사람이다. 이는 모든 연기는 하나의 이상과 그 이상에 대한 요구를 연기자에게 준비해두었음을 뜻한다. 그러나 이는 바로 사람이 어떤 일을 더 잘하거나 더 못할 수 있다는 것을 의미하기도 한다. 예컨대 성 역할은 유리한 생물학적 전제나 섬세한 구조만으로는 결코 잘 충족될 수 없다. 사람들은 그것을 정교하게 구사해야 하며 그러려면 그것을 연습해야 한다.

나르시시즘적인 전제 아래에서 이러한 이상에 대한 요구는 모욕적으로 여겨진다. 사람들이 자기 자신인 것을 통해서뿐만 아니라 자기 자신이 될 수 있는 것을 통해서 비로소 성취와 행복을 느껴야 마땅하다는 가르침은 억지로라도 체득되지 않을 경우 불필요하고 귀찮은 연극적 우회로가 된다.[25] 우리는 어려운 역할을 연습하기보다 차라리 새로운 역할을 만들어낸다. 나르시시스트는 맡은 역할을 잘 연기하는 것이 중요하다는 스토아주의자 에픽테토스AD. 55-135를 따르는 대신에 언제나 좋은 역할만을 원한다. 이는 어째서 오늘날 많은 포스트모던 나르시시스트들이 — 그들의 초자아의 끝없고 무자비한 폭정에 따라서 — 영구적으로 또 불가피하게 그들의 역할을 새롭게 구성하는 데 골몰하는지, 또 어째서 그들이 최소한 가끔 잠시만이라도 알맞게 연기를 해서 그들의 이상에 근접함으로써 대상 리비도의 행복에 도달하지 못하는지 설명해준다. 왜냐하면 이 점에 있어서 경험할 수 있는 행복은 후자에 있을 것이기 때문이다. 지그문트 프로이트에 따르면,

> 자아 속의 무엇인가가 자아이상과 합치되면, 언제나 승리감이 생겨
> 난다. (Freud [1921c]: 122)[9]

그러나 이상이 모욕적으로 느끼는 간격으로 인해 자아를 거부하게 되면, 행복의 가능성을 포기하게 되고, 독재적인 자아이상으로 하여금 나쁜 승리를 얻게 한다. 사람들이 더 낫거나 더 나쁘게 연기할 수 있는 성 역할이 사라지고, 오히려 모두가 단지 각각의 완전히 고유하고 유일무이한 눈송이일 뿐이라면, 그 누구도 언제든 어떤 것도 제대로 연기할 수 없을 것이다. 따라서 마침내 그 누구도 행복해지는 게 아니라, 오히려 속수무책으로 불행해질 것이다. 이는 나르시시스트가 "자아의 욕구에의 몰두[탐닉]를 강화하는 동시에 그 성취를 차단하는 이중의 지위"를 갖는다고 언명한 세넷의 통찰을 확인시켜준다.26

이는 어째서 일찍이 그 어떤 정체성도 완전히 자기 자신에 고유한 것이 아니었는지를 설명해준다. 그런 소박하고 완전히 자기 고유의 것인 정체성은 그것이 — 가령 억압 내지 과소평가를 통해 — 실현되는 것을 방해받는 한에서만 그렇게 보일 뿐이다. 반대로 정체성이 실현 가능하게 되자마자, 그러니까 공공연하게 표현될 수 있게 되자마자,

[8] 역주. 지그문트 프로이트, 「집단 심리학과 자아 분석」, 『문명 속의 불만』, 김석희 옮김, 열린책들, 2020. 153쪽.

그것은 자아의 소망을 더는 따르지 않으면서 정체성의 표현에만 능숙해지는 독자적인 규칙과 합법성을 갖게 된다. 오직 자기 고유의 정체성이 억압받거나 과소평가되는 한에서만 사람들은 그것을 흘려보낼 수 있다. 그러고 나면 타인은 '향락의 도둑'이 되고,[27] 우리로 하여금 우리의 억압된 정체성에 대한 소박한 이미지를 유지하게 해준다. 오직 그 덕분에 우리는 우리가 그 없이도 완전히 문제없고 행복하며 — 그리고 그 어떤 능력에의 요구 없이 — 우리의 정체성을 잘 다룰 수 있으리라고 상상할 수 있다.

이는 어째서 나르시시즘적인 조건 하에서 바로 부정적인 정체성이 높은 인기를 얻는지 또한 설명해준다. 정신분석학자 벨라 그룬베르거와 피에르 데쉬앙이 나르시시즘, 기독교주의, 반유대주의에 대한 기초적인 연구를 통해 확인했듯이, 나르시시즘은 물질적이고 규칙과 법칙을 갖는 모든 것을 견딜 수 없기 때문이다.[28] 따라서 능력의 그 어떤 긍정적인 규칙이나 조건도 부과하지 않는 내용만이 완전한 나르시시즘적인 정체화에 적합하다. 그렇게 티브이 토크쇼와 대중문화의 실제 영웅들이 스스로에 대해 고백하는 내밀함을 자신의 불분명한 성적 정체성, 메트로섹슈얼리티, 낮은-욕망-신드롬 내지 포스트섹슈얼리티를 통해 발견하게 되는 것이다.

"너의 원칙을 위반하라!"

역할 연기에 있어서 포스트모더니즘 이데올로기의 나르시시즘적 조건 아래에서 문제적이자 참을 수 없는 것으로 드러나는 두 번째 차원은 공적인 역할의 연기가 언제나 특정한 명령을 동반한다는 데 있다. 그것은 사적인 수치심과 도덕의 경계에 대한 특정한 위반을 지시한다. 언젠가 프로이트가 명쾌하게 설명하였듯이 연기는 "법을 필요로 하는 무절제[위반]"다.[29] 그러한 무절제의 지시가 부재하면 예컨대 반권위주의적이고 성 해방적이며 형식에 구애받지 않는 포스트–68세대가 자유분방하게 거리낌 없이 반말을 하며 클럽에서 거의 항상 혼자서 춤을 출 수 있게 되는 것이다. 다른 한편 가장 엄격한 예의 규범에 예속된 보수주의자들은 바로 이 규범 덕분에 예를 들면 빈 오페라극장 무도회에서 낯선 사람들과 빽빽하게 얽혀서 상등석 쪽으로 옮겨갈 수 있게 된다.

문화의 규범은 금지가 아니다. 그것은 개인들에게 아무것도 금지하지 않을 뿐 아니라 심지어 개인들에게 규범 자체를 통해서는 결코 허용되지 않는 것을 요구하기도 한다. 바로 이에 대해서 우리는 쾌락의 가능 조건이자 쾌락원칙으로서 문화의 요구를 필요로 한다. 왜냐하면 프로이트가 다양하고 모순적인 성적 충동에 대한 자신의 이론에서 밝혀냈듯이 우리는 스스로 주저하기 때문이다.[30]

결론

여러 문화 연구에 등장하고, 이를 점차 더 다양한 하위 영역들로 나누는, 불확정적이고 자주 유행하며 매력을 끄는 주제들은 이러한 배경에서 비판할 필요가 있다. 끝으로 특별히 급진적으로 보이는 두 가지 위험한 오해를 간략하게 언급하겠다.

(1) "아, 불쌍한 나!"
우선 불확정한 정체성에 대한 애호는 특권화된 집단 내부의 전형적인 현상이다. 그룬베르거와 데쉬앙이 언급한 기본원칙에 상응하여, 나르시시즘적인 약점은 언제나 좋은 것으로 여겨진다. 따라서 사람들은 특권화된 상태에서 고유의 반특권적인 관점을 찾아내고, 그것을 사람들이 스스로 특권화된 것으로 판단할 수많은 관점들에 맞서 강조하려고 필사적으로 노력한다. 여기서 가능한 진실은 고통스럽게 여겨지는 다른 많은 현실을 은폐한다는 점에서 이데올로기적이다. 특권화된 개인으로서 자기 자신을 소위 도덕적으로 탈중심화하는 것은 자기 자신에 대한 상상을 희생자로 재중심화하려고 시도함으로써 나르시시즘적인 것이 된다.

(2) "너희 자신을 다르게 만들어 내봐!"

두 번째로 나르시시즘은 이론적으로 문제를 해결하려고 하기보다는 문제에 자리를 내준다. 이는 겉으로는 호의적으로 보이지만 실제로는 소수자 집단이나 차별받는 집단을 이기적으로 악용하려는 [이익 추구의] 상황으로 매번 귀결된다. 그때마다 그러한 문제가 없는 집단들이 해당 문제를 갖고 있는 집단들의 해답을 위한 이미지가 된다. 예를 들어 동성애자와 레즈비언은 이성애자에 대한, 포스트섹슈얼은 섹슈얼에 대한, 불특정한 것은 특정한 것에 대한 해답이 된다. 따라서 이성애자가 자유로운 상황에서 기분 좋고 즐겁게 어울려 지낼 수 있었던 것과 같은 규칙을 고안해내는 대신에, 사람들은 성 정체성 및 성적인 입장을 구성해내는 데 열중하고 자유롭지 않은 상황 아래에서 고통받는 이들에게 이를 통해 다음과 같은 무언의 암시를 보낸다. '오늘날 레즈비언, 동성애자, 트랜스섹슈얼, 인터섹슈얼, 성 구별이 없는 자들과 달리 자기 성을 [적극적으로] 구성하지 않는 사람들은 잘못하는 것이다.'

하지만 이와 달리 주지되어야 하는 것은 [성 정체성의] 구성은 단지 그것이 구성된 것이기 때문에 쉽게 바뀔 수 없다는 사실이다. 사물이나 상황의 변화 가능성에 있어서 그것이 역사적으로 구성되었는지 혹은 자연적으로 발생하여 발견되었는지 여부는 중요하지 않다. 오히려 중요한 것은 그것의 고유한 지속성이다. 특별히 지속적인 구성의 한 유형인 이성애적 성 정체성을 젠더 이론은 완강하게 무시한다. 이를 통해 젠더 이론은 이전에 부르주아 핵가족에 정향된 정신분석에 대해 비난했던 바로 그 실수를 또다시 저지른다.[31] 즉 젠더 이론은 다양한 사회적 맥락과 세대별 소유 상황과 연결된 섹슈얼리티 제도를 무시한다.

성 정체성 및 성적인 입장에 포커스를 맞추면서 젠더 이론이 간과하는 것은─ 그것이 신자유주의적 시각과 일치하는 것은 논외로 치더라도 ─, 개별적인 개인들 간에는 성적 상황이 중요하지 않다는 것이다. 오히려 섹슈얼리티 내에서 필연적으로 작동하는 것은 가장 폭넓은 조직 형식까지 아우르는 경제적이고 합법적인 변수이다. 프리드리히 엥겔스가 『가족, 사적 소유, 국가의 기원』[2018, 책세상 역간]이라는 제목의 논고에서 아주 잘 표현하였듯이 말이다.[32]

또한 이것은 들뢰즈Deleuze와 가타리Guattari가 적절하게 언급하였듯이[33] 심지어 가장 내밀한 것처럼 보이는 소망 자체에도 유효하다. 그것[소망]은 심지어 이 구조를 관통한다. 성적인 소망의 결정적인 요인을 형성하는 것은 따라서 제도의 소망이다. 그러니까 가령 배우자와 일부일처로 살고 싶은지 혹은 일부다처나 다부일처로 살고 싶은지, 일부일처제를 장기 지속할 것인지 단지 잠정적으로만[일정 기간만] 유지할 것인지, 아이를 가질 것인지 말 것인지, 파트너의 부모나 형제자매와 알고 지내고 싶은지 아닌지 등을 통해서 드러나듯이 말이다.[34] 정체성과 입장에 대해 초점을 잘못 맞춤으로써 성적인 제도 형성에 대한 정치적인 문제는 점점 더

등한시되고 보수 진영에 완전히 넘어 가버렸다. 소위 '이성애적 기반'을 논박함으로써 간과되는 것은 동성애적 관계에 대한 관용이 그동안 이미 사회 영역에서 멀리 벗어난 것으로 파악된다는 것만이 아니다. 무엇보다 도 1968년 이래로 자유로운 사랑과 이에 상응하는 사회적 결합을 위해 쟁취한 영토가 점점 더 사라짐으로써, 가능한 한 생식을 동반한 일부일처 의 부부관계가 오늘날에는 더 이상 예전과 달리 — 또한 이에 더해 동성애자에게도 거의 다 마찬가지로 — '마을에서 벌어지는 유일한 게 임the only game in town'으로서 우세하거나, 전제적인 '일부일처 토대'로서 모든 다른 형태의 사랑을 이해할 수 없고 말할 수 없는 것으로 낙인찍지 않는다는 것 또한 간과된다. 가령 오늘날 아이 없는 여성이 추켜 올린 눈썹과 당혹스러운 질문을 또 한 번 견뎌내야 할 정도까지 말이다.[35] 특수한 불확실성의 가능성에 도취되는 대신에, 변화시킬 수는 있지만 견고하고 일정하여 21세기의 사랑에 자신의 구성 방식을 들이미는 사회 적 상황에 집중하는 것이 차라리 나을 것이다.

7. 기만은 기만당하는 자를 얻는다.
맨스플레인:
근대적 유희로부터 포스트모던한 진지함으로

이전 장에서 설명했던 사회적 상상의 체계는 모든 불확정적이고 변화무쌍하고 모호한 것들에 우위를 부여하는데, 이는 해방을 추구하는 다양한 투쟁의 결과이기도 하다. 이 체계는 문화 안에서 아이러니의 상실에 이르는데, 이 상실은 언어 내의 분열이 더 이상 인식되지 않는 데까지, 그리고 이전까지는 아이러니로 이해되던 유희적인 것이 갑자기 실제보다 더 잘못된 것으로 지각되는 데까지 이른다. 문화이론적으로 이는 문화가 그 역사 속에서 자신이 생각한 것처럼 더 계몽적이고 덜 미신적이 되기는 고사하고 오히려 더 편협하고 유희에 더 적대적이 되었다는 증거이다. 정치적 관점에서 이러한 사정은 가령 여성이 특정한 장점과 특권을, 특히 남성에게 유효한 무기를 소유했다가 이를 돌연 약점이자 방해물로 묘사하고 거부하기 시작하는 결과로 이어진다. 그들에게 힘을 줄 수도 있는 것을 그들은 그런 식으로 잃어버린다. 또한 남성들에게서 기꺼이 빼앗을 수도 있는 것을 여성들은 그렇게 스스로 없애버린다.

남성적인 이야기하기와 설명하기[맨스플레인]의 언어유희

리베카 솔닛Rebecca Solnit은 자신의 책 『남자들은 자꾸 나를 가르치려 든다Men Explain Things to Me, London』(2014)에서 어떻게 여성이 설명하는 것을 좋아하는 남성의 피해자가 되는지 비판적으로 서술한다. 특히 이상한 것은 그녀가 서문에서 드는 사례인데, 한 나이 많은 사업가가 그녀에게 자신이 신문 기사에서 읽은 어떤 책에 대해 설명하기 시작하면서 자신의 대화상대가 바로 그 책의 필자라는 사실을 알아차리지 못한다. 솔닛은 다음과 같이 적고 있다. "내 경험상 아무것도 모르는 주제에 자신감이 넘쳐서 정면 대결을 일삼는 사람은 유독 한쪽 성에 많다. 남자들은 자꾸 나를, 그리고 다른 여자들을 가르치려 든다. 자기가 무슨 소리를 하는지 알든 모르든. 어떤 남자들은 그렇다."[1] 지금까지 여성들은 남성들이 대화 상대인 여성들보다 훨씬 더 잘 알고 있다고 잘못 추측하는 근거로 보이는 이성애 남성적 행동의 '표준적 상황'에 대해 불평해왔다.[2] 이는 '맨스플레인'(남성적인 설명하기)이라는 인위적인 용어로 명명되며, 해로운 명명을 통해 해로운 것을 언어 안에 가둬버린다.

이러한 문화적 현상과 더불어 이를 역사적으로 어떻게 바라볼 것인가 하는 문제는 특별히 흥미로워 보인다. 어째서 이러한 악습은 이제 와서 뚜렷해지는가? 이전 시대에는 남성들이 여성들에게 [지금보다] 덜 설명하려고 하였는가? 혹은 당시 여성들은 지금보다 덜 해방되어서 더 심각한 부당함에 몰두하다가, 최악의 상황이 어느 정도 사라진 지금에서야 비로소 이 감춰졌던 불쾌함에 좀 더 관심을 기울일 수 있게 된 걸까? 이전에는 여성들이 좀 더 무지하고 따라서 사안에 대한 설명을 어느 정도 기쁘게 받아들인 반면, 오늘날에는 가령 여성의 대졸 비율 상승으로 앎에 있어서 남성과 최소한 동등하거나 남성을 능가하게 된 것일까?

여기서 또 다른 추측을 해봐도 좋겠다. 맨스플레인은 반드시 전적으로 — 실제로 맞건 그르건 — 앎의 격차에 부합하지 않는다. 오히려 그것은 남성이 여성과 환담을 나누고 여성의 관심을 끌려는 노력이기도 하다. 설명하기(나 이야기하기)는 새로운 정보나 소식의 가치에 대한 인식일 뿐 아니라,[3] 지루하고 고통스러운 침묵을 피하고 사교적인 의무를 좀 더 지키는 친절함 내지 정중함이기도 하다.

말을 트고 대화를 수립하는 것은 인간관계나 성적인 관계를 트는 것만큼이나 전통적으로 남성의 과제였기 때문에 남성은 무언가를 잘 알든 그렇지 않든 간에 불가피하게 이야기를 시작할 수밖에 없었다. 전통적인 성 질서에서 남성이 이러한 모험적이고 종종 고통스러운 과제를 맡게 하는 것은 여성의 특권이었다. 여성이 아니라 오로지 남성만이 단번에 파악하지 못한 지역으로 가서 지루함이나 쌀쌀맞은 거절을 감수할 위험을 무릅써야만 한다. 모든 반대되는 주장에도 불구하고 오늘날에도 여전히 대부분의 이성애 여성들은 이러한 특권을 암묵적으로, 나아가 더욱 강하게 붙들고 있는 듯하다.

이처럼 전통적인 성 질서에서 말을 거는 과제가 남녀에게 다르게 맡겨진 상황에서 또 다른 요인이 중요하게 작용하는데, 바로 나이이다. 흔히 나이 많은 남성은 어린 여성에게 관심을 보인다. 나이 많은 남성은 어린 여성이 사치나 부유함에 접근할 수 있게 해주는데, 이는 비슷한 연령대의 남성에게서는 가능하지 않은 것이다.[4] 리베카 솔닛이 서문에서 든 노골적인 사례에서도 그녀와 그녀의 친구들에게 뭔가를 설명하려고 하는 이는 나이 많은 남성이었다.[5] (같은 연령대의 남성들은 이 파티에 초대조차 받지 못한 것으로 보인다.) 그러나 솔닛은 이러한 연령의 격차를 성 특징적인 '설명의 격차'에 비해 주목하지 않는다. 남성 대화상대가 솔닛의 경험에서 특별히 오만하고 무례한 모범사례일 수 있을지라도, 그의 태도는 그의 개인적인 약점이 아니라, 오히려 나이 많은 남성이 나이 어린 여성에 대해 어떤 의무를 갖게 하는 문화적인 전형을 따르고 있다. 남성은 여성에게 무언가를 이야기해야 한다. 그가 나이가 더 많기 때문에 더 많은 경험과 현상을 다룰 수 있든지, 혹은 최소한 그가 나이가 많은 것처럼 처신하든지 말이다. 이러한 가혹한 원칙은 심지어 연령의 차이가 존재하지 않을 때도 유효하다. 여성에게 정중하게 굴기 위하여, 남성은 어떤 경우에서든지 여성들을 실제보다 더 어린 것처럼 다루어야 한다. 쥘 르나르Jules Renard의 훌륭한 이야기에서 남자주인공이 그의 (더 나이 많은) 동반자에게 설명했듯이 "남자는 언제나 여자보다 더 나이가 많"기 때문이다.[6] 따라서 남성들이 설명하는 태도에는 언제나 여성에게 좀 더 나이 어린 위치를 넘겨주려는 정중한 행동이 내재해 있다. 따라서 여성에게 무언가를 설명하려고 하는 남성의 **뻔뻔함**에 대한 분노는,[7] '전리품을 포기'[8]하는 논리에 따라, 실제로는 여러 관점에서 여성에게 이득이자 특권인 어떤 것을 포기하는 위험을 감수하는 것이다.

여성적인 질문하기의 역설

다른 한편으로 여성에 대한 전통적인 질서의 원형은 지금도 여전히 그들 대부분에게 명배우처럼 연기할 줄 아는 역할을 부여한다. 즉 여성들은 남성들이 하는 이야기에 흥미를 보여야 하고 마치 그 내용을 전혀 들어보지 못한 것처럼 굴어야 한다. 지적이고 뛰어난 여성들은 그들이 이미 잘 알고 있는 세상사나 공론을 눈을 반짝이며 따라가고, 그들이 능통한 이야기도 긴장된 태도로 따라 들으며 심지어는 구식이 된 농담에도 즐겁게 웃어야 한다는 것을 즉각 알아차린다. 남성들이 마치 뭔가 흥미로운 것을 이야기하고 있는 것처럼 처신하고 그것을 전달하는 것에 기쁨을 얻는 반면에, 여성들은 마치 그들이 흥미롭게 경청하고 있는 것처럼 처신해야 한다.

이러한 역할극에서 성 역할의 일정한 교환이 일어난다. 이 '마치 …하듯이'를 통해서 과묵한 남성과 수다스러운 여성 대신에 이야기를 전달하기 좋아하는 남성과 경청하기 좋아하는 여성의 모습이 발생한다. 이는 사랑에 빠진 작가가 종종 '남성적으로 가장한' 과묵하게 있는 연인에게 시를 쓰는 '신경증'적으로 빈번하게 회귀하는 원형과 관련 있다. 이러한 경우에 자크 라캉은 남성성의 과시가 여성적인 것으로 감각된다고 명민하게 설명한다.[9] 왜냐하면 보여지는 '것'은 남성적일지 모르지만, 그것이 '보여진다'는 상황은 여성적으로 나타나기 때문이다. 여성은 이 역할극에서 — 궁정풍 사랑Minne[귀부인에 대한 기사의 사랑]에서 부인이 그렇듯이 — 자신의 어떤 것을 포기할 필요 없이 시험하고 기다리는 위치에 머무를 수 있다. 이 교환으로부터 누가 더 많이 얻는지는 쉽게 말할 수 없다. 그러나 이 현상을 이해하는 데 중요한 것은 교환을 인식하는 것이며, 남성의 발화를 단순히 남성이 흔히 보이는 기고만장함의 연장으로 파악하지 않는 것이다.

또한 대부분의 여성들은 남성들이 두각을 보이거나 수탉마냥 뽐낼 수 있는 무언가를 여성들에게 질문함으로써 기쁨을 얻는다는 것을 알아차렸다. 이 여성적인 질문하기, '마치 …처럼'의 역할극은 '소크라테스의 역설'의 일부에서도 작동한다. 철학자 소크라테스는 종종 겉으로 무지한 시늉을 하여 대화상대로 하여금 설명하게 한다. 이를 통해 대화상대는 점점 모순에 휘말려 들어가고 견고한 줄 알았던 자신의 위치를 빈약하게 만드는 근거를 스스로 인식하기에 이른다.[10]

소크라테스의 대화상대인 메논은 이를 명확히 인식하고 다음과 같이 불평한다.

> 소크라테스 선생님, 저는 선생님을 만나 뵙기 전에 선생님께서는 스스로도 어리둥절해 하지만 남들까지 어리둥절하게 만드신다는 말을 듣곤 했어요. 그런데 선생님께서는 지금 저를 마술로 호려 말 그대로 꼼짝달싹 못 하게 만드시는 것 같아요. 농담을 좀 해도 된다면, 선생님께서는 제가 보기에 외모나 그 밖의 다른 면에서 영락없이 바다에 사는 저 넓적한 전기가오리예요. 전기가오리는 닿을 만큼 가까이 다가가는 자는 누구든 마비시키는데, 선생님께서 제게 그런 짓을 한 것 같으니까요. 저는 정말로 혼과 입이 마비되어 선생님께 도무지 대답을 할 수가 없어요. 그렇지만 저는 수많은 기회를 통해 수많은 사람에게 미덕에 관해 많은 말을 유창하게 잘했어요. 아무튼 제 딴에는 그런 것 같았어요. 그러나 지금은 미덕이 무엇인지조차 말할 수 없어요. (Platon, Menon 80a-d)[1]

소크라테스의 역설은 대체로 속는 자 없는 기만이다. 그런데도 속는 자가 있다면, 그는 분명 질문하는 이나 경청하는 이가 아니라 자신만만하게 설명하는 이일 것이다. 많은 여성들은 확실히 예전부터 그들이 의견을 묻는 남성들보다 많은 것을 더 잘 알고 있거나 특정한 이야기를 이미 한 번 혹은 그 이상 들었음에도, 피차 새로운 것을 접하는 것처럼 굴어서 겉보기에 성공적인 환담의 이미지를 제공하는 역할극을 즐겼다. 그리고 그들은 양측의 참여자 중 이 역할극에서 누가 진짜 더 멍청하고 더

. . .

[1] 역주. 플라톤, 『플라톤전집 2』, 천병희 옮김, 도서출판 숲, 2019. 145쪽.

우쭐해 있는가를 가리기 곤란한 미묘함도 즐겼다.

또한 유효한 질문은, 어떻게 모든 참여자들이 — 여성도 남성과 똑같이 — 이 역할극에서 전적으로 분열되어 있는가 하는 것이다. 이야기하고 설명하는 남성이 겉보기에는 분위기를 이끌어가는 것처럼 보일지라도, 그가 그렇게 하도록 만드는 것은 여성이다. 준 카터 캐쉬June Carter Cash와 조니 캐쉬Johnny Cash가 매우 감동적으로 재현한 노래 <잭슨Jackson>은 성별 간의 전통적인 상황을 때때로 바로 알아차릴 수 있는 표지를 따라 패러디하고 있는데, 남성 파트는 다음과 같다.

> When I breeze into that city,
> people are gonna stoop and bow
> All them women are gonna make me,
> teach'em what they don't know how...[11]

> 내가 이 도시로 거침없이 달려갈 때,
> 사람들은 머리 숙여 인사할 거야
> 여자들은 내가 가르쳐주도록 할 거야,
> 그들이 그전까지 알지 못했던 것을[12]

그러니까 남성들로 하여금 그들에게 뭔가를 "가르쳐주도록" 하는 것은 여성들이다. 결국 남성들로 하여금 통상적인 과묵함과 사무적인 무뚝뚝함을 포기하도록 부추기고, 여성들 사이에서 그들을 배려해 소위 '여성적으로' 수다스러운 태도를 보임으로써 기꺼이 어울리는 고통을 견디게 하는 것은 여성들인 셈이다.

<자기야, 바깥은 추워Baby, it`s cold outside>라는 대화체 노래의 정치적으

로 올바른 개정판은 의도하지는 않았지만 코믹한 방식으로 이를 보여준다. 고전적인 판본에서 남자든[13] 여자든[14] 매번 교활하게 이의를 제기하거나 행동을 취하면서 상대방을 방해하는 반면, '올바르게' '관계에 대한 합의'에 방향을 맞춘 버전에서는[15] 밖으로 나가겠다고 말하는 여자의 의도가 그야말로 '존중'된다. "자, 네가 그러고 싶다면, 어서 가", "자기야, 난 괜찮아"라고 남자는 말한다. 그러나 바로 이러한 완고한 편협함, 감정적인 거부, 요구하고 질문하는 여성의 발언이 갖는 '변증법적' 차원을 둔감하게 흘려듣는 것은 남성들이 여성의 비난을 받게 하고, 억압적 방식으로 규정되기도 한다(이에 대해서는 에바 일루즈Eva Illouz 2012: 198을 보라). '정중하고 해방적인' 유토피아는 여기서 신자유주의적이고 남성적 규범에 따라 작동하는 세계의 이상적인 상, 즉 무관심하고, 의무를 지지 않고, 아이러니에 재능이 없고, 고립된 개인의 무색무취한 교제를 보여준다.

실제 권력관계와 역할극 배역은 따라서 이와 전혀 일치하지 않으며 그것의 이론 및 비평과 혼동되어서는 안 된다. 그러므로, 마치 남성적인 마조히즘에서 실제로는 남성이 게임을 결정하는 감독이지만 굴종하는 여주인이 겉보기에 절대적이고 완전히 외설적인 권력을 노예에게 실행하듯이, 남성이 설명하고 여성은 흥미로워하며 경청하는 역할극에서도 정반대로 [권력이] 할당된 상황에 처해 있다. 경청하는 여성은 무지하며 호기심 많은 역할을 연기할지 몰라도, 실제로는 그녀가 감독으로서, 그녀에게 설명하는 남성으로 하여금 마리오네트처럼 춤을 추게 한다. 프리드리히 니체의 견해에 따르면 여성에게 있는 '두 번째 역할'[16]은 무조건 더 약한 지위가 아니다. 이 연출의 '말해진' 내용의 영역에서 (이른바 무대에서) 일견 열등하게 보이는 이 역할은 진술 행위의 영역(무대 뒤)에서는 결정적인 힘을 발휘한다.[17] 언어의 구조적 특성인 이러한 분열을 간과하는 것은 심각한 방법론적 오류이며, 정치적인 힘과 권력의 상황을 잘못 판단하기에 이른다.

설명을 할 때 여성의 수동적인 역할이 근본적으로 여성의 무력한 지위 때문에 생겨난 것일지라도, 그들은 이를 통해 극도로 강력한 무기를 획득한다. 적지 않은 여성들이 아마도 소크라테스의 것을 능가할 협상의 기술을 발전시켰다. 그들의 '대화법'을 통해 여성들은 남성들로 하여금 그들이 남성들에게 가르치고자 하는 생각과 신념을 남성들이 자원하여 스스로 표현하도록 할 수 있었다. 남성들은 이미 한번 들었다고 생각한 것을 자기 고유의 생각이나 신념으로 간주하지 않는 것을, 그런 뒤에는 (신념에 찬 여성의 동의를 통해) 말해진 것을 진지하게 믿는 것을 어렵게 여겼다. 프리드리히 니체는 이처럼 전통적으로 여성의 것인, 혹은 적어도 여성에 의해 매우 완벽하게 만들어진 문화적 테크닉을 명민하게 인식하였다.

> 이웃으로 하여금 자신에 대해서 좋은 견해를 갖도록 유도한 후
> 자신도 이러한 견해를 굳게 믿는 것. 이러한 기교에서 누가 여자들을
> 능가할 수 있겠는가? (Nietzsche [1886]: 82)[2]

이에 대한 가장 예리한 반론조차도 이러한 언어게임에서 여성적인 질문하기와 겉보기에 수동적인 경청, 그리고 스스로 설득당하기에 적합한 힘을 얻게 될지는 불확실하다.[18] 여성의 대화법은 이 지점에서 남성의 (독백의) 논리를 능가한다. 이를 포기하는 것은 — 성별 관계의 다른 많은 영역에서도 그렇듯이 — 잠재적인 권력의 상실을 대가로 명료하지

• • •

[2] 역주. 프리드리히 니체, 『선악의 저편』, 박찬국 옮김, 아카넷, 2018, 177쪽.

만 매우 작은 권력의 이득을 얻는 것을 의미할 것이다. 따라서 '해방'은 단지 여성이 그들의 더 좋은 무기를 더 나쁜 무기와 교환하는 것을, 나아가 남성의 게임 규칙에 따라 남성의 경기장에서 게임하고 또 싸워야 한다는 것을 의미하게 될 뿐이다.

누군가를 무언가로부터 설득하는 것이 아니라 단지 세련되고 즐거운 대화를 펼쳐나가는 것이 문제가 될지라도, 남성적 설명하기의 언어게임에서 중요한 것은 '마치 …처럼'의 게임이다. 이미 오늘날 거의 역사적이 된 — 따라서 아마도 대다수에게 이해할 수 없는 것이 되었을 — 이 게임은 예의바름과 마찬가지로[19] 하나의 작은 공연이다. 그 누구도 재현된 허구를 그대로 믿거나 거기에 속지 않아도 된다. 다만 중요한 것은 이 허구를 보이지 않는 제3의 '순진한 관찰자'를 향해 공동으로 유지하는 것이다. 이 게임이 관련된 양측 당사자에게 이해되는 한 — 그리고 다행히 이는 오늘날에도 종종 유효하다 —, 모든 관계자들은 (경청하는 이를 포함하여) 거기서 즐거움을 얻는다. 그것은 — 폭넓은[보편적] 형식으로 — '신성한 엄숙'의 기쁨으로서, 요한 하위징아의 통찰에 따르면 이는 모든 게임에 적합하며 게임에 참여하는 자들은 게임을 게임으로 인식하는 것을 전제로 한다.[20] 따라서 이 게임을 즐기는 이는 게임이 게임일 뿐이라는 것을 알고 있는 것이 분명하다.

아이러니가 상실된 문화에서 기만은 속는 자를 얻는다

문화이론을 비롯한 정치적 문화비평에 중요하고 파괴력 있는 질문은, 이러한 앎이 없어지고 나면 어떤 일이 벌어질 것인가 하는 것이다. 오랫동안 속는 자 없는 기만으로 존재했고 또 그렇게 파악됨으로써 속지 않는 자에게 즐거움을 제공했던 것이[21] 돌연 더 이상 똑같이 모호하지 않은 것이 되었다. 갑자기 속는 자가 있는 것처럼 보였다. 따라서 사람들은 돌연 기만을 피하고 게임의 즐거움을 포기하려 애써야만 했다.

이러한 전개는 문화의 여러 분야에서 관찰된다. 토요일 오후 텔레비전 프로그램에서 종종 방영되는 1950년대의 영화를 살펴보면, 얼마나 기괴하고 거의 믿기 어려운 환상을 우리의 부모나 조부모가 견디고 받아들여야만 했는지에 대해 거의 통렬한 경악을 느끼게 된다. 초기 제임스 본드 영화 또한 이전 관객들에게 보이는 것을 믿도록 소소하게 요구하는 수많은 사례들을 보여준다. 가령 제임스 본드는 칠흑같이 어두운 밤에 구명보트를 타고 인적 없는, 거의 예외 없이 악당이 살고 있는 섬에 정박한다. 다음 컷에서 그는 벌써 태양 아래 럭셔리한 미국식 오픈카를 타고 섬의 도로를 달리는데, 어디서 갑자기 자동차가 나왔는지에 대해서는 전혀 설명되지 않는다. 전투 장면 또한 뭔가 감동적일 만큼 여유 있고, 상징적이고, 비현실적인 데가 있는 것처럼 보인다. 부러운 경이로움 속에서 마침내 우리는 이 오래된 영화를 통해서 우리의 부모와 조부모가 얼마나 떠들썩하고 매혹적이고 쾌활하게 축제를 벌였는지 알게 된다.[22] 우리는 패션이나 구식 자동차 디자인을 통해 그들을 모방하려 하지만, 새로운 것, 현대적인 것에 대한 낙관 속에서 단 한 번도 다른 무언가를 모방하지 않았던 그들보다 한참 뒤처질 수밖에 없다. 따라서 충분히 유쾌하지 않은 우리의 축제에 대해 완전히 침묵할 수밖에 없다.

오늘날 경악하는 수많은 관찰자들은 지난 시대의 그러한 문화현상에 직면하여 신뢰를 향한 소소한 요구를 더 큰 순진함으로 환원하거나, 신뢰할 준비가 잘 되어 있는 것으로 돌리는 경향이 있다. 이러한 평가는 정신분석학자 옥타브 마노니의 성공적인 공식을 통해 다음과 같이 요약할 수 있다. '예전 사람은 가면을 믿었다autrefois on croyait aux masques'.[23]

그러나 마노니가 미묘하게 표현하였듯이, 이처럼 분명해 보이는 평가는 중대한 오판, 즉 회고적retrospektiv인 환상에 근거하고 있다. 이전 세대가 특정한 상상력을 관대하게 대하는 것은 그들이 더 순진하거나 더 헌신적이었기 때문이 아니라, 오히려 반대로, 우리보다 훨씬 덜 신뢰했기 때문이다. 예전 사람들은 훨씬 덜 신뢰하였다. 이러한 공식을 통해 마노니의 정신분석학적 연구에서 획득되는 획기적인 문화이론적 결론이 만들어진다. 사람들이 믿기지 않는 환상을 견딜 수 있었던 것은 그것을 믿으라는 요구가 거의 없었기 때문이다.

이전 시대에는 주인 없는 상상croyance, 믿음의 지분은 높았고, 주인 있는 상상foi, 신앙의 지분은 적었다.[24] 무엇보다도 당시 사람들은 누구도 믿을 필요가 없지만 바로 이로 인해 쾌감이 창출되는 환상을 향유하였다. 이후 문화 시기에는 자기 자신을 믿는 것의 지분이 강화되었고, 이는 그 지지자에게 더 적은 쾌감과, 그 대신에 더 많은 자존심을 창출하였다. 이러한 과정 속에서 인류는 좀 더 어린아이가 되었다고 말할 수 있다. 이전에 인류는 자기 자신보다 덜 이성적인, 따라서 더 미숙한 것으로 분류된 것에 대해 웃는 기쁨을 누렸다면, 이후 언젠가부터 어린아이처럼 더 이성적인 것을 우러러보고 이를 통해 성장했다고 느끼는 것을 필요로 하게 되었다.

회고적 환상을 불러일으키는 이러한 문화 전개는 (이전의 믿음croyance이 선조들의 신앙foi으로 잘못 이해되었으므로) 실제로는 습득의 과정이자 내면화의 과정인 계몽과정에 대해 기만적 인상을 준다. 그 과정에서 이전의 상상의 많은 다양성과 생생한 다채로움은 억압되고 단념되었다. 확신에 차 굳게 믿을 수 없는 모든 것은 사라져야 한다. 따라서 신은 더 나이 들고, 더 현명하고, 더 무성無性적이고, 더 비가시적이며 수적으로도 줄어들게 되었다.[25] 그리고 제임스 본드 영화는 탄탄하고 '사실적인'

근접전투 장면을 위해서 근본적으로 무술이 숙련된 연기자를 필요로 하며, 더 이상 주인공이 자동차를 어디서 공수하는지 제대로 설명하지 않고 내버려 둬서는 안 된다. 이처럼 거듭 더 거대한 추진력으로 등장하는 금욕적인 문화의 전개는 유머 내지 아이러니의 상실로도 설명할 수 있다. 심지어 **정치적 올바름**의 역사 자체가 이러한 전개의 사례로 간주될 수 있다. 맨 처음에 PC는 1960, 70년대 좌파 내부에서 교조적인 좌파의 편협함을 풍자적으로 가리키는 반어적인 비난이었다면, 1990년대에는 중산층 내부에서의 진지한 규범적 요구로 바뀌었다.[26] 또한 여기서는 주인 없는 상상이 주인 있는 상상에 선행하였다. 따라서 처음에는 충분히 잘 이해된 성인의 아이러니었던 것이 시간이 지나면서 유치한 진지함의 형식이 되었다.

포스트모더니즘으로의 이행은 이러한 종류의 강력한 추진력을 의미한다. 두시니와 에들링거가 잘 진단하였듯이[27] 모든 난감한 단어들이 돌연 인용 표시로 놓여야만 하게 되었다. 영구적인 대체의 원동력 내부에서 올바르게 표기된 최신demier cri 단어가 지속적으로 쇠퇴할 것을 거의 아무도 몰랐을 뿐만 아니라, 반어적인 용어 선택이 이해될 수 있을지도 확실하지 않았기 때문이다. 언어를 다루는 공적인 이성과 성인의 능력은 더 이상 당연한 것으로 기대되어서는 안 된다. 인용부호는 다른 사람을 바보로 착각하거나 다른 사람으로부터 바보로 간주되는 것을 방지한다.

기만은 이제 속는 자를 얻는 것이 분명해졌다. 이전의 그 어떤 반어적인 게임도 이제는 누군가로부터 심각하게 받아들여지지 않으리라고 확신할 수 없다. 이제 더 이상 뒤따라오는 사람에게 열린 문을 잡아주어서는 안 된다. 그 사람이 스스로 문을 열 수 없다는 인상을 줄 수도 있기 때문이다. 또한 더 이상 여성들이 코트를 입는 것을 도와주어서는 안 된다. 도와준 사람이나 도움을 받은 여성이나 (보이거나 보이지 않는)

제3의 다른 누군가에게, 여성이 스스로 코트를 입을 줄 모른다고 잘못 생각하고 있다는 인상을 줄 수도 있기 때문이다.

관련된 모든 사람들은 멍청하게 보일지도 모른다는, 혹은 다른 사람을 멍청하게 여길지도 모른다는 거대한 두려움에 돌연 사로잡힌 것처럼 보인다. '잘못된' 상상에 대한 이러한 공포는 공론장의 공동화空洞化로 이어진다. 이는 그것의 신자유주의적 측면이다. 이제 공론장에서 더 이상 예의바름, 우아함, 공손함 등의 아름답고 연대하는 허구를 표현할 수 없게 되었다. 이를 통해 어느 누군가가 멍청하게 보일 수도 있기 때문이다. 또한 이는, 마노니의 영리한 발언에 따르면 관객이 극장에서 배우들과 결탁하고 있듯이,[28] 사람들이 더 이상 하나의 허구를 공동으로 유지하기 위해 다른 사람들과 연합할 수 없다는 것을 의미한다. 즉 상상은 더 이상 어느 누구의 상상도 아니며, 사람들을 연합하게 하는 보이지 않는 제삼자를 제외하고는 아무도 속이지 않는 상상이 된다. 공론장은 따라서 근본적으로 연대하지 않는 개별적인 개인으로 와해되고 이제부터 오로지 부정적으로만 머무른다. 개인은 그 자신이 온전히 감당할 수 없는 공론장에 대해 더 이상 기대할 것이 없다. 개인이 서로를 위하여 할 수 있는 최선은 서로를 귀찮게 하지 않는 것이다.[29]

페미니즘은 이러한 전개를 촉진함으로써 공론장의 파괴에 기여하며 여성에게서 (아울러 공론장에서 여성으로 대접받는 것을 중요시하는 모든 이들에게서) 일상생활을 아름답게 할 수 있는 안도감과 광채를 박탈한다. 다른 수많은 해방적인 발의에서와 마찬가지로, 여기서 해방은 세계의 탈마법화를 전리품의 포기와 혼동하며 신자유주의 세계의 청교도적 이상을 후원한다. 따라서 여성의 문제는 약탈적인 자본의 어젠다에 봉사하는 시종 노릇에 빠지게 된다. 여기서 해방은 공론장이 여성에게 마련해놓았던 풍족한 생활의 상당 부분을 내면화하고 포기하는 것을 의미한다.

　물론 그것이 그러한 상실을 감수할 가치가 있으며 손실의 우려보다 더 많은 이점을 가져다주는 해방인지 여부에 대해서는 고려해보아야 한다. 그러나 여성들이 낡은 질서 아래에서 소유했던 모든 이점이 인정되지 않고 무시된다면, 그러한 고려는 불가능하다. 그들 중 많은 이들이 낡은 상태를 고수하는 이유는 이해할 수 없고 비합리적인 것으로 보일 수밖에 없다. 많은 여성들이 오늘날 소위 성공적인 해방의 단계를 향해 점점 더 불만을 터뜨리는 것은 불가피한 결과이다. 그러나 이는 1장에서 '자신의 결점으로 먹고사는 사람들'이라는 타이틀로 표현되었던 모든 유형에 상응하는 대부분의 관료주의적인 운동가들에게 새로운 가능성과 활동 영역을 다시금 열어준다.

8. 아이 같은 신. 기저자아Unter-Ich: 열등한 관찰심급에 대한 묘사

앞 장에서 언급했던, 즉 인류가 스스로 생각한 것과 달리 항상 더 합리적으로 나아간 것은 아니라는 추측은 인류의 신들의 역사와 나이를 따져보게 한다. 오래된 종교들이 신을 유치하고 비합리적인 존재로 인식하고 숭배했던 상황은 당시의 사람들이 성인 유머에 더 통달했음을 보여준다. 반면에 이후 사람들은 더 위대하고 더 이성적인 것을 우러러보아야 할 더 미숙하고 더 강한 욕구를 발전시켜야 했던 것 같다. 이는 또한 건강, 안전, 지속가능성 그리고 비용의 효율성 원칙 등에 따라 현실적이고 세속적인 올림포스 신들을 숭배하는 것에도 유효하다. 이는 신들에게는 사소할 수 있지만, 인간에게는 그렇지 않다. 이성적인 신을 모시는 미숙한 인간은 유치한 신을 모시는 유머 넘치고 어른스러운 선조들에 비해 확실히 사회적 화합은 덜하고 사교적인 연대는 잘하는 경향이 있다.

어린 신과 나이 많은 신

에라스무스는 『우신 예찬』에서 알레고리적인 주인공에게 완전히 바보 같지만 바로 그 때문에 대단히 영리한 질문을 던지게 한다. "왜 사랑amor의 신은 항상 젊은 채로 있는 걸까?"[1] 신의 형상이 왜 영원히 어린 상태에 머물러 있는가에 대한 이 물음은 문화사적으로 다음과 같은 독특한 현상을 환기시킨다. 우리 유럽 문화권과 달리 다른 문화권에는— 우리 유럽이 기꺼이 관계 맺었던 고대 그리스 로마 문화에서조차 — 어리고 아이 같은 신들이 있었다. 잘 알려져 있듯이 고대 문화에서는 훨씬 많은 신들을 모셨으며, 그 신들은 우리가 아는 신과 거의 닮지 않았다. 그들은 방탕하고, 성적으로 문란하고, 간통하며, 질투가 심하고, 허영심 많으며, 성나 있거나 취해 있는 여신들과 신들이다. 즉 그들은 언제나 감정을 관리하는데 미숙하거나 최적화되지 않은 형상을 하고 있다. 고대 철학자들은 이를 종종 스캔들로 지각했었다.[2] 그리고 19세기의 학자들 대부분은 그리스인들이 정말로 자신들의 신을 믿기는 한 건지 의심했었다.[3]

모든 종교가 에밀 뒤르켐Émile Durkheim이 입증한 것과 같은 신을 갖는 것은 결코 아니다.[4] 그러나 어느 종교나 문화에 신이 있다면, 여기에는 문화사적으로 종교가 오래된 것일수록 그 신은 어려진다는 법칙이 발견된다. 또 보다 정확히는 종교가 오래되지 않을수록 그 신은 늙고, 현명하고, 육체가 없으며, 성별이 없거나 적어도 성에 무감하다.

기독교에서도 보다 오래된 가톨릭의 경우처럼 여전히 뺨이 통통한 작은 천사들을 통해 고대의 미숙한 신성이 확인된다. 이는 또한 성스러운 형상에서 적어도 여전히 성별 차이가 명백하게 두드러지는 것과 같다. 이에 반하여 보다 신생의 프로테스탄티즘은 고대의 땅에서 유래한 인격

[인물]을 청소하려는 열망을 근거로 형상에 대한 적대감을 가장 먼저 발전시켰다.[5] 테오 준더마이어Theo Sundermeier의 뒤를 이어 얀 아스만Jan Assmann[1]에 의해 발견된, 충분히 성스럽지 않은 것을 인식하고 숭배하는 것을 두려워하는 '원시종교'와, 반대로 그것을 너무 많이 존경하는 것을 두려워하는 '제2의 종교' 간의 차이는,[6] 이러한 상황에서 기인한다. 왜냐하면 이와 관련하여 중요한 것은 종교의 수량뿐만 아니라 무엇보다도 신들의 성적인 것이나 감정적인 것을 문화에서 금지하려는 노력이기 때문이다. 이러한 문화 전개는 고대에서 발견되는 것으로서 지그문트 프로이트가 어느 훌륭한 논고에서 면밀하게 언급하고 있다.

> 고대인들은 본능을 찬미했고, 그 본능을 위해 열등한 대상까지도 존중할 준비가 되어 있었다. 그러나 우리는 본능적인 행동 그 자체는 경멸하고 대상이 납득할 만한 가치가 있어야만 그런 행동의 구실을 찾는다. (Freud [1905d]: 60)[2]

보충되고 조정되는 신

에피쿠로스, 스피노자 그리고 루트비히 포이어바흐가 주장했듯이 인간이 자기 고유의 형상에 따라 신을 창조한 것이 맞다면, 정신분석학은 여기에 약간의 엄밀한 표현을 덧붙여야 할 것이다. 즉 인간은 자기 자신이 갖고 있는 현실에 가까운 형상에 따라 신을 창조한 것이 아니라,

• • •

[1] 역주. 독일의 이집트학자.
[2] 역주. 지그문트 프로이트, 『성욕에 관한 세 편의 에세이』, 김정일 옮김, 열린책들, 2003. 38쪽.

자신이 소망하는 형상에 따라 신을 창조한 것이라고. 인간은 특정한 형상에 부합하고 싶어 했고, 그 형상에 부합하게끔 신을 형상화했다. 그러나 동시에 신은 여러 가지 다른 능력과 형태를 띨 수 있다. 가령 신은 인간이 스스로 더 이상 갖고 있지 않거나 인정하고 싶지 않은 인격적인 부분[관심]과 감정적인 장치를 떠맡을 수 있다. 지그문트 프로이트는 이처럼 인간이 신에게 떠맡기는 것의 사례를 다음과 같이 요약한다.

> 타고난 본능을 발현시키면 자아는 기쁨을 누릴 수 있을 것이나, 이 본능의 체념은 인류 문화 발전의 바탕 중 하나다. 이 본능 억압의 일부는 바로 종교에서 비롯된 것이다. 종교는 개인에게 본능적인 쾌락을 신에게 제물로 바칠 것을 요구하기 때문이다. 말하자면, <주님께서 말씀하시되, 내가 갚아주리라>[3]인 것이다. 고대 종교의 발전 과정을 눈여겨본 사람들은 인류가 <부정한 것>으로 알고 체념했던 많은 것들을 신들에게 되돌리고 바로 그 신의 이름으로 자행했다는 것을 알 수 있을 것이다. 그러니까 인류는 부정한 것, 사회적으로 해로운 본능을 신들에게 되돌림으로써 이를 본능의 지배로부터 자유로워지는 수단으로 삼았다는 것이다. 바로 이런 이유에서 인류의 모든 속성이, 그 속성에서 비롯된 악행까지도 고대 신들의 묘사에 무자비하게 동원되었다는 것은 우연이 아닌 것이다. 이러한 사실과, 신들이 본을 보였는데도 불구하고 인류에게는 부정을 정당화할 수 없다는 사실은 서로 모순되지 않는 것이다. (Freud [1907b]: 21)[4]

...

[3] 역주. 가령 기독교의 경전인 신약성경 가운데 속하는 「히브리서」 10장 30절 전반부가 좋은 사례이다. "원수 갚는 것이 내게 있으니 내가 갚으리라" 복수하고자 하는 마음을 포기하고, 신에게 맡기라는 것이다.

여기서 말할 수 있는 것은 '보충적인 신격화'이다. 나중에는 국가에 그리하듯이 여기서는 신에게 특정한 폭력, 도박 내지 정동의 독점을 양도하고 있다.

그럼에도 이후에 인간은 자신들이 스스로 어렵게 포기한 것을 신에게 더 이상 허락하지 않은 것처럼 보인다. 그런 뒤에 신은 매우 현명하고, 평화적이고, 선하고 심지어 늙게 되었는데, 이는 인간이 스스로 추구하는 것이거나, 자신이 평가받는다고 생각하는 심급에 근거하여 열망하는 것이다. '유사한 신성화'는 올림포스나 천상에 정착한 존재의 보충적 기능을 제거하고 신과 인간을 동일한 규범으로 엄격하게 정렬한다.

보충적 신성화의 방법과 신과 인간을 유사하게 제한하는 것 간의 이러한 차이는 오늘날 이슬람 문화와 기독교 문화가 서로를 이해하기 어려워하는 것을 통해서 관찰된다. 예를 들어 올란도의 연쇄살인마의 아버지가 말하기를, 그는 인간이 아닌 신이 직접 동성애자를 처벌하는 것이라고 할 때, 이는 기독교 사상이 각인된 서구에서는 동성애 적대적인 발언으로 읽히지, 동성애에 대한 인간의 증오를 중단하는 것을 의미하지 않는다.[7] 이러한 해석은 신이 단 한 번이라도 악할 수 없는 세계에 전형적이다.[5] 프리드리히 니체는 이를 "신에게 반자연적인 거세를 가해 한갓 선한 신으로 만드는 것"이라고 말한다(Nietzsche [1888]: 622).[6]

• • •

[4] 역주. 지그문트 프로이트, 「강박 행동과 종교 행위」, 『종교의 기원』, 이윤기 옮김, 열린책들, 2003. 20~21쪽.

[5] 역주. 올란도 참사의 주범 오마르 마틴의 아버지 세디크 마틴은 신이 직접 동성애자들을 처벌할 것이라고 SNS에 쓴 적이 있다.

[6] 역주. 프리드리히 니체, 「안티크리스트」, 『니체 전집 15』, 백승영 옮김, 책세상, 2002. 231쪽.

물론 보충적으로 기획된 신들은 인간의 모든 어리석음을 떠맡아야 했으며,[8] 이들은 고대의 주민들에게 역시 곤란한 존재들이었다. 고대 문화는 우리가 반감을 갖는 것들을 전적으로 좋은 것으로 받아들였다는 점에서 우리의 문화와 구별되는 것은 아니었다. 오히려 그들은 프로이트가 명료하게 하였듯이 성스러운 것의 양가성에 대한 의식을 갖고 있었다. 우리가 이 양가성을 부정하거나 청산하려는 것과 달리 말이다. 반대로 고대인들은 양가성을 그들에게 유익한 측면으로 실현시키는 방식을 알고 있었다. 축제는— "충동의 축제"라는 프로이트의 인용문에서도 드러나듯이— 이를 위한 중요한 문화적 장치였다. (선하지 않은) 성스러운 것을 신성시하고 축제를 베풀면 그것은 단순히 순수하지 않은 것이 아니라 오히려— 프로이트와 벤베니스트Benveniste가 밝혀낸 이중 의미[9]의 또 다른 측면에 따라— 어떤 거대한 것, 숭고한 것, 고상한 것으로 현상한다. 오늘날 일상에서 성스러운 것이거나 신과 뚜렷한 관계는 없지만 이와 유사한 문화적 장치의 흔적이 여전히 관찰된다. 가령 사람들이 다 함께 성대하게 특별히 풍성한 식사('완전히 불결한 일'), '배드 테이스트 파티Bad Taste Party'[7] 혹은 평소라면 피했을 통속 문화의 한 부분(예컨대 수전 손택Susan Sontag이 묘사한 '캠프Camp' 문화[8]의 방식에서처럼)을 베풀게 되면 이는 숭고한 경험으로 변화한다.[10] 신에 관한 한 우리 문화는 이러한 장치를 이미 일찌감치 잃어버린 것처럼 보인다. 이는 지난 수십 년간 이중적인 향락에 벌어진 일과 유사하다. 이전에는 축제를 벌일 수 있었던 많은 것들이 오늘날에는 단지 혐오감만을 불러일으키는 것처럼 보인다. 그리고 우리의 이전

• • •

[7] 역주. 여기서는 기존 드레스 코드 대신에 저속한 싸구려 복장으로 모인다.

[8] 역주. 캠프는 정체성을 가늠하기 어려운 감수성을 가리키며, 캠프에 속한 대부분의 문화가 형편없거나 키치적이다.

신들은 프로이트가 하인리히 하이네와 관련하여 언급하였듯이 우리를 악마에 빠져들게 하였다.[11]

위와 아래로부터의 평가

정신분석에 있어서 이러한 문화 전개가 단순히 흥미의 대상인 것만은 아닌 것이, 그것이 정동의 변화된 관계를 필연적으로 수반하기 때문이다. 신들은 인간의 모범 내지 모사였을 뿐 아니라, 인간 정신[영혼]의 기본요소에 대한 알레고리이기도 했다. 신들은 깊숙이 넣어둔 관찰의 심급과 판단의 심급을 상징적으로 표현한다. 따라서 어떤 문화가 늙고 안정적인 신을 갖는지, 어리고 충동적인 신을 갖는지 여부는 인간이 스스로를 판단할 때에 어떤 방향에서 자신이 관찰되고 평가된다고 느꼈는지 여부와 관련된다.[12] 모든 도덕적 기준에 따라 인간 위에 군림하는 것 같은 나이든 신을 갖는 문화에서는 위에서 관찰당한다고 느낀다. 프로이트의 '초자아' 개념은 이후 문화사에서 주도권을 잡게 된 이러한 관찰의 위치에 상응하는 것으로 보인다. 그러나 고대의 어린 신들에 직면했을 때 정신분석학은 또 다른 관찰, 즉 아래로부터의 관찰 또한 가능하다는 결론을 내릴 수밖에 없다. 이와 관련하여 '기저-자아Unter-Ich' 개념이 어울릴 것 같다. 프로이트의 '이드[Es]' 개념이 이 심급에 대해 어떠한 기능도 보여주지 않는 것과 달리, '기저-자아Unter-Ich'는 영혼이 이러한 측면에서 충동의 요구뿐만 아니라 규범적 요구와 평가까지도 성취해야 한다는 것을 인정할 것이다.[13]

통찰과 관용

열등한 심급으로부터도 규범적 요구를 비롯하여 실제적이지만은 않은 (예를 들면 충동적인) 요구가 유래할 수 있다는 사실은 이상하게도 우리 문화에서 쉽게 간과된다. 더불어 이러한 사실은 행동의 다양한 형식을 통해서 추론해낼 수 있다. 특정한, 좀 순진한 것으로 평가받는 관찰자 앞에서 사람들은 자기 자신에게 전적으로 허용되는 많은 것들을 허락하지 않는다. 예를 들면 많은 사람들이 아이들 앞에서 담배를 피우지 않는다. 아이들에게 유독한 물질로 해를 끼치지 않기 위해서뿐만 아니라, 그들에게 나쁜 모범을 보이지 않기 위해서 말이다. 어떤 사람들은 자신이 종교에 무관심하거나 종교를 기피하는 입장이면서도 종교적으로 행동하거나 아니면 아이를 종교적인 학교에 보내기도 한다. 다른 성인들 또한 이렇게 추측되는 관찰의 위치에 빠져들 수 있다. '사람들이 무엇을 생각해야 마땅한가?'라는 문구는 상투적으로 단지 열등한 위치에서 갖추어야 하는 예의에 대한 요구로 개념화될 수 있는 많은 것을 함축한다.[14] 다른 사람의 이목, 우아하거나 교양 있는 태도, 예의바름, 세련됨 등과 같은 외관에 대한 전반적인 고려는 — 강하게 내면화된 도덕적 요구와 달리 — 무지하나 권위적으로 느껴지는, 단지 외관만을 간신히 감지할 수 있는 심급에 의한 요구로 묘사될 수밖에 없다.[15] 여기서 중요한 차이가 나타난다. 위로부터 오는 요구는 언제나 충족 가능한 것이 아닐지라도 ('네가 해야 한다면, 너는 할 수 있다'는 칸트적 의미에서), 항상 의미 있는 것으로 여겨진다. 이 요구는 말하자면 '나에 통합되는 음ich-synton'이다. 반면에 아래로부터 오는 요구는 '나와 불화하는 음ich-dyston'으로 경험된다. 이 요구는 옥타브 마노니가 묘사한 자아분열로부터 '나는 안다, 그럼에도 불구하고'라는 문구로 요약되는 태도 바깥으로 뻗어나간다.[16] 이러한 그때그때의 요구에 부응하려는 자아의 시도가 더 높은 쪽을 향한 통찰과 순종으로 불리는 반면, 규범에 일치하는 태도는 더 낮은 쪽을 향한 굴복이자 관대한 허용이다. 어떤 경우에 사람들은 무언가를 모범으로 삼아 복종하면서 자존심을 획득한다. 다른 경우에 아마도 그들은 머리를 가로저으며, 자칫 친절하게 웃거나 두려워도 하면서 그들 고유의 통찰이 부재한 무언가를 일으킬 것이다.[17] 프로이트가 '타부 사회'의 근거 있는 금지를 칸트의 절대적인 정언명령과 비교한 것은 따라서 잘못된 것이다.[18] 칸트의 명령은 입법을 하는 인간의 이성이 내리는 요구이며, 이때 이성은 모든 이성적인 존재의 동일시를 가능하게 하는 것이다. 반면에 타부의 금지는 바로 그렇기 때문에 근거가 없는 것이다. 왜냐하면 타부의 금지는 위로부터가 아니라 근본적으로 나를 거스르는ich-dystonen 기저로부터 오는 것이기 때문이다.

당신을 다정하게 웃게 하는 것

프로이트는 유머에 대한 자신의 연구에서 유머러스한 태도는 전적으로 특정한 개인에게 적용될 수 있는 것이라고 언급한다. (바로 그것에서 유머의 현존이 드러난다고 말할 수도 있겠다.) 또한 프로이트는 이러한 능력이 특정한 영혼으로부터 고도로 분류된 서로 다른 두 단계 간의 관계를 전제한다고 설명한다. 프로이트에 따르면,

> 어떤 사람은 자기 자신을 어린아이로 취급하면서도 이 어린아이에 대해 월등한 어른의 역할을 동시에 한다. (Freud [1927d]: 279)[9]

아이로 간주되는 심급과의 이러한 관계를 통해서 '이 관계에 크게 여겨지는 흥미와 고통을 무가치하게' 인식하고 가볍게 웃을 수 있게 된다.[19] 여기서 프로이트는 그 위치의 내부에 자리한 이러한 시선을 자아에 대한 초자아의 시선으로 규정하려고 시도한다. 적어도 초자아의 이러한 놀랍고 친절한 태도는 "부모 심급의 출신과 모순되지 않는다".[20]

다른 한편으로 이러한 이론적 진전은 프로이트가 스스로 언급하듯이 약간의 역설을 야기한다. "우리는 통상적으로 초자아를 엄격한 남성으로 인지한다."[21] 이 남성은 엄격하기는 하지만 공정하지는 않다. 초자아는 자신에게 복종하든 안 하든 언제나 똑같이 처벌할 뿐만 아니라 심지어 자신에게 복종할 때 더 엄격하기 때문이다.[22] 따라서 죄를 짓지 않은 사람이 불행한 일을 당하더라도 이 남성은 전혀 동정을 보이지 않을 뿐 아니라 심지어 더욱 강하게 압박한다. 프로이트가 설명하는 이러한 이중의 역설이 보여주는 것은 초자아가 자신의 본성에 따르는 위험한 폭군, 기껏해야 자아를 파렴치한 이중 맹검double-binds으로 괴롭히지 않는 게 고작인 폭군이라는 것이다. 또한 프로이트 고유의 통찰에 따르면 부모 심급으로부터 유래한 초자아의 출신은 마찬가지로 초자아가 친절한 관대함을 발휘하는 능력에 대해서는 전혀 해명하지 못한다. 반대로 프로이트가 확인한 바에 따르면 부모가 온화할수록 초자아는 더 엄격해진다. 왜냐하면 초자아는 부모가 아니라 부모의 초자아를 모범으로 삼기 때문이다.[23]

또한 프로이트는 "초자아가 유머러스한 태도로 유도할 때면 현실은 받아들이지 않고 환상에 헌신한다"[24]고 언급한다. 그러나 다른 한편으로 프로이트는 바로 초자아를 현실원칙의 대리인으로 규정한다.[25]

• • •

[9] 역주. 지그문트 프로이트, 「유머」, 『프로이트 전집 14』, 정장진 옮김, 열린책들, 2003. 513쪽 참조

아마도 이러한 불일치는 유머러스한 태도를 프로이트처럼 위로부터 아래로의 시선으로 보되, 프로이트와 달리 이를 자아를 향한 초자아의 시선으로 규정하지 않음으로써 해결될 수 있을 것이다. 그 어떤 다른 관찰 심급도 없는 그의 위치에서 프로이트는 바로 초자아를 위로부터의 시선의 유일한 후보로 두고 있다.

그러나 우리가 어린아이 같은 신의 이미지를 참고하여 열등한 관찰 심급 또한 있음을 도출해낸다면, 위로부터의 시선에 대한 또 다른 유형을 포착할 수 있을 것이다. 따라서 우리는 기저자아와 관계를 맺었을 때 아래쪽 또한 다정하게 내려다볼 수 있을 것이다. 우리 자신에 대해 유머러스해질 수 있는 것은, 우리가 우리 자신을 기저자아의 위치에 놓거나 스스로를 그렇게 바라볼 때이다. 우리가 보통 그것을 이 심급의 다른 대체물을 가지고서 그렇게 하듯이 말이다. 또한 이러한 열등한 존재의 불충분함을 향한 관대함은 우리 또한 그러한 존재가 될 수 있음을 염두에 두는 것으로서, 우리가 우리 자신보다 통찰력이 떨어지는 것으로 평가하는 존재에게도 좋은 느낌을 주도록 배워왔음을 떠오르게 할 것이다. 인간은 문화 전략상으로 낮은, 자아와 불화하는 관찰 심급을 통해 의무에 따르곤 하며 이를 통해 유머의 능력을 얻는다. 또한 인간은 이를 통해 다른 사람의 '멍청한' 행동을 그러한 성향에 대한 무차별한 박해로, '미세차별' 또는 '심각한 폭력Makroaggression' 또는 음침하고 충동 지향적인 향락으로만 여기지 않아도 되는 위치에 놓는다. 오히려 다른 사람을 자기 스스로 의무를 따르는 — 바로 어린아이 같은 신을 통해 — 누군가로 파악할 수 있다. 따라서 다른 사람의 행복은 사회적 규범에 따르려는 시도로 인지될 수 있으며, 결과적으로 연대를 나눌 수 있는 무엇으로 느끼고 공유할 수 있다.

그러므로 우리는 다음과 같은 원칙을 공식화할 수 있을 것이다. 인간이 자신의 신을 더 어린아이 같이 상상할수록, 인간 자신은 더 어른스러워질 것이다. 인간은 자기 고유의 고통을 비롯하여 다른 사람의 고통을 가까이 함으로써 더 유머러스하고 더 자비롭게 될 것이다. 오늘날 여전히 보여지는 상황은 더 많은 유머든 아이에 대해 관대하려는 더 많은 시도든 어린아이 같은 신에 대한 기억을 분명하게 보존하고 있는 문화에 근간을 둔다는 것인데, 이는 위의 가설과 일치하는 것으로 보인다.

결론

　서구사회의 가까운 미래에 도래할 중요한 정치적 문제가 가져올 질문은 이것이다. 신자유주의 정치에 근거한 분노와 절망이 기본적인 생활 수준을 박탈당하고 점점 더 가난해지는 인구집단을 표현할 수 있는가? 그리고 우파 포퓰리즘 정당이 그들에게 부여하려는 것과 다른 표현을 줄 수 있는가? 이는 언어에 대한 질문인 동시에 인간을 성인이자 성숙한 시민으로 대우하는 것에 대한 질문이다.

　매번 적어도 그 출발에 있어서는 분명해 보였던 '월가를 점령하라 Occupy Wall Street', '분노한 사람들Los Indignados',[1] '밤샘시위Nuit Debout',[2] '불복하는 프랑스La France insoumise'[3]처럼 (혹은 이로부터 유래한 정치적

- - -

[1] 역주. 로스 인디그나도스는 스페인어로 '분노한 사람들'이라는 의미를 지닌다. 여기서는 2011년 상반기에 스페인 청년들이 시작하여 2015년까지 지속된 시위를 가리킨다. 정부의 긴축정책에 저항하여 개혁 촉구를 표방했다.

[2] 역주. 뉘 드부는 프랑스어로 철야(밤샘)이라는 뜻을 지니고 있다. 여기서는 친기업적 성향의 정부 노동개혁안에 저항하여 2016년 3월 31일에 파리 공화국 광장에서 시작해 프랑스 전역으로 확장된 시위를 가리킨다.

[3] 역주. 2016년 창당한 프랑스의 민주사회주의 정당으로 2017년 프랑스 대통령 선거에서 장뤼크 멜랑숑을 후보로 세워 4위를 차지하였으며 그해 총선에서 17석을 얻었다.

정당이나 후보들의 수많은 프로그램처럼) 포괄적이고 점진적인 정치적 좌파 운동을 형성하는 데 성공하지 못한다면, 결국 포퓰리즘 우파가 인정을 얻게 될 것이다. 왜냐하면 포퓰리즘 우파는 계속해서 증대하는 빈곤한 다수 — 기존 정당은 오랫동안 이들을 부인하거나 달래려고 노력했으며 우파는 이들을 대표한다는 거짓 약속을 한다 — 에 기초한 이익을 뒤에서 점점 더 챙길 것이기 때문이다. 혹은 신자유주의적인 힘은 그들에 의해 미디어에서 연출되는 정치적 인형극에서 바로 우파 포퓰리즘적 '악어들'의 도움으로 권력을 얻는 데 성공한다. 그러고 나서 그들은 오늘날 이미 엄청나게 두드러지는 불평등의 사회적 생산을 기쁜 마음으로 더욱 촉진시키고 은행과 대기업의 이익을 위하여 민주주의적 주권의 마지막 남은 부분까지도 제거할 것이다.

사회민주당과 녹색당이 지난 몇 년간 성공한 것은 대부분 그들이 신보수주의, 신자유주의적인 적수의 경제 프로그램을 현실화했을 때였다. 그러나 이렇듯 적수와 구별되지 않는 상황을 감추기 위하여 그들은 작거나 사소한 물음을 그들의 정치적 경쟁자와 구별 짓는 핵심 쟁점으로 부풀려야 했다. 가령 '다양성', 호모섹슈얼리티 또는 트랜스섹슈얼리티에 대한 물음 같은 것 말이다. 모든 소수자들에게 동등한 권리를 마련해주려고 신경 쓰는 것이 환영받을수록, 좀 더 중요한 질문으로 방향을 바꾸려는 시도는 파렴치한 것이 된다. 그것이 소수자들에게도 마찬가지로 중요한 것일지라도 말이다. 많은 대도시의 자유롭고 부유한 내부지역에서 보행자 신호등이 동성애자나 트랜스섹슈얼을 재현하느라 즐겁게 반짝일지라도, 다른 한편으로는 바로 소수자 집단이 사회기금 축소, 실업 증가를 비롯하여 높아진 사회적 긴장에 자주, 아주 강하게 직면하고 있기 때문이다. 그들이 직면하는 이러한 것들은 겉으로는 문화적으로 진보적인 정당들이 펼치는 신자유주의 경제정책을 통해 초래된 것이다.

이뿐만 아니라 항상 위로부터 내려오는 프로파간다는 언제나 새로이 생겨나는 사회적 약자를 '인정' 내지 '포용'하는 것에 대해 사회 안에서 공평하게 말하고 행동할 수 있는 영역들을 파괴하는 데 가장 효과적인 시도이다. 바로 소수자들을 보호하고 배려한다는 것을 핑계 삼아, 겉보기에 진보적이지만 신자유주의적인 정책은 의견을 공개적으로 교환하고 평등할 수 있는 공론장을 파괴한다. 특히 이는 미국의 대학에서 최근에 의도치 않게 희화적으로 분명하게 드러났다.

해방적인 '성인' 언어의 형식을 — 소수자의 해방과 소위 감수성[예민함]에 대한 기만적인 소명 하에 — 억압하고, 손가락질하거나 이해할 수 없는 것으로 취급한다면, 그것은 곧장 혐오스럽고, 의식적으로건 무의식적으로건 역겹게 형상화된 형식으로 돌아올 것이다. 이는 현재 상황에서 흡사 '바빌론의 언어분화'[4]에 이른 것 같다. 엘리트층과 중상류층은 신자유주의 정책을 통해 이득을 보거나 이를 열망함으로써 점점 더 부자연스럽고 엘리트적으로 살균된 언어를 사용한다. 나머지 사람들은 더 둔감하고 더 거친 트림[언어]에 — 아마도 반항적으로 — 몰두한다.

여기서 우리는 아리스토텔레스를 염두에 두며 "공산주의는 중재자다"라고 했던 베르톨트 브레히트를 떠올릴 수 있을 것이다. 이름값 하는 좌파는 오늘날 사회의 중재 공간을 회복하는 것을 더 이상 과제로 삼지 않는다. 이 공간은 오늘날 점점 더 사라지고 있는 특정한 계급의 공간이 아니라 오히려 잠재적으로 모두를 위한 공간이다. 또한 이 공간은 사회적 힘의 중심을 형성하는 곳으로서 이곳에서 사회는 민주주의에 반드시 필요한 무조건적인 평등을 협상하고 생산할 수 있다.

• • •

[4] 역주. 창세기 11장에 따르면, 시날(바빌론) 지역에서 진행된 바벨탑 건축 시도가 초래한 신의 심판으로 인해 인류의 언어가 나뉘고, 결국 각각의 언어를 따라 인류가 분열되었다.

겉으로는 약자들을 보살피면서 정작 그와 동시에 가장 강한 자들만을 배 불리는 신자유주의 정책이 약자를 비롯하여 사람들의 감수성에 호소하는 동안, 사람들이 스스로를 성숙한 시민으로 인식하는 능력은 망가진다. 동시에 신자유주의 정책은 매번 다른 사람들을 오로지 위협이자 훼방꾼이자 '향유의 도둑'으로 인식하도록 확립한다. 공론장을 사유화하고 경찰력으로 과도하게 감시하는 신자유주의적인 관심에는 은밀하고 극단적인 "문화엄숙주의"의 지원이 따라붙는다. 성별, 욕구, 사교, 세련된 역할극, 음침한 즐거움, 하얀 거짓말, 검은 진실, 분열된 언어, 해방감을 주는 욕설이나 매력적인 농담과 보편적인 기쁨처럼, 개인이 자아와 완전히 일치하지 않은 채로 스스로를 인식할 수 있는 모든 것을 이해하지 못하는 문화엄숙주의는 사람들로 하여금 공론장에서는 아무것도 아닌 것들을 향해 반항하고, 그것을 제거하도록 요구하라고 부추긴다. 우리가 목도하는 것은 극단적이고 폭력적인 '세계의 탈마법화'이다. 삶을 보람 있게 하는 모든 것, 모든 소소한 기쁨과 멍청한 짓, 일상의 메커니즘과 일상의 경제를 잠깐 멈추는 것을 약속하고 독립과 연대의 감정을 마련해줄 수 있는 모든 것은 제거된다. 이처럼 종종 작지만 가치 있는 일과 실천들을 철학자 조르주 바타이유와 미셸 레리스는 "일상의 신성한 것"으로 표현하였다. 그러나 신자유주의의 문화엄숙주의는 이러한 일과 실천들을 전방위적으로 제거할 것을 촉구한다. 그것은 '긍정적인 의식cult'을 '부정적인' 것으로 대체하도록 몰아세운다. 축제의 기쁘고 소소한 행동 대신에 오로지 절제하는 금욕적인 태도만이 유효하다. 안부를 묻는 것보다는 침묵하는 게 낫다. 뒤따라오는 사람을 위해 문을 잡아주는 것보다는 장님처럼 서 있거나 무뚝뚝하게 가던 길을 계속 가는 게 낫다. 인사치레하느니 침묵하는 게 낫다. 향수를 뿌리느니 자연 그대로의 냄새를 풍기는 게 낫다. 사교적으로 대화에 돌입하기보다는 멍하니 말없이 앞을 응시하는 게 낫다. 다 같이 와인을 마시는 것보다는 술을 절제하며 각자 흩어져 있는 게 낫다.

이러한 불행을 극복하는 데 철학이 기여할 수 있다면, 철학이 신자유주의와 문화엄숙주의의 프로파간다에 각인된 진리에 맞서 다른 진리의 가능성을 인식할 수 있고 느낄 수 있게 하기 때문이다. 가령 우리가 고대 문화와 고대의 '어린아이 같은 신들'로부터 무언가를 배울 수 있다면, 그것은 우리가 자신에게 낯선 많은 것들을 향해 호의적일 수 있다는 것이다. 자아의 관점에서 아래로부터 오는 것은 덜 이성적이고 통찰이 부족해 보인다고 충동을 방어적이고 반사회적으로 자극하기만 할 필요는 없기 때문이다. 그것은 오히려 사회적인 의무일 수도 있다. 약간 아이 같기는 하지만 그럼에도 자신의 권리를 챙기는, 친교를 의도하는 정신적인 심급의 명령으로서 말이다.

결국 이것이 의미하는 것은 '바보 같은' 또는 덜 존경받는 행동에 몰두하는 모든 사람들을 무조건 음침한 향락의 대리인으로 여기고 이에 대해 억압적인 조치를 요구할 필요는 없다는 것이다. 우리가 다른 사람을 자신의 경향성에만 몰두하는 사람으로 보지 않고 오히려 어떤 의무를 따르는 — 심지어 그것이 바보 같은 의무라고 할지라도 — 사람으로 파악할 때, 우리는 그 사람의 행위에 대해 호의적인 입장을 취할 수 있다. 이는 고립되고 금욕적이고 정치적으로 서로를 구별 짓는 개인으로 이루어진 동시에 개인들이 혼자서는 조달할 수 없는 것을 서로서로 가질 수 있는 공론장, 즉 성인의 공론장을 갖는 것을 가능하게 해줄 것이다. 다시 말해 품위 있고, 관대하며, 언제든지 나눌 준비가 되어 있고 연대하는 공간, 그리고 무엇보다도 정치적 자결권이 있는 공간 말이다.

미주

1. 여기서 언급되는 발언들은 특별히 원본을 필요로 한다. 내가 관심 있는 것은 대략적인 이미지와 최초의 관찰에 대한 대략적인 이미지와 그것이 갖는 연관성이다.

2. 다음을 보라. Chossudovsky 2016; Glastra van Loon/Marijnissen 2016; Gowans 2016.

3. 다음을 보라. http://www.sueddeutsche.de/politik/bundeswehr-in-schlechter-verfassung-1.276253 (접속날짜: 2017. 3. 27.)

4. 다음을 보라. http://www.free21.org/die-usa-wollen-staaten-die-im-chaos-versinken (접속날짜: 2017. 3. 17.)

5. 이러한 지역화하는 '탈식민주의' 전략에 대해서는 Lea/Stenson (2007: 24)을 보라. "···석유, 다이아몬드, 목재와 관련된 외국의 다국적 기업은 예를 들면 자신들의 체제와 '범죄 활동'을 유지할 수 있게 해주는 자금을 대가로 수출을 보호 및 확보하는 다양한 군벌 정권과 직접 거래한다"; vgl. Woodiwiss 2005; Badiou 2016; Mbembe 2017: 19f.

6. 다음을 보라. http://www.povertyusa.org/the-state-of-poverty/poverty-facts/; 다음과 비교해보라. http://www.usnews.com/news/articles/2016-07-06/the-new-faces-of-us-poverty. 감소하는, 그럼에도 여전히 경고하는 수치는 다음에 제시되어 있다. http://www.worldhunger.org/hunger-in-america-2015-united-states-hunger-and-poverty-facts/. 다음의 사례 서술과 비교해보라. http:// www.humanosphere.org/basics/2015/10/poverty-in-the-u-s-its-is-worse-than-youre-led-to-believe/ (모든 출처의 접속날짜: 2016. 12. 26.)

7. 다음을 보라. https://en.wikipedia.org/wiki/Comparison_of_United_States_incarceration_rate_with_other_countries; 다음과 비교해보라. https://www.washingtonpost.com/news/factchecker/wp/2015/07/07/yes-u-s-locks-people-up-at-a-higher-rate-than-any-othercountry/?utm_term=.56d0a76b810d; http://news.bbc.co.uk/2/shared/spl/hi/uk/06/prisons/html/nn2page1.stm에 따르면 이는 심지어 100,000명당 724명이다. (모든 출처의 접속날짜: 2016. 12. 26.)

8. Obama, Barack: The President's Role in Advancing Criminal Justice Reform, in: 130 Harvard Law Review 811, 5. 1. 2017, 다음을 보라: http://harvard lawreview.org/2017/01/the-presidents-role-in-advancing-criminal-justice-reform/ (접속날짜: 2017. 1. 14; 인용자 번역, R. P.)

9. 호프만의 다음 구절을 보라: "헨토프는 흑인이 너무 무력해서 [언어의] 인종차별로부터 보호받아야 한다고 생각하는 흑인 학생들의 주장을 인용한다. 그들은 그런 인종차별은

검둥이에 대한 모욕보다 더 무례한 것이라고 한다. '그는 평생 그런 종류의 말에 익숙했으므로 그로부터 도망칠 필요를 전혀 느끼지 못했다. 그는 이전에도 그것을 다루었고 또 할 수 있었다.'" (Hoffmann 1996: 66; vgl. Hentoff 1992: 219)

10. 다음을 보라. http://www.spiegel.de/wirtschaft/soziales/armut-in-deutschland-dasrisiko-steigt-wieder-obwohl-die-wirtschaft-laeuft-a-1112646.html; http://www.spiegel.de/wirtschaft/soziales/kinderarmut-in-deutschland-hier-wohnen-deutschlands-arme-kinder-a-1071196.html (접속날짜: 2016. 12. 26.)

11. 다음을 보라. Piketty 2014: 11.

12. 다음을 보라. https://psmag.com/the-imf-confirms-that-trickle-down-economics-isindeed-a-joke-207d7ca469b«.uemmyxco1 (접속날짜: 2017. 3. 17.)

13. 가령 다음을 보라. http://blog.arbeit-wirtschaft.at/eliten-und-ungleichheit/; vgl. Therborn 2013; Becker 2014; Piketty 2014; Wilkinson/Pickett 2016; Milanović 2017; Stiglitz 2017.

14. 다음을 보라. Misik 2017; vgl. https://makroskop.eu/2017/02/wachstum-durch-freihandel-ein-mythos (접속날짜: 2017. 3. 17.)

15. 다음을 보라. http://www.spiegel.de/wirtschaft/soziales/oxfam-8-milliardaere-sind-reicherals-3-6-milliarden-menschen-a-1129932.html (접속날짜: 2017. 1. 30.)

16. Fraser 2017; 마크 릴라의 '정체성 자유주의' 개념과도 비교해보라. (Lilla 2016)

17. 가령 다음을 보라 http://www.slate.com/articles/double_x/doublex/2016/12/_2016_was_the_year_the_feminist_bubble_burst.html (접속날짜: 2016. 12. 29.)

18. 이러한 전개는 많은 영역에서 발견된다. 이는 가령 인자 헤르텔Insa Härtel에게서 문학에서 저자에 대한 물음과 관련하여 섬세하게 언급된다. 여성과 소수자들이 이 위치에 더 많이 접근할 수 있는 것처럼 보이는 바로 그 시점에, 포스트모던 문학은 저자라는 개념에 대해 비판하기 시작했고 저자의 추방 내지 저자의 "사망" 선고를 대대적으로 축하하였다.

19. 이 개념에 대해서는 Pfaller 2008: 32을 보라.

20. 다음을 보라. Rorty 1999; 다음과 비교해보라. Lau 2000: 149 ff.; Fraser/Honneth 2003; Michaels 2006. 페미니즘 이론과 정치 내부의 이러한 변화에 대해서는 Elisabeth Badinter의 탁월한 서술을 보라. (Badinter 2004)

21. Marx/Engels의 다음과 비교해보라: "프롤레타리아가 부르주아지와의 싸움에서 상황의 힘에 의해 어쩔 수 없이 자신을 계급으로 조직하게 되면, 또 혁명을 통해 지배계급으로 자라나고, 그 자체로 낡은 생산조건을 무력으로 없애버리게 되면, 그때 프롤레타리아트는 이들 생산조건과 더불어 계급 적대와 계급 일반의 존재 조건을 없애버리게 될 것이며, 이를 통해 한 계급으로서 가지는 자신의 지배권도 폐지하게 될 것이다. 계급과 계급 적대의 낡은 부르주아사회 대신 우리는 각자의 자유로운 발전이 모두의 자유로운

발전을 위한 조건이 되는 단체를 가지게 될 것이다." (Marx/Engels [1848]: 482) 인권과 시민권의 정체성에 대한 공화주의적 요구에 관해서는 Milner 2017을 보라.

22. 지젝의 다음 글을 보라: "영국 식민주의는 인도에 끔찍한 일을 많이 했지만 그중 최악은 카스트라는 억압적인 힌두교 전통을 되살린 것이었다. 영국 식민화 이전에 카스트 전통은 이슬람의 영향으로 이미 붕괴 중이었다. 그러나 영국 식민자들은 인도인을 지배하는 방법은 그들을 자신들처럼 만들지 않거나 그들을 근대화하지 않는 것임을 간파하였다. 아니, 그들을 지배하는 더 좋은 방법은 그들 자신의 전통적, 가부장적, 권위주의적 구조를 부활시키는 것이었다. 식민자들은 근대인들을 만들려 하지 않았다." (Žižek 2016a). Cannadine 2002과 비교해보라.

23. Marx/Engels [1848]: 366을 보라; Marx [1859]: 128. 포스트모더니즘에서 18세기 계몽주의에 반대하여 종종 제기된 유럽중심주의에 대한 비난과 관련하여 수잔 나이만은 계몽주의야말로 유럽중심주의와 인종주의에 맞서 싸운 최초의 근대적 운동이었다고 강조한다. 그녀는 유럽인에 대한 중국과 일본의 방어를 칸트가 인정한 것을 상기하며(Kant [1795]: 215f을 보라) 다음과 같이 서술한다. "탐욕적인 유럽과 거리를 둔 중국과 일본을 찬양하는 이들은 세계의 나머지에 맹목적으로 서구적인 생활방식과 사고방식을 강요하려 한 것에 대해 비난받을 수 없다." (Neiman 2014: 52)

24. 이 "마치 ~처럼의 윤리"는 철학자 알랭이 인식하였듯이 고대 폴리스에서부터 잘 알려진 행복의 기술과 조화를 이룬다. 공론장은 이러한 연극적 수행을 촉진하는 공회로서, 따라서 행복의 매개로서 기능하였다(Alain 1982를 보라). 신자유주의 민영화 이래로 행해진 공론장의 파괴는 이런 점에서 포스트모더니즘의 특징인, 불평하고 비난하는 경향의 직접적인 원인으로 파악될 수 있다. (Hughes 1994를 보라)

25. 다른 곳에서 두시니와 에들링거는 실제 맥락에 좀 더 근접하는데 가령 다음과 같이 기술할 때이다: "명백히 오늘날 국가적 측면에서 모든 원인은 회피되는데 누군가는 그것을 불쾌하게 여길 수 있기 때문이다. 법적인 차원에서 엄격해진 망명법의 형식으로 인종주의는 제도화되어 남아 있을 수 있거나, 혹은 바로 그렇기 때문이다." (Dusini/Edlinger 2012: 37; 인용자 강조, R. P.) 여기에서 또 다른 유사한 경우에 중요한 것은 '……일지라도'가 아니라 오히려 '바로 그렇기 때문'이다. Therborn 2013: 137 ff.; Milanović 2016: 238과 비교해보라.

26. 지인으로부터 얻은 또 다른 사례 또한 이러한 경향을 보여준다. 남아프리카에서는 에이즈에 감염된 주삿바늘이 암시장에서 인기리에 팔린다. 에이즈에 감염된 사람만이 특정한 국가적 지원을 승인받을 수 있기 때문에 점점 더 많은 사람들이 이 주삿바늘의 도움으로 에이즈에 감염되려고 시도한다. (이를 알려준 오스트리아 빈의 도라 스톡라이터Dora Stockreiter에게 감사를 표한다.)

27. 1945년 이후 '희생하기(제물을 바치기)'에서 '피해자 되기'까지의 피해자 개념의 역사적

변천을 비롯하여 피해자 되기를 열망하는 것과 이에 해당하는 경합에 대해서는 Kohner-Kahler 2009를 보라.

28. 이는 1990년대에 코라 스테판Cora Stephan이 날카롭게 지적한 바 있다. "자칭 모든 여성을 포괄하는 여성운동은 [···] 여성운동의 간부들에게만 유용하게 작용하였다 [···]; 여성에게 위임된 기관들은 여성 직종을 증대시켰다." (http://www.zeit.de/1998/08/frauen.txt.19980212 .xml/seite-6 에서 인용. [접속날짜: 2016. 12. 30.])

29. 이에 대해서는 Lilla 2016과 비교해보라: "대학에 온 젊은이들은 학생 그룹, 교수진 및 교직원들이 '다양성 문제'를 다루고 그 중요성을 높이는 데 집중하도록 부추겨진다."

30. 이에 대해서는 http://www.washingtontimes.com/news/2016/jan/6/whoopi-goldbergstop-call-ing-me-african-american/; http://www.mediaite.com/online/whoopi-goldberg-issues-a-ruling-on -what-to-call-black-people/; https://www.youtube.com/watch?v=FRnTovm26I4 (접속날짜: 2017. 1. 1.)

31. Lacan 1966: 515을 보라.

32. 이에 대해서는 Dusini/Edlinger 2012: 9f를 보라.

33. 여기서는 아르투어 쇼펜하우어의 발언을 주목할 만하다: "따라서 유대 이스라엘 민족은 재봉사나 재단사로 불리기를 원하고, 최근에 제안된 것은 Litterat이라는 단어가 신뢰를 잃었으므로 이 남성들을 그 대신에 저자로 불러야 한다는 것이다. 그러나 그 자체로 무해한 명명이 명예롭지 못하게 된다면, 그것은 명명 때문이 아니라 명명된 것 때문이다. 그리고 그때 새로운 명명은 금세 낡은 것이 될 운명에 처하게 될 것이다." (Schopenhauer 2009: 97) 물론 오해를 피하기 위해 명확히 해야 할 것은, 여기서 "명명된 것"은 페르디낭 드 소쉬르의 언어학에서처럼 그 대상이 아니라 기의로 이해되어야 한다는 것이다. 그 명칭이 신뢰를 잃은 것에 대해 비난받아야 하는 것은 명명된 사람이 아니라, 이 명칭이 가리키는 그들에 대한 익명의 견해이다.

34. 이에 대해서는 Dinsmore 2016을 보라: "이번 달 초에 옥스포드는 학생들이 또래를 언급할 때 'he'나 'she'를 말하지 말고 성중립적인 'ze'를 선택하라고 요구한 것으로 또 다시 헤드라인을 장식했다. 옥스포드 학생회는 'ze'가 의무적이지 않다고 부인했지만, 이는 단지 그것이 'he'나 'she'로 불리기를 원하는 성전환 학생들에게 불쾌감을 줄 수 있기 때문에 그런 것이었다. 그럼에도 학생회는 모든 학생, 학자들과 연사들에게 강의실과 캠퍼스에서 자신들의 대명사를 진술할 것을 권하였다. 수염을 가진 교수가 '안녕하세요, 저는 남성입니다'라고 말해야 한다고 상상해보라."

35. https://is.muni.cz/el/1421/jaro2016/ETMB81/um/jakoubek_dizertace_Konec_mytu.pdf(접속날 짜: 2017. 3. 16.)를 보라. 이 정보를 비롯하여 이 주제에 관한 다른 많은 정보를 제공해준 Tereza Kuldova, Oslo/Wien에 감사를 표한다.

36. 한편으로 중요한 것은 부서진 메타포인데, 왜냐하면 말을 할 때 가시적인 것이 아무것도

없기 때문이다. 다른 한편으로 가시성을 해방적 이상으로 간주하는 것은 포스트모던 정치의 중대한 오류이다. 나치즘의 사회질서에서 윤리적, 종교적 또는 성적 소수성은 가능한 한 가장 "가시적"(그에 상응하는 의무의 배지에 힘입어)이었지만 또한 가장 차별적이기도 했다.

37. 이에 대해서는 Dusini/Edlinger 2012: 50을 보라; 이에 대해 오스트리아 장관 Gabriele Heinisch-Hosek의 발언을 비교해보라. "언어는 현실을 창조한다. [언어의] 여성형을 언급하지 않고 그로 인해 여성을 감추는 것은 완전히 잘못된 신호가 될 것이다." http://derstandard.at/2000003059367/Neuer-Kampfum-eine-gendergerechte-Sprache에서 인용 (접속날짜: 2017. 1. 8.)

38. Kant ([1798]: 444)를 보라. "예의바름은 사랑을 불러일으키는 겸양의 가상[겉모습]이다. 인사(인사말)와 아주 세련된 정중한 태도는 말에 의한 아주 열렬한 우정의 확인이기는 하지만 언제나 그런 것은 아니다. [⋯] 그러나 그렇다고 해서 이러한 것들이 기만하는 것은 아니다. 왜냐하면 누구나 이런 말들을 어떻게 받아들여야 하는지를 알고 있으며, 게다가 특히 이러한 호의와 존경의 처음에는 공허한 표시들이 점차로 이런 종류의 실제 마음씨를 인도하기 때문이다." (임마누엘 칸트, 『실용적 관점에서의 인간학』, 백종현 옮김, 아카넷 2014, 157~158쪽)

39. 이에 대해서는 Lévi-Strauss 1978을 보라; Lacan 1991: 36; 65와 비교해보라.

40. "순진한 관찰자" 개념에 대해서는 Pfaller 2002, 9장을 보라. 또한 이 책의 "기저 자아" 장과 비교해보라.

41. 이에 대해서는 https://www.timeshighereducation.com/features/why-audit-culture-made-me-quit; http://www.truth-out.org/news/item/23156-henry-a-giroux-neoliberalism-democracy-and-the-university-as-a-public-sphere를 보라. (접속날짜: 2017. 3. 16.); vgl. Giroux 2014; Power 1994 und 1997; Schwarz 2006; Strathern 2000.

42. 이에 대해서는 de Libera 2005를 보라.

43. 이에 대해서는 Dusini/Edlinger 2012: 49f를 참고하라.

44. 정신분석학자 아비 리브니츠키Avi Rybnicki는 어린아이에게 초자아의 생성이 어떤 영향을 끼치는지에 관해 생생한 사례를 제시한 적이 있다. 초자아가 없을 때 아이는 이렇게 말한다. "나는 이것을 하면 안돼." 초자아가 있을 때 아이는 이렇게 말한다. "나는 이것을 하지 않을 거야." (Avi Rybnicki, 개인적인 보고)

45. https://www.theguardian.com/business/2013/jun/05/imf-underestimated-damageausterity-would-do-to-greece (접속날짜: 2016. 12. 31.)

46. 이에 대해서는 Guérot 2016 und 2016a를 보라.

47. http://eur-lex.europa.eu/legal-content/DE/TXT/PDF/?uri=OJ:C:2010:083:FULL&from=DE (접속날짜: 2016. 12. 31.)

48. 이에 대해서는 Michael Hartmann을 보라: "인구가 정치에 참여한 결과는 엄청난 것이다. 인구의 하위 3분의 1은 정치적 의지형성 과정과 점점 결별한다. 가장 최근의 연방의회 선거에서 인구의 각 부분의 선거 참여 비율은 그전보다 더 벌어졌다. 1990년대에 선거구 역간 차이가 10퍼센트 정도에 해당했다면, 이제는 거의 30퍼센트에 달한다. [...] 이러한 태도는 미국에서 좀 더 오래전부터 관찰되어왔다. 인구의 상위 10퍼센트는 대통령 선거와 의회 선거에서 5분의 4가 투표했고 최상위 퍼센트는 거의 예외 없이 투표한 반면, 하위 4분의 1은 3분의 1만이 투표했다." Therborn 2013; Milanović 2016를 참조하라. http://blog.arbeit-wirtschaft.at/elitenund-ungleichheit/ (접속날짜: 2016. 12. 31.)

49. 낸시 프레이저는 이를 매우 정확하게 인식하고 있다. 그녀는 다음과 같이 쓰고 있다: "또한 산업생산이 붕괴한 미국에서는 오랜 세월 동안 '다양성', '여성의 권리' 그리고 '차별과의 투쟁'에 대한 담론이 지속적으로 유행했다. 진보는 점차 진보적인 평등 대신에 능력주의를 요구하며 정체화되었다. 따라서 '능력 있는' 여성, 소수자성, 게이와 레즈비언에 대한 부상은 상업적인 승자독식 구조에서 해방의 척도가 되었고 더 이상 그러한 구조를 폐지하는 것이 아니게 되었다." (Fraser 2017); 또한 이에 대해 아돌프 리드Adolph Reed는 어떤 환상도 없이 다음과 같이 단언한다: "정체성 정치는 신자유주의 다", 그리고 이렇게 설명한다: "… 그러한 도덕 경제 내에서 인구의 1%가 자원의 90%를 통제하는 사회는 1% 중의 약 12%가 흑인, 12%가 라틴계, 50%가 여성, 그리고 어떤 비율로든 LGBT가 있는 한에서 정당하다." (Reed 2015.)

50. 이에 대해서는 예를 들어 디디에 에리봉Didier Eribon의 책 『운율의 귀환』(Eribon 2016)에 나온 결론에 대한 논쟁을 보라: https://www.taz.de/Kolumne-Bestellenund-Versenden /!5343 590/ (접속날짜: 2017. 2. 24.)

51. 불평등 정치를 통해 점점 더 광범위하게 피해를 입은 것은 바로 소외 계층이었다. 그들이 입은 피해는 다양성 정치가 그들에게 보상해줄 수 있는 것보다 훨씬 더 크다. 이를 Winlow, Hall, Treadwell은 정확히 인식하였다. (Winlow/Hall/Treadwell 2017: 142); 또한 Michaels 2006: 11 f.; Milanović 2017: 239f를 참조하라.

52. 이에 대해서는 Ganser 2016을 보라.

53. 이에 대해서는 Cannadine 2002를 보라. Mbembe 2017: 43을 참조하라.

54. 이에 대해서는 Dusini/Edlinger 2012: 69를 보라.

55. 이에 대한 논쟁에 관해서는 예를 들면 Philosophie Magazin No. 02/2017을 보라. 아쉴 음벰베Achille Mbembe의 『흑인이성비판』이라는 제목의 책이 적지 않은 가치가 있는 것은 이러한 논쟁을 완전히 아포리아로, 또 그것을 부조리하게 인식하게 했기 때문이다. 말괄량이 삐삐를 나아지게 하려면 음벰베처럼 해야 하지 않겠는가? (Mbembe 2017.)

56. 이에 대해서는 Abiola 2016을 보라.

57. "인종 없는 인종주의" 개념은 에티엔 발리바르가 처음으로 사용하였다. https://legrandsoir.

info/un-racisme-sans-races.html을 보라. (접속날짜: 2017. 1. 2.)

58. 캠벨과 매닝은 다음과 같이 서술한다: "사회적으로 무너지고 쫓겨난 사람들은 제삼자보다 열등하여 자신들이 지지받을 가능성이 낮은 만큼 그들을 지지하는 캠페인을 할 가능성이 낮다." (Campbell/Manning 2014: 701)

59. Diederichsen 1995를 보라; Dusini/Edlinger 2012: 68을 참조하라.

60. 디디에 에리봉Didier Eribon의 자서전이 갖는 큰 반향은 그가 제기한 질문의 시의적절함 때문이다. 그가 자신의 동성애 정체성을 위해 자신의 계급 정체성을 저버리지 않았는가 하는 질문 말이다(Eribon 2016: 219을 보라). 이는 사적인 질문이 아닐 뿐 아니라, 집단 전체의 질문으로도 제기할 수 있다. 좀 더 큰 규모로 동일한 질문이, 포스트모더니즘이 모더니즘을 배반하는 것은 아닌가 하는 내용으로 제기된다.

61. 샹탈 무페는 이러한 과정을 오스트리아의 사례를 들어 설명한다: 1987년에서 1999년까지 오스트리아에서 이른바 "대연정"을 형성한 것처럼 두 거대 정당이 점점 서로 유사해지면서 정치적 핵심으로 옮겨간다면, 이는 FPÖFreiheitliche Partei Österreichs, 오스트리아 자유당 같은 우파 포퓰리즘에 반대하는 정당을 강화하게 된다. (Mouffe 2007: 87을 보라: "우파정당은 전통적인 민주주의 정당 간에 뚜렷한 차이가 없을 때마다 성황이었다.") 그러나 무페는 여기서 추가적인 조건으로 작동하는 "과잉결정"을 간과한다. 오스트리아에서 정부의 대연정은 1949년에서 1966년 사이에도 있었고, 이때에는 비교 가능한 효과가 발생하지 않았기 때문이다. 전후시기의 대연정은 사회를 재건하고 복지를 창출하는 위대한 목표와 행복에 대한 약속을 제시했다는 데 차이가 있다. 이는 1980년대와 1990년대에 신자유주의적으로 작동하는 연정정부에서는 더 이상 유효하지 않았다. 이런 사례는 일반화될 수 있으며, 무페와 라클라우를 위시한 그들의 아류들이 반복해서 강조하듯이, "헤게모니"와 사회적 단결과 통합력이 "구성적 외부"의 실존에 의존하는 것이 아니라 오히려 진보의 관점을 통한 삼각측량에 의존함을 보여준다. 동일한 것이 이른바 "외국인노동자"의 통합에 있어서도 드러난다: 1990년대까지 오스트리아에서 외국인노동자는 사회에 동화되려는 데서 노동력의 원천을 찾았다. 그들의 자녀들이 언젠가는 더 나은 일을 할 수 있기를 바랐기 때문이다. 이러한 희망이 증대하는 실직과 하위계층의 구조적인 빈곤으로 인해 사라지면서, 동일한 집단이 자기 고유의 윤리적, 종교적 근원을 자각하는 경향이 있다. 그리고 이는 그들의 이전의 "근원성"을 크게 상회하는 규모이다. 구성원의 2세대나 3세대는 이제 그들의 부모와 조부모보다 "더 윤리적"이고 "더 종교적"이다. 이는 인류학에서 "피자 효과"로 잘 알려진 현상이다. (이에 대해서는 Sedgwick 2007을 보라) 이는 또한 "부정적 헤게모니" 효과로 파악할 수 있다.

62. 이에 대해서는 이 책에서 도널드 트럼프 선거를 다룬 '실망시키는 실망한 자' 장을 보라.

63. 예를 들어 독문학자 수잔 호흐라이터Susanne Hochreiter는 젠더화된 언어에 대해 분노하며

다음과 같이 언급한다. "당신이 이에 관해 누가 가장 화가 나 있는지 살펴보게 된다면, 그들이 사회적 불평등과 싸우려는 사람들이 아니라는 것을 알게 된다." (http:// derstan dard.at/2000051773350/Auf-der-Suche-nach-einer-Sprache-dienicht-diskriminiert을 보라, 접 속날짜: 2017. 2. 22.) 바로 이러한 관점이 여기서 모순된다: 분노는 정당한 것이고 그것은 특히 평등에 가장 큰 관심을 갖는 사람들로부터 온다. 그들이 분노하는 이유는 바로 기호에 집착하는 사이비정치가 이 방향으로는 아무것도 하지 않기 때문이다.

64. PC에서 좌파까지 이러한 허위진술에 있어서 디더리히센Diederichsen과 같은 대변인과 우파 비평가가 유별날 정도로 일치한다. (이러한 상황에 대해서는 Dusini/Edlinger 2012: 67~69를 보라)

65. 이에 대해서는 Žižek: http://www.stevesanterre.com/slavoj-zizek-political-correctnessactually -elected-donald-trump/를 보라. (접속날짜: 2017. 2. 24.); Žižek 2017; Fraser 2017.

66. Marx [1841]: 371.

67. 오스트리아 작가 카린 플라이샨덜Karin Fleischanderl은 이러한 전제에 대해 잘 확립된 의심을 한 아름다운 에세이에서 전하고 있다: "어째서 나의 성 정체성을 나 자신으로부터 가장 멀리 떼어놓은 곳, 그러니까 대학/학문영역이 가장 맹렬하게 내가 여성임을 상기시 키는가?"

68. 이런 관점에서 예를 들면 <TAZ> 지에 실린 (서명이 없는) 칼럼의 다음 단락을 보라: "우파의 성공에 대해 다루려면, AfD[독일을 위한 대안(Alternative fur Deutschland), 독일의 우파 포퓰리즘 정당] 유권자를 근대적인 열린사회와 문제가 있는 사람들로서 가장 먼저 다루어야 한다." https://www.taz.de/Kolumne-Bestellen-und-Versenden/!5343590/ (접속 날짜: 2017. 4. 3.)

69. 그럼에도 이 전제는 이 문제영역 자체에는 거의 들어맞지 않는다. 이에 대해서는 윈로우Winlow, 홀Hall, 트레드웰Treadwell이 기록한 것으로 종종 가장 극심하게 구별되지만 결코 단순히 외국인 혐오가 아닌 당사자의 발언을 보라. (Winlow/Hall/Treadwell 2017: 91~99를 보라)

70. 이에 대해서는 http://derstandard.at/3258956/Kopf-des-Tages-Jose-Luis-Zapatero; http://www. faz.net/aktuell/krise-in-spanien-was-zapatero-hinterlaesst-1642795.html을 보라. (접속날짜: 2017. 3. 4.); De Paz Nieves/Moreno Rodriguez 2010: 7과 비교해보라.

71. 내가 생각하기에 이것은 윈로우Winlow, 홀Hall, 트레드웰Treadwell의 다음과 같은 질문에 대한 가장 적절한 답변이다: "다양성을 용인하고 정당한 문화 질서를 생성하는 것은 그토록 강조하면서 그것을 수용하기 위해 필요한 정당한 경제 질서의 생성은 어째서 별로 강조하지 않는가?" (Winlow/Hall/Treadwell 2017: 142) 이를 또한 Michéa 2014: 109와 비교해보라.

72. "우회적인" 비판은 급진적 좌파와 파시즘적 우파로부터 이익공동체를 가정할 뿐 아니라,

이것이 우파 헤게모니 하에 발생하는 것, 좌파가 그러한 참여를 통해 우파의 공범이 되는 것 또한 전제한다. 이에 대해서는 예를 들면 다음을 보라. http://www.spiegel.de/politik/deutschland/querfront-debatte-war-hitler-links-augstein-kolumne-a-1068892.html; https://www.heise.de/tp/features/Daniele-Ganser-und-die-Querfront-3265822.html; http://www.nachdenkseiten.de/?p=33793 (접속날짜: 2017. 1. 2.)

73. 에밀리 딘스모어Emily Dinsmore는 <Spiked>에서 한 영국 여대생에 대해 다음과 같이 적는다: "2016년에는 문화–전유의 붕괴가 주류가 되었다. 캠브리지대학교에서는 학생들이 화려한 드레스 파티에 참석하는 것을 불신하는 것처럼 보이기까지 한다. 펨브로크 칼리지에서 '80일간의 세계 일주'라는 테마로 열린 파티는 '인종차별적' 의상이 학생들에게 불쾌감을 줄 수 있다는 과도하게 우려한 청년위원회에 의해 취소되었다. 화려한 드레스를 감시함으로써 권위주의는 정점에 달했다." (Dinsmore 2016)

74. Oehmke 2016; Campbell/Manning 2014: 694를 보라.

75. 자기 피해자화에 대한 사회적 의사소통 기술의 전제인 제삼자의 현존, 권력의 개입, 히스테릭한 미디어 공론장에의 접근에 대해서는 Campbell/Manning 2016: 718을 보라.

76. 이에 대해서는 Patten 2016; Furedi 2016을 보라.

77. 이에 대해서는 Lukianoff/Haidt 2015; Campbell/Manning 2016: 716 f; Furedi 2016: 43; 146ff를 보라. 그러한 요구가 얼마나 실현 불가능한 것인지 명확히 하기 위해 알프레드 히치콕의 영화 <마니Marnie>를 생각해볼 필요가 있다. 정신적 외상을 입히는 것은 붉은색의 경우처럼 트라우마적인 경험의 부수현상을 통해 다시금 환기될 수 있다.

78. 이러한 고찰과 관련된 대화에 대해 빈에 있는 에른스트 슈트루알Ernst Strouhal에게 감사를 표한다. 이에 대해서는 Furedi 2016: 46과 비교해보라.

79. 이에 대해서는 http://www.politik-lexikon.at/inklusion-exklusion/을 보라; 이는 Farzin 2006; Kronauer 2013과 비교해보라.

80. 이에 대해서는 Luhmann 1989: 160을 보라; Hillebrandt 1999와 비교해보라.

81. "열린사회"의 원칙에 대한 시의적절한 규정에 대해서는 Welzer 2017을 보라.

82. 칼 마르크스는 귀스타브 드 보몽을 참조하여 이러한 차이에 대한 훌륭한 사례를 제시한다: 그가 관찰하였듯이, 미국에서 종교의 자유는 단지 "포괄적"이다: 어떤 종교공동체에 가입할지 당신은 "자유롭게" 선택할 수 있다. 그러나 그것은 솔직하게 계획되지는 않는다. 아무 종교공동체에도 속하지 않기 어렵기 때문이다. (Marx [1843]: 351~353을 보라) 포스트모더니즘 이후 유럽 사회에서도 비슷한 경향의 폐쇄성이 나타난다. 특정한 윤리적 질문에 대해 규모 있고 명망 있는 종교공동체의 대리인을 더 자주 인터뷰하고, 초청하여 의견을 듣는다. 그러나 특정 종파에 속하지 않고 대리인 없이 지내는 공동체는 그렇지 않다. (공동체 기반과 마을 기반, "포괄적" 사회 기반, 개방적인 도시적 개념 간에 연대의 차이에 대해서는 Pfaller 2017을 보라)

83. 장애인도 모든 것에 언제나 동등하게 접근할 수 있어야 한다는, 미국의 법적으로 확고한 요구는 최근 버클리대학이 공적으로 이용 가능하도록 한 장비를 제거하는 것으로 이어졌다. https://www.insidehighered.com/news/2017/03/06/u-california-berkeley-delete-publiclyavailable-educational-content를 보라. (접속날짜: 2017. 5. 12.) 국가가 여기서 후원자로서 책임을 지지 않고 그러한 접근에 대한 비용을 부담하지 않고 단지 관리자 역할만을 맡는다면, 그러한 소위 진보적인 법은 검열에 효율적인 도구가 될 수 있다. 이를 방지하기 위해, 브레히트의 멋진 법칙 "아무도 아니거나 모두거나, 전부거나 아무것도 아니거나"를 이러한 경우에 지속적으로 또 "중복해서" 적용해야 한다. 이 법칙이 모든 곳, 모든 것에 적용되지 않는다면, 그 어떤 개별적인 경우에도 적용되어서는 안 된다.

84. http://www.reuters.com/article/us-soccer-fifa-ethics-idUSKBN1860OS를 보라. (접속날짜: 2017. 5. 11.)

85. 이 점에 대해 벨저Welzer는 다음과 같이 날카롭게 진술한다: "오늘날 학교와 교사는 방치되고 긴축 조치는 '포괄'로 명명된다." (Welzer 2017: 83)

86. http://www.chicagotribune.com/news/local/breaking/ct-universityof-chicago-safe-spaces-letter-met-20160825-story.html에서 인용하였다. (접속날짜: 2017. 1. 3.); 이에 대해서 Patten 2016과 비교해보라.

87. Campbell/Manning 2014: 713을 보라.

88. Furedi 2016: 16을 보라; Unbedingte Universitäten (Hg.) 2010과 비교하라.

89. 이에 대해서는 http://www.zeit.de/2015/21/columbia-university-sexueller-missbrauchprozess/komplettansicht를 보라. (접속날짜: 2017. 1. 4.)

90. 이러한 소위 "급진적인" 입장은 물론 동시에 실제 강간 범죄를 극단적으로 평범하게 재현한다. 이러한 입장에 대한 페미니즘적 비판에 대해서는 Badinter 2004: 23~40을 보라.

91. Mouffe 2007: 12를 보라; Stephan 2017과 비교해보라. 이 질문에 대한 무페의 입장이 적절하고 또 정당하므로, 나의 입장과 무페(를 비롯하여 라클라우/무페 학파에 속하는 저자들)의 입장 간의 결정적인 차이를 간략하게 언급하는 것으로 만족하겠다. 먼저 무페는 한 사회의 정체성을 그것의 상상적인 것 속에 (즉 "우리/당신"의 표상 속에, Mouffe 2007: 12를 보라) 위치시킨다. 그러나 이를 통해 무페가 정체성의 조건으로 (혹은 한 사회의 "안심이 되는" 최종적인 정체성이 불가능한 원인으로) 설명하는 "적대관계"는 상상적인 것에, 즉 사회가 자신의 외부로 상상하는 것에 속하게 된다. 따라서 개념은 소진되고 사회 내에서 계급을 분열시키거나 무효화할 수 있는 실제 적대관계를 가리키기에 더 이상 적합하지 않게 된다. (이에 대해서는 Althusser 1973: 48f를 보라) 반대로 무페에게 있어서 "적대관계"는 상상된 외부의 도움으로 사회 내부에서 다양한

생활양식이 서로 화합하게 할 뿐이다. 무페는 적대관계를 "존재론적으로 다루"(Mouffe 2007: 15를 보라)는 만큼 그것을 평범화하고 탈역사화한다.

둘째로 무페는 정체성의 "관계적 특성"을 불명확하게 규정한다(Mouffe 2007: 23을 보라). 언어적 기호와 같은 요소가 소쉬르의 견해에 따라 다른 모든 기호로부터 자신의 가치를 획득하는지 여부는, 그 기호의 정체성을 형성하기 위해 어떤 "구성적 외부"(Mouffe 2007: 23을 보라)를 필요로 하는지 여부와는 완전히 다른 질문이다. 첫 번째 경우에 중요한 것은 임의의 여러 요소들과의 구조적 관계이다. 반면 두 번째 경우에 중요한 것은 자아가 자신의 제2의 자아와 맺는 이중의 상상적인 관계, 즉 불가피하게 이 두 요소만을 포괄하는 관계이다. (포이어바흐에게서 이 두 번째 관계유형과 그것의 "계급적" 표현이 어떻게 나타나는지는 알튀세르 1995: 176ff를 보라: "절대적 지평에 관한 이론, 혹은 주체의 본질로서 대상에 관한 이론")

세 번째로 이는 결론에 중요한 영향을 미친다. 회의적인 후기 프로이트와 유사하게, 무페에게 있어서 사회는 통합되기 위해 외부의 적을 필요로 한다. (혹은 적어도 그것에 대한 표상을 필요로 한다. Mouffe 2007: 37을 보라; Freud [1930a]: 243과 비교해보라) 여기서 둘은 말하자면 하나를 가능하게 한다. 반면 나는 사회 내부에 필요한 최소한의 연합을 상상적인 것이 아니라 상징적인 것의 효과로 파악한다. 그러니까 둘의 효과가 아니라 삼각측량의 효과로서 말이다. 세 번째 시점을 덧붙이는 것은 이중의 상상적인 영역에서 두 적대자가 ─ "너 아니면 나"의 원칙에 따라 화해 불가능한 적으로서 ─ 마주치는 것을 방해한다. 그리고 이러한 시점은 실제 인물이나 실제 외부 사회에서 구현될 필요가 없다. 이 시점은 ─ 예를 들면 예의바름이 작동하는 방식에서 알 수 있듯이 (이에 대해서는 이 책의 '하얀 거짓말, 검은 진실' 부분을 보라) ─ 가상으로 머물 수도 있다. 삼각측량의 또 다른 가능성은 모든 사회 집단이 모두를 위한 복지와 같은 공동의 목표를 향하는 것에 있다. (그리고 무엇보다 서구사회가 포스트모더니즘 하에서 이러한 목표를 어느 정도 남김없이 포기했을 때, 겉보기에 화해 불가능한 정체성에 대한 집착이 발생하였다.) 이는 한 사회의 평화 또한 실제 외부의 적 없이는 불가능하다는 것을 의미한다. (이러한 관점은 특히 프로이트의 『토템과 타부』와 흡사한 것이다. Freud [1912~1913]를 보라)

92. 이에 대해서는 Diederichsen 1996: 180; Dusini/Edlinger 2012: 69를 보라.

93. Furedi 2016: 15를 보라.

94. 이에 대해서는 Hoffmann 1996: 60을 보라: "[…] 왜냐하면 발화자가 발화매개적인 의미에서 청취자를 불쾌하게 하는지 여부는 오직 청취자만 답변할 수 있기 때문이다."

95. 이에 대해서는 예를 들면 롤랑 바르트의 다음 문장을 보라: "… 텍스트의 통합은 그것의 기원이 아니라 그것의 목적에 있다 … 독자의 탄생은 작가의 죽음을 대가로 치러야만 한다." (Barthes 1984: 66f.)

96. 이에 대해서는 Culler 1988: 73을 보라: "독서란 독자의 가설을 갖고 작업하는 것을 의미한다…."

97. Althusser [1975]를 보라.

98. Badinter 2004: 40을 보라. 물론 실제로 여성이 어린아이가 되지는 않고 어린아이의 클리셰, 즉 성찰 능력이 없는 무성의 존재가 된다. 반면에 어린아이는 프로이트가 경악에 대하여 자신의 동시대로부터만 발견하지 않았듯이 (Freud [1905d]를 보라) 미숙한 섹슈얼리티를 지닌다. 이는 키프니스Kipnis 또한 정당하게 언급하고 있다. (Kipnis 2015)

99. 이는 정신분석학적 치료의 소박한 목표에 대한 프로이트의 유명한 언급을 상기시킨다: "히스테릭한 고통을 평범한 불행으로 변화시키는 것" (Freud [1895d]: 312) 반대로 이로부터 노이로제의 편집증에 대한 아주 저절한 정의가 도출될 수 있다. 즉 그것들은 이러한 구분이 실패할 때 발현한다.

100. Epiktet 2004: 11을 보라.

101. 정치적 올바름의 청교도적 배경에 대해서는 Geoffrey Hughes 2010: 3, 9를 보라. 일상을 실제로 "위생적으로 제거"하는 종교적 동기에 대해서는 Pfaller 2008을 보라.

102. 이에 대해서는 Berman 2009를 보라.

103. 이에 대해서는 Pfaller 2003; 2009a를 보라.

104. 이에 대해서는 Furedi 2016: 102ff를 보라.

105. 이에 대해서는 Money (Hg.) 1965; Money/Erhardt 1975; Stoller 1968을 보라; Reiche 1997과 비교해보라.

106. Grunberger/Dessuant 2000을 보라.

107. Freud [1905d]: 60을 보라. 이에 대해서는 이 책에서 "기저–자아"에 대해 다루고 있는 '아이 같은 신' 장과 비교해보라.

108. 이 개념에 관해서는 Leiris [1938]를 보라.

109. Freud [1912~1913]; Pfaller 2008과 비교해보라.

110. 이에 대해서는 이 책에서 "기저–자아"에 대해 다루고 있는 '아이 같은 신' 장을 보라.

111. 정신분석학적으로 이러한 사실은 다음과 같이 공식화될 수 있다: 문화적(제2의) 나르시시즘에 있어서 문명화된 공론장, 그러니까 상징적 질서의 법칙은 타율적이고 권위적인 명령으로 나타난다. 나르시시즘적인 독단을 극복하게 하는 이 "상징적 거세"는 "거세되지 않은", "가부장적인" 독단으로, 또 음침한 향락으로 잘못 인지된다. 이러한 나르시시즘적 오인에 대한 좋은 사례를 나와 친하게 지내는 오스트리아 빈의 한 여성 정신분석학자에게서 들은 바 있다. 그녀가 작은딸에게 뜨거운 전기레인지 위에 손을 얹지 말라고 말하면, 딸은 엄마가 그것을 금지하는 이유는 단지 자신으로 하여금 그곳에 스스로 손을 얹어서 모든 금지를 초월하는 엄청난 향락을 얻게 하기 위함이라고 생각한다는 것이다. 나르시시즘(이 경우에는 일차원적이고 미숙한)은 제3의 경우, 즉 모두가 "거세"

되어서 뜨거운 전기레인지를 통해 고통스러운 상처를 얻을 수도 있는 공간을 상상하지 못한다. 자크 라캉이 언급하였듯이 이는 나르시시즘을 각인시키는 폭압적인 초자아의 효과로서, 이때 초자아는 자아를 "향유하라!"는 명령으로 무자비하게 영원히 괴롭힌다. (Lacan [1972-73]: 10을 보라; 이를 Pfaller 2011, 10장; Dusini/Edlinger 2012: 186~191; 이 책의 '아이 같은 신' 장과 비교해보라)

112. Furedi 2016: 18을 보라. 이러한 역설에 대해서는 프로이트가 다음과 같이 최초로 언급하고 있다. 부모가 관대할수록 초자아는 더 엄격해지는데, 이는 초자아의 모범이 부모가 아니라 부모의 초자아이기 때문이다. (Freud [1933a]: 505를 보라)

113. Grunberger/Dessuant 2000: 203; 272를 보라.

114. 신자유주의 정치의 특징인 흡연의 전면적인 금지는 바로 이러한 관점에서 보아야 한다. 그것은 규제의 외양을 띠고 있지만 실제로는 규제를 완화하는 조치이다. 사적인 공간에서보다 좀 더 둔감해져야 한다는 공론장의 원칙은 이를 통해 무효화된다. 공론장은 사적인 요구의 기준에 예속된다. 물론 공론장에도 모든 집단에게 평온한 활기를 제공하고 흡연구역과 비흡연구역을 구획하거나 하는 규제를 도입할 수는 있다. 그러나 금지가 총체적이 되자마자, 사적인 예민함은 공론장에 대해 총체적 우위를 점하게 된다. 불편함을 유발하는 영화, 종교비판적인 대화나 반대 의견에 대한 또 다른 예민함 또한 이러한 사례의 목록으로 뒤따른다.

115. 이에 대해서는 Kuldova 2017을 보라.

116. 이에 대해서는 Geoffrey Hughes 2010: 12를 보라.

117. 성인에 대한 물음의 현재성에 대해서는 최근 출간된 Neiman 2015; Furedi 2016 또는 Zupančič 2016을 보라. 주판치치의 책에서는 '성인은 어디서 왔는가?'라는 훌륭한 챕터를 보라.

2. 실망시키는 실망한 자

1. 이에 대해서는 예를 들면 http://www.alternet.org/news-amp-politics/poll-suggests-american-voters-are-stupid를 보라. (접속날짜: 2017. 5. 1.)

2. 이에 대해서는 다음을 보라. http://inthesetimes.com/features/zizek_clinton_trump_lesser_ evil. html; https://www.nytimes.com/2016/04/24/magazine/how-hillary-clinton-became-ahawk. html?r =0; http://www.salon.com/2016/04/27/democrats_this_is_why_you_need_to_fear_hillary_clin ton_the_ny_times_is_absolutely_right_shes_a_bigger_hawk_than_the_republicanse/ (접속날짜: 2017. 3. 15.)

3. https://www.bostonglobe.com/opinion/2016/02/12/syria-thank-you-russia/UNKMxrzQvvAt8j4sJ

H03mJ/story.html (접속날짜: 2017. 3. 15.)

4. 다음과 비교해보라. https://www.heise.de/tp/features/Warum-ueberlaesst-man-es-Trump-die-Nato-fuer-obsolet-zu-erklaeren-3632354.html (접속날짜: 2017. 3. 17.)

5. https://www.theguardian.com/commentisfree/2016/nov/09/donald-trump-whitehouse-hillary-clinton-liberals (접속날짜: 2017. 3. 15.)

6. 지난 호에서 <팔터> 지는 주간 촌평 '선-악-저편[정신 나간]gut-böse-jenseits'에서 언급된 이유를 들어 지젝을 "저편[정신 나간]"으로 단언했다. <팔터> 지 No. 45/16, 9. 11. 2016: 27을 보라.

7. 이에 대해서는 다음을 보라. http://www.telegraph.co.uk/women/politics/i-dont-vote-with-my-vagina-why-susan-sarandon-is-not-backing-hill/; http://www.salon.com/2017/03/04/susan-sarandon-was-right-she-warned-us-hillary-was-doomed-liberals-didnt-wantto-listen/ (접속날짜: 2017. 3. 21.)

8. 2017년 2월 스티브 필립스Steve Phillips는 정확하고 차별화된 선거분석을 제시하였다; https://www.nytimes.com/2017/02/21/opinion/move-left-democrats.html?ribbon-ad-idx=3&rref=opinion&module=Ribbon&version=context&region=Header&action=click&content Collection=Opinion&pgtype=article (접속날짜: 2017. 3. 15.); Kohlenberg 2016과 비교해보라.

3. 하얀 거짓말, 검은 진실

1. Austin 1962.

2. 이에 대해서는 Lévi-Strauss 1978을 보라.

3. 이에 대해서는 Žižek 2011a를 보라.

4. 이 장면의 논리적으로 가능한 판본에 대해서는 슬라보예 지젝이 자신의 책 『절대적인 되튐Absoluter Gegenstoß』(국역본: 『분명 여기에 뼈 하나가 있다』, 정혁현 옮김, 인간사랑, 2016)에서 제시한 명논문을 보라. (Žižek 2016: 563ff.)

5. Mannoni 1985; Pfaller 2002를 보라.

6. Kant [1798]: 442.

7. 이에 대해서는 Rousseau 1959, Bd. 3: 7f를 보라; Berman 2009: 84와 비교해보라.

8. Althusser 1977: 99를 보라.

9. "존재하는 것은 지각되지 않는 것Esse est non percipi"이라는 원칙에 속하는 또 다른 경우는 다음과 같다. 신자유주의 정치를 가장 효율적으로 압박하기 위해서는 사회의 수많은 행위자들 스스로가 정치적으로 진보적인 힘을 오인해야만 한다. 신자유주의가 사회체제로 전환되는 가장 큰 부분은 토니 블레어나 게르하르트 슈뢰더와 같은 사민주의자들에

의해 실행되었으며, 해방을 핑계로 이루어졌기 때문이다.

10. Hobbes 1999: 111; Mandeville 1980: 80을 보라.

11. 스피노자를 통해 다음과 같이 말할 수 있을 것이다: 이 진술은 첫 번째 인식 종류의 척도에 따르면 진실이다. 이는 주체가 말하려고 생각했던 대상에 대해서보다 주체에 대해 더 많은 것을 말해준다. Spinoza 1990: 197을 보라.

12. Althusser [1969]: 133을 보라.

13. Brecht 1984: 1106. 베르톨트 브레히트, 「서푼짜리 오페라」, 『서푼짜리 오페라 · 남자는 남자다』, 김길웅 역, 을유문화사, 2012. 188쪽.

14. 진술과 진술 행위 간의 차이에 관해서는 '겸손함의 잘난 척하는 제스처' 장을 보라.

15. Freud [1921c]: 107을 보라.

16. Kant [1798]: 445.

17. 이는 프로이트가 설명한 유아 발달 과정과 일치한다. 이 과정에서 어린아이는 처음에는 사랑을 잃을지도 모른다는 두려움에서 부모의 지시에 따라 행동한다. 반면 이후에 아이는 외부의 권위를 "내사^{內射}"하고 초자아를 구성하여 말하자면 자기 고유의 동기에서 "도덕적으로" 행동하기 시작한다. (Freud [1930a]: 251f를 보라)

18. Plinius 1978: 55를 보라.

19. 이는 종교적 의례에 대한 질문에 있어서 칸트의 입장을 파스칼의 입장과 눈에 띄게 구별시켜준다. 파스칼에게서 종교적 의례에 대한 질문은 예의바름에 대한 질문과 매우 흡사하게 보인다. (이에 대해서는 Žižek 2014: 62; Pfaller 2016: 31~33을 보라) 칸트와 달리 파스칼은 종교적 행동을 예의바름과 같이 전적으로 "외부를 향하는" 실천으로 파악했기 때문이다. 파스칼에게서 종교적 행동의 의미는 내부를 향한 꾸짖음에 있지 않았다.

20. Kant [1793]: 821을 보라.

21. Pfaller 2002: 261~317을 보라; 또한 이 책의 '아이 같은 신' 장과 비교해보라.

22. Mannoni 2003을 보라.

23. Žižek 2011a를 보라.

24. UN 안보리에서 파월이 발언하는 동안 로비에 있는 피카소의 <게르니카> 모조품이 가려져 있었던 것은 의미심장하지 않은가? 그렇게 하지 않으면 그림이 파월의 발언에 대해 호의적이지 않은 코멘트를 제공할까봐 두려웠던 것일까? (이에 대해서는 https://www.wsws.org/en/articles/2003/02/guer-f08.html을 보라. (접속날짜: 2016. 11. 29.)) 그림을 가리는 것을 통해서만 이라크 공격이 정당하다는 파월의 변명을 덮고 있는 얇은 외피를 재현할 수 있었던 것이다.

25. Merkel, Reinhard: 서구는 책임이 있다, in: FAZ, 2. 8. 2013, http://www.faz.net/aktuell/feuilleton/debatten/syrien-der-westen-ist-schuldig-12314314.html?printPagedArticle=true«pageIndex

_2 (접속날짜: 2016. 12. 17.) 또한 2013년 8월부터 2017년 4월까지 벌어진 시리아 내전에서 독가스 공격을 행한 것이 정부군이라는 주장을 어느 누가 믿을 수 있겠는가 하는 질문이 제기된다. 이에 대해서는 http://www.labournetaustria.at/fritzedlinger-zur-debatte-um -giftgaseinsaetze-in-syrien/을 보라. (접속날짜: 2017. 5. 4.)

26. 유물론에 대한 루이 알튀세르의 간결한 정의를 참조하라: "환상을 갖지 않기" ("ne pas se raconter d'histoire", Althusser 1994: 247)

27. 여기서 자아는 명백히 쾌락원칙에 유익한 모든 것, 낡은 쾌락–자아의 모범에 따라 자아와 일치하는 것으로 보이는 모든 것을 수용한다. 반면에 순진한 관찰자는 비판적이고 현실원칙에 훨씬 더 의무감을 갖는다. 오로지 보이는 것으로만 판단될지라도 그에게는 완벽한 외양만이 확실한 깃이다.

28. 이에 대해서는 Alain 1982: 200을 보라: "예의바름은 춤을 배우듯이 배워야 한다. 춤을 출 줄 모르는 이는 규칙을 익히고 거기에 맞게 움직이는 것이 어렵다고 생각한다. 그러나 이는 오직 외적인 것과 관계된 것이다. 가장 중요한 것은 뻣뻣함과 소심함을 잊어버리는 것, 말하자면 두려움 없이 춤추는 것이다." — 이 언급은 정치적 올바름의 문제에도 그대로 적용될 수 있다. 많은 사람들은 올바른 표현의 규칙을 익히는 것이 중요하다고 생각한다. 그러나 오히려 뻣뻣함 없이, PC–담론(경멸의 형식을 드러내기도 하는)에 전형적인 경직성 없이 말하는 것이 중요하다. 그리고 이는 규칙을 깰 때만 가능하다. 돈 시겔Don Siegel의 영화 <알카트라스 탈출Escape from Alcatraz>(USA 1979)은 이에 대한 좋은 예시를 제공한다. 주인공인 백인 프랭크 모리스(클린트 이스트우드 분)와 평생 포로들 사이에서 어떤 권위와 권력으로 무장된 흑인 수감자 "잉글리쉬"(폴 벤자민 분)가 복잡한 대화를 나눈다. 마당을 산책하면서 잉글리쉬는 모리스에게 스스로가 흑인 혐오자인지 그냥 겁쟁이인지 알지도 못하면서 왜 계단에서 자기 옆에 앉지 않는지 묻는다. 모리스는 조용하고 침착하게, 그런 일은 자신이 흑인을 혐오할 때에만 일어난다고 대답하면서 잉글리쉬와 함께 앉는다. 발화된 적대적인 내용과, 행동과 연결된 진술 행위의 연대적 행위 간의 분열에 힘입어, 이 상황에서 백인과 흑인 죄수 사이에 위선의 혐의 없이는 표현할 수 없는 명백히 불안정한 연대감이 가능해진다.

29. 근대의 흑과 백에 관한 신화에 대해서는 모니카 바그너Monika Wagner와 헬무트 레텐Helmut Lethen의 뛰어난 책 『Schwarz-Weiß als Evidenz』(Wagner/Lethen 2015)를 참조하라.

30. 아리스토텔레스의 (논리적) 정방형과 비교해보라: http://logik.phl.univie.ac.at/~chris//skrip-tum/node68.html; "기호학적 정방형"에 관해서는 Ohno 2003: 163을 보라.

31. 여기서 "몇몇의einig"라는 단어는 "적어도 하나"의 의미로 사용되었다.

32. 자크 라캉은 "최소한 하나"나 "몇몇의"와 같은 이른바 "실존적 수량사"라는 특이한 독해방식을 추구해야 했던 것 같다.

33. Breton 1970: 10.

34. 이는 얼마 전 토마스 랍Thomas Raab이 칭찬받아 마땅한 방식으로 착수하였다. (Raab 2017) 이를 Henniger (Hg.) 1966과도 비교해보라.

35. 1714년의 아름다운 타이틀 페이지를 비롯하여 다음 판본들에 대해서는 http://oll. liberty fund.org/titles/mandeville-the-fable-of-the-bees-orprivate-vices-publick-benefits-vol-2를 보라. (접속날짜: 2017. 4. 21.)

36. 버나드 맨더빌, 『꿀벌의 우화』, 최윤재 옮김, 문예출판사, 2010. 119~120쪽. 독일어 버전은 다음을 따랐다: https://de.scribd.com/doc/31076239/Mandeville-Bienenfabel-1705

37. 이외에도 이는 알튀세르 고유의 시도에 대한 정당화로서 다음과 같이 주장될 수 있다. 자신의 스탈린주의적 과거를 서서히 포기하기 시작한 프랑스 공산주의 정당— 여기에 는 사르트르의 이론적 휴머니즘이나 헤겔의 철학을 추구한 이론가들이 관여하였다 — 에 대하여, 알튀세르는 진보적인 마르크스주의 철학이라는 불가능한 관점을 취했다. 이 관점은 가스통 바슐라르로부터 배운 것이자 스탈린주의와 이론적 휴머니즘 및 헤겔주의를 통해 파괴된 것이다. 이에 대해서는 Pfaller 1997을 보라.

38. 이에 대해서는 Lilienthal/Philipp 2000; vgl. Friedlander 2013을 보라.

39. 이에 대해서는 다음을 보라. Watzlawick 2005: 36. Selvini Palazzoli et al. 1977: 79; 155. Loriedo/Vella(1993: 94~106)는 그러한 개입이 "역 패러독스"로 표현되는 것이 불가피함을 강조한다. 이미 그 대상 자체가 "역설적"이기 때문이다.

40. 한편으로 논리적 모순 또는 대립 간의 이러한 차이에 대해서, 다른 한편으로 신체적 능력 간의 실제 반감에 대해서는 Coletti 1975를 보라.

41. 이에 대해서는 Lacan 1966: 53; Evans 1997: 168~171을 보라.

42. 이는 하얀 거짓말에도 유효하다. 하얀 거짓말 또한 의사소통에서 대화상대가 진실이나 의견을 말할 때 이를 신뢰할 수 있다고 간주하는 상상적 축을 가로지른다.

43. 이 점에서 비트겐슈타인이 『논리철학논고』 4. 121~4. 1212 문장(Wittgenstein 1979: 43)에서 소개하고 있는 "말하는 것"과 "보여주는 것" 간의 구별을 라캉의 L 도식과 유사한 것으로 간주할 수 있다.

44. Lacan 1966: 41을 보라.

45. 이에 대해서는 Pfaller 2012: 81~95를 보라.

46. Mießgang 2013.

47. 이에 대해서는 Pfaller 2016a를 보라.

48. 이에 대해서는 Signer 1997을 보라.

49. Greenblatt 1995: 36을 보라. Pfaller 2011: 54와 비교해보라.

50. Berman 2009: 102~107을 보라.

51. Mießgang 2013: 23을 보라.

52. Mießgang 2013: 21을 보라.

53. 이에 대해서는 Pfaller 2009를 보라.

54. Marcuse 1980: 76ff를 보라.

55. https://www.youtube.com/watch?v=AyRMLwJ4KjU&t=250s를 보라. (접속날짜: 2016. 11. 29.)

56. http://www.businessinsider.com/the-13-enhanced-interrogation-techniquesthe-cia-used-on-detai nees-2014-12?IR=T를 보라.

57. 이에 대해서는 Vogl 2010: 34를 보라.

58. 경제학자 시몬 쿠즈네츠Simon Kuznets의 이러한 메타포에 기초한 사고에 대해서는 Kuznets 1955를 보라; Piketty 2014: 11; Milanović 2016: 10f와 비교해보라.

59. 이에 대해서는 https://qz.com/965004/rhetoric-scholars-pinpoint-why-trumps-inarticulate-speak ing-style-is-so-persuasive/를 보라. (접속날짜: 2017. 4. 28.)

60. http://www.brasscheck.com/heartfield/gallery.html을 보라. (접속날짜: 2017. 5. 12.)

4. 타인은 어떻게 우리에게 괴물이 되는가

1. 이에 대해서는 Hughes 1994를 보라.

2. 1970년에 피터 버거는 명예의 귀족 문화와 존엄의 부르주아 문화를 구별한 바 있다(이는 "좋음"과 "나쁨"의 윤리와 "선"과 "악"의 도덕에 대한 니체의 구별을 다시 수용하는 것처럼 보인다). Berger 1970을 보라. 더 많은 자료는 Campbell/Manning 2014: 711f를 보라.

3. Campbell/Manning 2014: 712를 보라.

4. 캠벨과 매닝이 예민하게 포착하였듯이 이러한 의무는 심지어 자기 고유의 도덕적 신념에 반하여 존재하며 그것에 대해 승리감을 느낀다. "그렇지 않으면 자신의 공적인 명성이 악화될 것이라고 생각했던 알렉산더 해밀턴Alexander Hamilton은 결투를 강요당하는 것처럼 느꼈다. 자신의 '도덕적이고 종교적인 원칙은 결투의 실행에 반대한다'고 썼음에도 불구하고 말이다." (Campbell/Manning 2014: 717) 이처럼 외부로부터 오는 것처럼 보이는 결투나 자살에의 강요는 문학에 자주 등장하는 주제로서, 아르투어 슈니츨러의 소설 『로이트난 구슬Lieutenant Gustl』(Schnitzler 2006)을 예로 들 수 있다. 이처럼 자아와 일치하지 않는 의무는 순진한 관찰자의 심급에 관한 정신분석학 이론의 도움으로 설명될 수 있을 것이다.

5. 캠벨과 매닝은 이러한 맥락에서 (피터 버거의 1970년 저작과 유사하게) 노르베르트 엘리아스의 문명화 과정에 대한 명제를 참조하도록 하고 있다. Campbell/Manning 2014: 713을 보라; Elias 1998과 비교하라.

6. Campbell/Manning 2014: 714를 보라.

7. Jacobs 1961을 보라.

8. Campbell/Manning 2014: 718을 보라.

9. Campbell/Manning 2014: 714를 보라.

10. Campbell/Manning 2014: 714f를 보라.

11. Campbell/Manning 2014: 710을 보라.

12. 이런 맥락에서 로버트 휴스의 『불평의 문화』의 영어 원판이 1993년에 발간되었다(Hughes 1994).

13. 이러한 사례에 대해서는 Campbell/Manning 2014: 705를 보라.

14. 이에 대해서는 Mannoni 1985; Pfaller 2002를 보라.

15. Campbell/Manning 2014: 717을 보라; 위의 단어 "명예"와 비교해보라.

16. Sennett 2001: 18.

17. Sennett 2001: 21.

18. 이에 대해서는 Pfaller 2011: 131~147을 보라.

19. Nietzsche [1887]: 226을 보라: "— 그러나 그대들은 이것을 이해하지 못하는가? 승리하기 위해서 2천 년이 필요했던 일을 볼 만한 눈이 그대들에게는 없단 말인가?" [프리드리히 니체, 「도덕의 계보」, 『니체 전집 14』, 김정현 옮김, 책세상, 2002. 364쪽.]

20. 1848~1849년 시민혁명이 실패한 이후 독일의 계급 상황에 관해서는 Machtan/Milles 1980을 보라.

21. 이에 대해서는 Engels 1962: 311ff와 1962a: 400; Trotzki 1994: 189f를 보라.

22. 이에 대해서는 https://www.freitag.de/autoren/lfb/nicht-gecheckt을 보라. (접속날짜: 2017. 5. 1.): "특권 개념은 비판적 백인성에서 근본적으로 잘못 사용되고 있다. 문제는 한 사람의 불이익이 아니라, 다른 사람의 장점이기 때문이다. 따라서 답은 자유가 아니라 억압이다. '모두에게 부여된 것이 아닌 특권을 포기하는 것은 연대적 행위이다'라고 블로그 <mädchenmannschaft.net>에서 파이네 자네 피쉬필레Feine Sahne Fischfilet 밴드를 비판하며 작성되어 있다." 여기에서 볼 수 있는 것은 정치적으로 올바른 의식이 오늘날 고려하곤 하는 것이 실제로는 새롭게 합리성으로 단단히 무장한 속물성이라는 것이다.

23. Heine [1853]; Freud [1919h]: 259.

24. Nietzsche [1886]: 56을 보라: "모든 고대적 가치의 가치 전도"; [1887]: 238과 비교해보라.

25. Nietzsche [1886]: 137.

26. 이에 대해서는 Freud [1907b]를 보라.

27. 원한과 존속의 입장이 갖는 가치의 차이에 대해서는 Scheler 2004: 17을 보라.

28. Nietzsche [1887]: 226.

29. Marx [1867]: 181; 185; 192를 보라.

30. 부끄러움이 한편으로는 죄책감과, 다른 한편으로는 원한과 갖는 이러한 차이는 부끄러움과 죄의식이 사회적 규범에 근거한다는 점에서 기인한다. 특정한 상황에서 사람은 부끄러움이나 죄의식을 느껴야 한다(느낄 수 있다). 반면 원한을 품어서는 (혹은 그것에 대해 부끄러움을 느껴서는) 안 된다.

31. 능력과 그것의 수행 간의 차이가 주체성의 결정적인 특성을 보여준다면 (니체가 [1887]: 235에서 주체 개념을 비판적으로 언급했듯이), 원한은 탈-주체화에 빚지고 있다. 이는 원한을 주체 형성의 편집증적 유형과 연관시키기 위한 첫 번째 단서가 될 것이다. 프로이트가 가르쳐주었듯이 편집증은 정신질환으로서의 탈-주체화를 치료하려는 시도이기 때문이다. (Freud [1911c]: 198을 보라)

32. Nietzsche [1887]: 235f를 보라. "마치 사람들이 번개를 섬광에서 분리히여 후지를 번기라 불리는 어떤 주체의 활동이며 작용이라고 가정하는 것과 마찬가지로, 민중의 도덕도 마치 강자의 배후에는 강한 것을 나타내거나 나타내지 않는 것을 자유롭게 할 수 있는 일종의 중립적인 기체가 있는 것처럼, 강한 것을 강한 것을 표현하는 것과 분리한다. 그러나 그러한 기체는 존재하지 않는다. 활동, 작용, 생성 뒤에는 어떤 '존재'도 없다. '활동하는 자'는 활동에 덧붙여 단순히 상상에 의해 만들어진 것이다. — 활동이 모든 것이다." 프리드리히 니체, 「도덕의 계보」, 『니체 전집 14』, 김정현 옮김, 책세상, 2002. 378쪽.

33. Nietzsche [1887]: 236을 보라. "복수와 증오의 감정이 "강자가 약해지는 것도, 맹금류가 어린 양이 되는 것도 마음대로이다"는 믿음을 스스로를 위해 이용하고, [...] — 이로 말미암아 그들은 맹금에게 맹금이라는 책임을 지우는 권리를 스스로 획득하게 된다". [같은 책, 378쪽]

34. 이는 원한이 질투의 집단화를 통해 사후적으로 소위 귀족화되는 것을 의미할 뿐 아니라, 질투와 원한 모두 그 자체로 특수한 역사적 사회적 조건의 산물로 이해되어야 함을 의미한다. (이는 예를 들면 주의력 결핍 장애 ADHD가 특정한 "ADHD 문화"의 산물로 이해되어야 하는 것과 같다. 이에 대해서는 Türcke 2012를 보라)

35. Brecht 1984: 633을 보라.

36. 이는 지젝(1999: 186)의 답변이 될 것이다. "성공적인 이데올로기를 위해 중요한 것은 '억압받는 것'과 '억압하는 것'에 속하는 주제와 모티브 사이의 특정한 내용 안에서 벌어지는 긴장이다. 지배적인 이념은 곧장 지배계급 이념이 되는 것은 아니다. 가장 궁극적인 사례로 기독교를 들어보자. 어떻게 기독교는 지배적인 이데올로기가 되었는가? 억압받는 것에 관한 일련의 모티브와 열망을 만들고(진실은 고통받고 굴욕당하는 이들의 편이다, 권력은 부패한다 …) 기존 지배 관계와 양립할 수 있는 방식으로 그것들을 재정립함으로써 그렇게 될 수 있었다."

37. 옥타브 마노니가 제안한 개념에서(Mannoni 1985: 9; 13을 보라) 나는 이러한 문제를

다음과 같이 제기하였다. "미신의 변증법"처럼 내재적으로 신앙을 목표로 삼고 이를 통해 금욕적 이상을 생성시키는 것이 있는가? (이에 대해서는 Pfaller 2002: 146~159를 보라)

38. 이러한 관점에서도 니체의 입장은 모호하고 해결되지 않는 것처럼 보인다. 가령 스피노자에게 "우울한 고통"의 출현과 이에 상응하는 반동적인 집단은 특정한, 그러나 불가피한 역사적 결과를 재현하는 것(이에 대해서는 Balibar 1998; Loock 2002를 보라)이라면, 니체는 금욕주의를 종종 구조적 불가피함으로 여기는 것처럼 보인다. 마치 "사제의 이야기"가 불가피하게 인간 삶의 모든 형식에 대한 상부구조를 표현하는 것처럼 말이다. (예컨대 Nietzsche [1887]: 227을 보라: "이 독이 [인류의 몸 전체로] 스미는 과정은 멈출 수 없는 것처럼 보인다"; 또한 같은 책 305쪽을 보라: "이러한 삶에 적대적인 종족을 되풀이하여 계속해서 성장시키고 증식시키는 것은 최고급의 필요성임이 틀림없다. ─이러한 자기 모순적인 유형이 소멸되지 않는 것은 삶 그 자체의 관심사임이 틀림없다." 프리드리히 니체, 「도덕의 계보」, 『니체 전집 14』, 김정현 옮김, 책세상, 2002. 480쪽) 금욕적 이상이 없는 사회는 이러한 관점에서 그 어떤 상부구조 없이는 불가능한 사회로 나타날 것이다. 여기서 인식론적 문제는, 삶에 반대함으로써 삶을 강화하는 적대감의 역설을 해독하려고 시도할 때, 이론은 너무 많이 설명하는 함정에 빠지게 된다는 것이다. 그 함정은 말하자면 단지 역설로, 혹은 심지어는 불가능함으로 나타나는 것의 불가피함을 추측하는 것이다.

39. 이에 대해서는 Pfaller 2011: 131~147을 보라.

40. 텔레비전이 종교적인 행동의 형식으로 여겨지는 상황은 물론 여러 작가들에 의해 종교학과 신학 분야에서뿐 아니라 매체학 분야에서도 언급되었다. 이에 대해서는 Albrecht 1993, Gebauer 2002, Jochum 2000, Thomas 1996을 보라.

41. 이러한 기독교의 고백적 형식은 슬라보예 지젝이 포스트모던의 독단주의에 맞서 소환하고 변호하려고 한 것이다. (Žižek 2003; 2004 und 2004a를 보라)

42. 이에 대해서는 Fink 1997: 84를 보라.

43. 이러한 "쾌락–자아"의 구성에 대해서는 Freud [1925h]: 374f를 보라; 또한 [1915c]: 97, 미주 2와 비교하라.

44. Mannoni 1985를 보라.

45. Pfaller 2002: 57~62를 보라.

46. Pfaller 2002: 163을 보라.

47. Mannoni 1985: 13을 보라.

48. 이러한 차이에 대해서는 Assmann 2003: 11을 보라. 이러한 이유에서 유일신교 문화의 학자는 그리스인들이 정말로 자신의 신들을 믿기는 했는지에 대해 놀라워하며 질문을 제기했다(프리드리히 엥겔스가 제기한 이러한 질문과 이에 정향된 답변에 대해서는

Pfaller 2002: 16f를 보라).

49. 발터 비퍼스베르크Walter Wippersberg 감독의 영화 <닭들의 축제Das Fest des Huhnes>(오스트리아 1992)는 이를 매우 섬세하고 유쾌한 방식으로 묘사하고 있다.

50. 이에 대해서는 Humphrey/Laidlaw 1994: 1을 보라.

51. 이에 대해서는 Pfaller 2008: 75f를 보라.

52. 이에 대해서는 Benjamin 1980: 811f를 보라.

53. 이러한 "원근법적 환상"에 대한 자세한 묘사와, 제임스 조지 프레이저James George Frazer를 언급하면서 그것에 대해 루드비히 비트겐슈타인이 행한 비판에 대해서는 Pfaller 2002: 74~91을 보라.

54. 이에 대해서는 Evans 1997: 91f를 보라.

55. 이러한 표현에 대해서는 Miller 1994: 80; Žižek 1993: 203을 보라.

56. Tertullian 2008: 80ff.

57. 이에 대해서는 Lacan [1959~1960]: 223을 보라; Evans 1997: 92를 참조하라.

58. 이에 대해서는 Freud [1921c]: 106을 보라.

59. 이에 대해서는 Freud [1911c]: 183ff를 보라.

60. Freud [1927d]를 보라. 이후에 나는 이 책에서 프로이트의 설명과 구별되는 지엽적인 성찰을 제안할 것이다. 이에 대해서는 '아이 같은 신' 장을 보라.

61. 이에 대해서는 Nietzsche [1887]: 272를 보라. 여기서 니체는 "제우스나 우연이라고 불리기도 하는 '커다란 어린아이'가 하는" "행운의 주사위 놀이"에 대해 말하고 있다. 프리드리히 니체, 「도덕의 계보」, 『니체 전집 14』, 김정현 옮김, 책세상, 2002. 432~433쪽 참조.

62. "sartorisch"한 초자아의 개념에 대해서는 Copjec 1994: 65~116을 보라. "sartorisch"라는 단어는 원래 의복에 있어서의 세심함을 가리킨다. Copjec은 역사적으로 남성의 의복을 기능적인 것으로 제약해온 것이 실용성뿐만 아니라 의무에 따른 것임을, 그런 점에서 초자아의 효과로 파악되어야 함을 보여준다. "너 자신이 되어라!"는 초자아의 명령이 1968년 이후 어떻게 널리 유포되었는지에 대한 역사적 서술은 Berman 2009를 보라.

63. Nietzsche [1887]: 233; 253을 보라.

64. 이러한 태도의 미학적 대응은 오늘날 유행하는 성형수술에도 적용되는 원칙이다. 어느 누구도 무엇을 통해서도 파괴하지 말 것. 여기서 미는 오로지 부정적인 용어로 정의된다.

65. Whitehead 1978: 105를 보라.

66. 이에 대해서는 Berkel (Hg.) 2009를 보라.

67. Epiktet 2004: 11을 보라.

68. 프로이트가 보여주었듯이 이는 예컨대 사후적으로 가능하다. 어떤 우연한 사건이

사후적으로 특정한 용어를 통해 채워진다면 말이다. 가령 쾌락원칙에서 현실원칙으로의 이행이 이후에 "거세", 즉 근원적이고 경계 없는 향유의 상실로 풀이되었듯이 말이다.

69. 이에 대해서는 https://derstandard.at/3056079/Londoner-Polizei-wegen-Toetung einesunschuldi-gen-Brasilianers-angeklagt를 보라. (접속날짜: 2017. 4. 14.)

70. Pfaller 2011: 114f를 보라.

71. <약속 – 감각의 숨결>. USA 1969, 감독: Sidney Lumet; 출연: Omar Sharif, Anouk Aimée.

72. Nietzsche [1887]: 268.

73. Nietzsche [1887]: 223을 보라.

5. 겸손함의 잘난 척하는 제스처

1. 이 장은 2013년 9월 오스트리아 레히Lech에서 열린 철학 심포지움 <필로조피쿰 레히>에서 가졌던 강연 텍스트에 기초하고 있다. 활기를 주기 위하여 나는 발화 형식과 청중을 향한 담화의 요소들을 유지하였다.

2. 이에 대해서는 Moeschl 2015: 34~44를 보라.

3. 에피쿠로스는 다음과 같이 적고 있다. "메마른 삶에도 절제는 존재한다. 이에 유의하지 않는 이는 무절제에 빠진 이와 비슷한 고통을 겪는다." (Epikur: Über das Glück, Zürich: Diogenes, 1995: 71)

4. 다음을 보라. Iuvenalis, Decimus Iunius/Persius Flaccus, Aulus: Juvenal and Persius. With an engl. transl. by G. G. Ramsay, London: Heinemann, 2009: 164; dt.: Juvenal: Satiren. Übers., Einf. u. Anhang v. Harry C. Schnur, Stuttgart: Reclam, 2007: 91.

5. Brecht 1984: 653.

6. 이 질문에 대해서는 나의 책 『어떻게 살 것인가. 유물론 철학의 요소들Wofür es sich zu leben lohnt. Elemente materialistischer Philosophie』 10장을 보라: 148~159: 이성의 합리적 사용. 중복의 합리성.

7. 루이 알튀세르의 『자본론의 대상』을 보라, in: 루이 알튀세르, 에티엔 발리바르, 『자본론을 읽는다』, 두레 1991.

8. Freud [1925h]: 371~378을 보라.

9. Lacan: 145를 보라.

10. Freud [1927d]를 보라.

11. Hughes 1994를 보라.

12. 이에 대해서는 Žižek 1993: 203을 보라.

13. 해당 논의에 대한 사례를 알려준 것에 대해 오스트리아 빈의 에른스트 슈트루알Ernst

Strouhal에게 감사를 표한다.

14. 질투의 모순성에 대해서는 나의 책 『어떻게 살 것인가』(Pfaller 2011: 101~130) 7장과 8장에 상세하게 기술하였다.

15. 이에 대해서는 Althusser [1969]: 140을 보라.

16. 오스트리아 빈의 철학자 콘라드 파울 리스만Konrad Paul Liessman은 이러한 역설을 2013년 <필로조피쿰 레히Philosophicum Lech> 초대장에서 발표자가 제기하는 이의 정도로 표현하였다. http://www.philosophicum.com/editorialzum-17-philosophicum-2013-ich-der-einzelne-in-seinen-netzen.html.

17. Pfaller 2012를 보라.

18. 이에 대해서는 예컨대 Nietzsche [1887]: 306f를 보라.

6. 정체성의 수상한 보물

1. 이 타이틀은 나의 친구 칼 헤게만Carl Hegemann의 시 ― 내가 알기로는 출간되지 않은 ― 에서 가져온 것이다. 그는 이 시를 나에게 구두로 낭독해준 적이 있다.

2. 이에 대해서는 예컨대 다음과 같이 객관적으로 서술하고 있는 코라 슈테판Cora Stephan의 판결을 참조하라: "여성운동은 오로지 그 임원들에게만 유익했다." (Stephan 1993: 26)

3. 이러한 질문에 대한 명민한 표현들은 Slavoj Žižek에게서 한 번 더 가져온 것이다. Žižek 2011: 127을 보라; 이에 대해서는 Fraser/Honneth 2003을 참조하라.

4. 이에 대해서는 Nietzsche [1886]: 180을 보라: "평범한 인간이 오늘날에도 여전히 자기 자신에 대한 세상의 평판을 기대하는 것[…]은 엄청난 격세유전의 결과로 파악할 수 있을 것이다" 프리드리히 니체, 「선악의 저편」, 『니체 전집 14』(김정현 옮김, 책세상, 2002), 280~281쪽 참조. Deleuze 1985: 14: "노예는 권력을 오직 인정의 대상, 재현의 소재, 경쟁의 저당물로만 파악하여 그 결과 투쟁의 끝에 그것을 지배적인 가치의 공로에 불과하게 만들어버린다."

5. 논쟁에서 꼬리표를 붙이는 것을 "문화적" 내지 "종교적"으로 오도하는 것에 대해서는 Meyer 2002; Balibar 2012를 보라.

6. 이는 카린 플라이샨델Karin Fleischanderl이 한 논평에서 냉철하게 비평한 바 있다. (Fleischanderl 2012, 다음을 보라: http://derstandard.at/1350261586642/Wozu-istdas-Binnen-I-gut 접속날짜: 2013. 1. 4.) 그녀는 다음과 같이 적고 있다: "이 모든 이유에서 나는 내삽―IBinnen-I, '여석사Magistra'의 '-a'와 '여박사Doktorin'의 '-in'을 조롱으로 받아들일 수밖에 없다. 어째서 나는 내가 여성이라고, 여성, 여성, 여성이라고 끊임없이 스스로에게 낙인찍어야 하고 또 들어야 하는가? 그 누구도(나뿐만 아니라 그 누구라도), 심지어 내삽―I, '여석사Magistra'

의 '-a', '박사Doktorin'의 '-in'조차도 여성이라는 존재가 갖는 명백한 단점으로부터 해방시켜줄 수 없는 여성이라고, 돈, 권력이나 특권을 가지려면 여성이라는 존재를 버려야 하는 여성이라고? 누가 이것을 (여박사 양Frau Doktorin에게 보내는 모든 편지에 담아) 코앞에 들이밀면서 나를 화나게 하는가? 여박사 양 — 이중으로 감싼 이 단어는 마치 누군가가 나의 타이틀을 과장해서 놀리려는 것처럼 들린다(반면 내삽-I는 성별 차이를 극복하려는 노력을 완전히 무시하고 모두가 자매가 되기라도 한 것처럼 들린다). 또한 왜 나는 나의 성별 정체성을 나의 상황을 위해 가장 먼 곳에, 그러니까 대학과 학문영역이라는, 내가 여성임을 가장 맹렬하게 상기시키는 바로 그곳에 떨어뜨려 놔야 하는가?

7. 이에 대해서는 Pfaller 2012을 보라.

8. Žižek 2011: 140.

9. 이에 대해서는 또한 Meyer 2002: 25을 보라. 그는 근대는 서구 문화를 통해 정체화된 것이 아니라 17~18세기에 서구 문화가 완전히 붕괴하면서 발생한 것이라고 강조한다.

10. Sennett [1974]: 336.

11. Mannoni 1985: 9ff.

12. 이에 대해서는 Pfaller 2002: 163을 보라.

13. "원시종교"와 "제2 종교"의 차이에 대해서는 Sundermeier 1999를 보라; 이를 Assman 2003: 11과 비교해보라.

14. 이에 대해서는 Pfaller 2002: 85ff를 보라.

15. Weber [1905]: 94를 보라.

16. 이에 대해서는 Freud [1920g]: 220; Lacan [1959~1960]: 231을 보라.

17. 이 질문에 대해서는 예컨대 안드레아스와 프랑켄베르크의 훌륭한 저작 Andreas/Frankenberg (Hg.) 2013을 보라.

18. Althusser [1969]: 103을 보라.

19. Althusser [1969]: 143을 보라.

20. Butler 1991: 190ff를 보라; 이를 Fischer-Lichte 2004: 36ff와 비교하라.

21. Sennett [1974]를 보라.

22. Sennett [1974]: 336을 보라.

23. 다른 사람을 동질화하는 것의 개념에 대해서는 Pfaller 2012: 8; 88을 보라.

24. 포스트모더니즘에서 인종주의의 이러한 "다문화적" 판본에 대해서는 에티엔 발리바르 Etienne Balibar: 「"신-인종주의"란 존재하는가?Gibt es einen "Neo-Rassismus"」, in: Balibar/Wallerstein 1992: 23~38을 보라.

25. 이에 대해서는 하나의 사례만을 제시하겠다. 잭 어윈Jack Urwin의 책 『Boys don't cry』에 대한 한 리뷰는 다음과 같이 말하고 있다. "잭 어윈은 할 만큼 했다. 강한 남자가

눈물을 흘리거나 육아휴직을 가져도 되는 것으로는 그의 성에 차지 않는다. 반대로 그는 어째서 남자들이 그토록 강해야 하는지 묻는다. 어째서 우리는 차라리 없는 게 더 나을 고정관념으로 항상 남자들을 판단하는가?" 바로 여기서 질문이 제기된다. 그러한 고정관념이 없으면 정말로 더 나아질까? 정확히 그와 정반대되는 것을 포스트모더니즘에서 눈여겨보지는 말자. 바로 그러한 고정관념이 사라져서 절망한 수많은 사람들 말이다. 다른 한편으로 아무런 고정관념도 없는 대신에 바보 같은 고정관념을 고수하려는 광신자 집단이 있지 않은가? (인용은 다음을 보라. https://www.perlentaucher.de/buch/jack-urwin/boys-don-t-cry.html; 접속날짜: 2017. 5. 1.)

26. Sennett [1974]: 22.
27. Žižek 1993: 203.
28. Grunberger/Dessuant 2000: 107; 120 f.; 203을 보라.
29. Freud [1921c]: 122.
30. Freud [1905d]: 78을 보라.
31. 이에 대해서는 Deleuze/Guattari 1977: 65ff를 보라.
32. Engels 1973.
33. Deleuze/Guattari 1977: 30 ff.; 74; 377을 보라.
34. 이에 대해서는 Madam, I'm Adam. The Organization of Private Life, hg. v. Piet Zwart Institute u. Kunstuniversität Linz, Bereich Experimentelle Gestaltung, Rotterdam, Linz, 2003을 보라.
35. 이에 대해서는 Pfaller 2012를 보라.

7. 기만은 기만당하는 자들을 얻는다. 맨스플레인

1. Solnit 2015: 14. 리베카 솔닛, 『남자들은 자꾸 나를 가르치려 든다』, 김명남 옮김, 창비, 2015. 15쪽.
2. 이에 대해서는 Solnit 2015: 27을 보라. "나도 내가 흥미가 있지만 미처 몰랐던 사실에 대해서 그 내용을 잘 아는 상대가 설명해주는 것은 아주 좋아한다. 대화가 어긋나는 것은 내가 알고 상대가 모르는 것을 상대가 내게 가르치려 들 때다." 리베카 솔닛, 『남자들은 자꾸 나를 가르치려 든다』, 김명남 옮김, 창비, 2015. 29쪽.
3. 그 외에도 사실을 설명하는 이러한 유형은 남자들 사이에도 존재한다. 남자들은 다른 남자들에게도 설명하기를 좋아한다. 여자들 사이의 커뮤니케이션은 다른 측면, 좀 더 주관적이고 심리적인 측면을 추구하는 경우가 좀 더 많을 것이다. 한 번은 기민한 한 친구가 나에게 다음과 같이 말해주었다. "나한테 문제가 생겨서 그것에 대해 말하면,

남자는 해결책을 제시하고, 반대로 여성은 나에게 감정이입을 해." 이를 Grawert–May 1992: 30과도 비교해보라.

4. 이에 대해서는 Vilar 1997: 32ff를 보라; Illouz 2012: 152f를 참조하라.

5. 이에 대해서는 Solnit 2015: 11을 보라: "참석자들은 모두 우리보다 나이가 많았으며 기품있게 지루하신 분들이었다. 사십 대인 우리가 그 자리를 빛내는 젊은 아가씨들로 통할 정도였으니까." 리베카 솔닛, 『남자들은 자꾸 나를 가르치려 든다』, 김명남 옮김, 창비, 2015. 11쪽.

6. Renard 1986: 6.

7. 솔닛은 자신의 경험을 일반적인 유형의 사례로 특징지을 뿐 아니라 동시에 다른 더 큰 현상의 일종으로 간주한다. 맨스플레인은 여성을 침묵하게 하여 여성을 억압하고 살해하기에 이른다는 것이다. (Solnit 2015: 18; 29을 보라) 이러한 논증의 전략에 대해서는 Campbell/Manning 2014: 699를 보라.

8. 이 개념에 대해서는 Pfaller 2008: 29; 115~192; 2009a를 보라.

9. 이에 대해서는 Lacan 1958: 130; 132를 보라.

10. 소크라테스의 아이러니에 대해서는 Drühl 1998: 16ff를 보라; Taylor 1999: 59ff를 참조하라.

11. https://www.youtube.com/watch?v=4GvD_NQrLFo를 보라. (접속날짜: 2017. 3. 18.)

12. 이에 대해서는 http://www.songtexte.com/uebersetzung/johnny-cash/jackson-and-junecarter-cash-deutsch-1bd63d14.html.

13. 다음을 보라: https://www.youtube.com/watch?v=7MFJ7ie_yGU.

14. 다음을 보라: https://www.youtube.com/watch?v=iHYqKEAehPU.

15. https://www.youtube.com/watch?v=amK4U4pCTB8 (접속날짜: 2017. 3. 18.) 이러한 유용한 자료에 대해 알려준 오슬로/빈의 테레자 쿨도바Tereza Kuldova에게 감사를 표한다.

16. Nietzsche [1886]: 82를 보라: "남성과 여성을 전체적으로 비교한다면, 다음과 같이 말할 수 있을 것이다: 만일 여성에게 2차 역할을 할 수 있는 본능이 없었다면, 화장의 천재성은 없었을 것이다." 니체, 「선악의 저편」, 『니체 전집 14』, 125쪽.

17. 진술énoncé의 영역과 진술 행위énonciation 영역 간의 구분에 대해서는 Lacan 1980: 145를 보라; 이를 이 책의 '겸손함의 잘난 척하는 제스처' 장과 비교해보라.

18. 칼 마르크스가 딸 제니에게 고백하는 책의 유명한 도입부에서 "선호하는 미덕"에 대한 질문에서 "남자" 항목에는 "힘"으로, 반대로 "여자" 항목에는 "약함"으로 답하였을 때, 이는 가부장적 역할에 대한 이해의 연장선상일 뿐 아니라, 그러한 역할에 특정한 권력 수단에 대한 정치적 의식의 표현일 수도 있다.

19. 이에 대해서는 Sennett [1974]: 92~121을 보라.

20. Huizinga 1956을 보라; Pfaller 2002: 92~145를 참조하라.

21. 이러한 메커니즘에 대해서는 나의 책 『제2 세계Zweite Welten』의 '의심할 여지가 없는

것이 주는 작은 기쁨' 장을 보라(Pfaller 2012: 96~125).

22. 이에 대한 예는 이 책의 표지에서 볼 수 있다.

23. 이에 대해서는 Mannoni 1969: 9를 보라.

24. 마노니의 이론에 대한 이러한 추론은 전작에서 상세하게 설명하였다. Pfaller 2002를 보라.

25. 이에 대해서는 이 책의 '아이 같은 신' 장을 보라.

26. 이에 대해서는 Weigel 2016을 보라.

27. Dusini/Edlinger 2012.

28. Mannoni 2006: 19를 보라.

29. 이러한 자유톱고 신사유주의적인 공론장에 내한 비판은 Michéa 2014; Žižek 2004를 보라.

8. 아이 같은 신. 기저-자아Unter-Ich

1. Erasmus 1987: 33.

2. "유일신적인" 소크라테스 이전의 크세노파네스는 다음과 같이 비판적으로 언급하였다: "호메로스와 헤시오도스는 신들을 인간에게 부끄럽게 보이고 비난받을 만한 모든 것으로 묘사하였다. 그들은 훔치고, 혼인을 망치고, 서로 속인다." (Xenophanes von Kolophon, Frgm. 11, Sextus adv. math. IX, 193, see Kirk u. a. 1994: 183ff.)

3. Veyne 1987을 보라; 이를 엥겔스의 명석한 답변과 비교해보라 (Engels 1973: 14); 이에 대해서는 Pfaller 2002: 16f를 보라.

4. Durkheim 1994: 52ff를 보라.

5. 조르지오 아감벤이 훌륭한 연구(Agamben 2005)를 바친 수호신 또한 결코 사이좋게 지내기 쉽지 않은, 이 아이 같은 신에 속한다. 1990년대 이래로 개념예술이나 다큐멘터리 예술과 같은 다양한 발의를 통한 이 아이 같은 신을 예술세계로부터의 열정적으로 청산한 것은 저 광신적인 프로테스탄티즘적 정신에 대해 증언한다. 막스 베버가 정확히 언급한 바에 따르면 이 정신은 자기 고유의 종교적 본성을 의식하지 않는다(Weber [1905]: 203을 보라).

6. Assmann 2003: 11을 보라.

7. 이에 대해서는 다음을 보라. https://news.vice.com/article/orlando-gunman-omar-mateen-father-seddique-mir-mateen-punish-gay-people (접속날짜: 2016. 6. 18.)

8. 이에 대해서는 Nietzsche를 보라: "'어리석음', '무분별', 약간의 '머릿속의 혼란스러움', 이러한 많은 것을 가장 강하고 용감한 시대에 살았던 그리스인들조차도 스스로 많은

재화災禍와 불운의 원인으로 인정했다. — 인정한 것은 어리석음이었지 죄가 아니었다! 당신들은 이것을 이해하겠는가? … 그러나 이 머릿속의 혼란스러움조차도 하나의 문제였다 — "그렇다면, 어떻게 그러한 머릿속의 혼란스러움이 가능하단 말인가? 도대체 어디에서 그러한 혼란이 왔단 말인가? 우리가 보아왔듯이, 우리 고귀한 혈통의 인간, 행복한 인간, 성공한 인간, 가장 훌륭한 사회에 살고 있는 인간, 고귀한 품성을 지니고 있는 인간, 유덕한 인간의 머릿속에 그러한 혼란이 일어날 수 있단 말인가?" — 수 세기 동안 고귀한 그리스인은 그의 무리 가운데 누군가가 범한 그 자신도 이해할 수 없는 온갖 만행과 악행을 볼 때마다 스스로 물었다. 그는 머리를 흔들면서 마침내 자신에게 "아마도 신이 그를 우롱했음이 틀림없어"라고 말했다 … 이러한 해결책은 그리스인들에게는 전형적이다 … 이와 같이 그 당시에는 어느 정도까지 나쁜 일에서도 인간을 변호하는 데 신이 이용되었다. 신은 악의 원인으로 이용되었다 — 그 당시에는 신들은 벌주는 것을 맡은 것이 아니라, 더 고귀한 것, 즉 죄를 맡은 것이다 … (Nietzsche [1887]: 835), 프리드리히 니체, 「도덕의 계보」, 『니체 전집 14』, (김정현 옮김, 책세상, 2002) 445쪽.

9. Benveniste 1969, Bd. II: 188 ff.; Freud [1912‐13]: 311을 보라.

10. 내 견해에 따르면 여기에 프로이트의 "승화" 개념에 대한 엄밀한 이론적 의미가 있다. 이에 대해서는 Pfaller 2009를 보라.

11. Freud [1919h]: 259를 보라.

12. 이러한 평가기능과 그것의 문화사적으로 다양한 양태에 대해서는 니체를 보라. "이러한 그리스인들은 바로 '양심의 가책'을 자신에게서 떼어놓고 그들의 영혼의 자유를 즐길 수 있게, 오랫동안 자신의 신들을 이용했다 : 즉 그것은 그리스도교가 자신의 신을 이용해왔던 것과는 정반대되는 의미의 것이었다." (Nietzsche [1887]: 280) 프리드리히 니체, 「도덕의 계보」, 『니체 전집 14』, (김정현 옮김, 책세상, 2002.) 444쪽.

13. 이는 "심급" 개념에 완전한 정당성을 부여해줄 것이다. 이를 통해 프로이트의 국지적인 차이가 비로소 차이가 해야 마땅한 일, 즉 동일한 본성을 가진 것들을 구별하는 일을 수행할 것이기 때문이다. 이 경우에 그것들은 관찰하는 심급들에 해당한다. 다른 경우에 정신분석학의 주제는 부의 "삼위일체 형식"("자본-지대-노동")을 다룬 고전 정치경제학과 같이 유사한 이론적인 오류에 빠지기 쉽다. 이 삼위일체 형식을 칼 마르크스는 공중인 수수료, 당근, 음악 간의 차이만큼이나 중요한 것이라고 조롱한 바 있다. (Marx 1984: 822를 보라)

14. 동일한 범주에 "누군가가 말한다 …", 혹은 "오늘은 이것을 입는다 …", 혹은 "누군가는 믿을 수 있다 …"와 같은 관용구에 속하는 것들이 포함된다. (옥타브 마노니에게서 역할극의 환상에 특징적인 형식인 "아마도on dirait"와 비교해보라, Mannoni 2006: 18을 보라) 여기서 "누군가man"는 마르틴 하이데거가 무례하게 놓았던 것(Heidegger 1993: 113ff를 보라)과 같은 방식으로 언제나 자아에 대해 열등한 위치에 있는 관찰 심급이자,

"순진한 관찰자"이다. (이에 대해서는 Pfaller 2002를 보라) 여기서 내가 행한 고찰이 이러한 심급의 시야와 관련된 한, 나는 그것을 "본 것을 말하기"라는 주제에 기여한 것으로 이해한다.

15. 이에 대해서는 임마누엘 칸트와 리처드 세넷이 공론장에서 연극적인 등장의 불가피함에 대해 서술한 것을 보라. (Kant [1798]: 442; Sennett [1974]: 60ff.)

16. Mannoni 1985: 9ff를 보라.

17. 이는 프로이트가 언급하였듯이 언캐니와 희극성이 함께 속하는 이 영역의 위선적인 면을 보여준다. (Pfaller 2008: 251-272를 보라) 영화 <오퍼레이션 페티코트Operation Pettycoat, USA 1959, 감독: 블레이크 에드워즈Blake Edwards>와 같은 코미디에서 캐리 그랜트의 전형적인 시선이 — 코믹한 측면에서 — 보여주는 깃이 바로 이처럼 끔찍 놀라고 재밌어 하는, "나도 알지만 그럼에도 불구하고"의 의미에서 완전히 운명론적으로 받아들이는 태도이다.

18. Freud [1912-13]: 292를 보라.

19. Freud, ibid.

20. Freud [1927d]: 282.

21. Freud [1927d]: 281.

22. Freud [1930a]: 252f를 보라.

23. Freud [1933a]: 505를 보라.

24. Freud [1927d]: 281.

25. Freud [1921c]: 107을 보라.

참고문헌

Abiola, Hafsat

    2016 Europa erzeugt die Flüchtlinge selbst! In: Die Zeit, 1. 8. 2016; http://www.zeit.de/kultur/2016.07/westafrika-freihandelsabkomen-eu-fluechtlinge-hafsat-abiola/komplettansicht (Zugriff: 2017. 02. 24)

Agamben, Giorgio

    2005 Genius, in: Ders., Profanierungen. Frankfurt am Main: Suhrkamp: 7‒17

Alain

    1982 Die Pflicht glücklich zu sein (Propos sur le bonheur), Frankfurt am Main: Suhrkamp

Albrecht, Horst

    1993 Die Religion der Massenmedien, Stuttgart, Berlin, Köln: Kohlhammer

Allen, Keith / Burridge, Kate

    2006 Forbidden Words. Taboo and the Censoring of Language, Cambridge et al.: Cambridge University Press

Althusser, Louis

    [1969] Ideologie und ideologische Staatsapparate (Anmerkungen für eine Untersuchung). In: Ders., Ideologie und ideologische Staatsapparate, Hamburg / Westberlin: VSA 1977: 108‒153

    1973 Antwort an John Lewis. In: H. Arenz, J. Bischoff, U. Jaeggi (Hg.), Was ist revolutionärer Marxismus? Kontroverse über Grundfragen marxistischer Theorie zwischen Louis Althusser und John Lewis, Westberlin: VSA: 35‒76

    [1975] Ist es einfach, in der Philosophie Marxist zu sein?. In: Ders., Ideologie und ideologische Staatsapparate, Hamburg / Westberlin: VSA 1977: 51‒88

    1994 Écrits philosophiques et politiques, Tome I, Paris: Stock / IMEC

    1995 Écrits philosophiques et politiques, Tome II, Paris: Stock / IMEC

Assmann, Jan

    2003 Die Mosaische Unterscheidung oder Der Preis des Monotheismus, München: Hanser

Austin, John L.

    1962 How to Do Things with Words, Oxford: Clarendon Press

Badinter, Elisabeth

    2004 Die Wiederentdeckung der Gleichheit. Schwache Frauen, gefährliche Männer und andere feministische Irrtümer. (Orig.: Fausse route, Paris: Odile Jacob, 2003), München: Ullstein

Badiou, Alain

2016 Wider den globalen Kapitalismus. Für ein neues Denken in der Politik nach den Morden von Paris, Berlin: Ullstein

Balibar, Étienne

1998 Spinoza and Politics, übers. v. Peter Snowdon, London: Verso

2012 Saeculum. Culture, religion, idéologie, Paris: Galilée

Balibar, Étienne / Wallerstein, Immanuel

1992 Rasse-Klasse-Nation: ambivalente Identitäten, 2. Aufl., Hamburg: Argument

Bartel, Rainer et al. (Hg.)

2008 Heteronormativität und Homosexualitäten, Innsbruck et al.: Studien Verlag

Barthes, Roland

1984 Essais Critiques IV: Le bruissement de la langue, Paris: Seuil

1988 Der Baum des Verbrechens. In: Das Denken des Marquis de Sade, Frankfurt am Main: Fischer

Bataille, Georges

[1957] Der heilige Eros (L'Érotisme), Frankfurt am Main, Berlin: Ullstein 1986

1993 Die Tränen des Eros, München: Matthes & Seitz

Becker, Matthias Martin

2014 Mythos Vorbeugung. Warum Gesundheit sich nicht verordnen lässt und Ungleichheit krank macht, Wien: Promedia

Béjin, André

1984 Le mariage extra-conjugal d'aujourd'hui. In: Communications, 35: Sexualités occidentales. Dirigé par Philippe Aries et André Béjin, Paris: Seuil: 169-180

Benjamin, Walter

1980 Kant als Liebesratgeber. In: Ders.: Gesammelte Schriften, Bd. IV, Frankfurt am Main: Suhrkamp: 811 f.

Benveniste, Émile

1969 Le vocabulaire des institutions indo-européennes, Paris: Éds. de Minuit

Berger, Peter

[1970] 1983 On the Obsolescence of the Concept of Honour. In: Stanley Hauerwas, Alasdair MacIntyre (Hg.), Revisions: Changing Perspectives in Moral Philosophy, Notre Dame (Indiana): Notre Dame University Press: 172-81

Berkel, Irene (Hg.)

2009 Postsexualität. Zur Transformation des Begehrens, Gießen: Psychosozial-Verlag

Berman, Marshall

2009 The Politics of Authenticity: Radical Individualism and the Emergence of Modern Society, London / New York: Verso

Bok, Sissela

1989 Lying. Moral Choice in Public and Private Life, New York: Vintage Books

Brecht, Bertolt

1984 Die Gedichte von Bertolt Brecht in einem Band, Frankfurt am Main: Suhrkamp

Bremmer, Jan / Roodenburg, Herman (Hg.)

1999 Kulturgeschichte des Humors. Von der Antike bis heute, Darmstadt: Wissenschaftliche Buchgesellschaft

Breton, André

1970 Anthologie de l'humour noir, Paris: Pauvert

Brock, Bazon

2008 Lustmarsch durchs Theoriegelände-Musealisiert euch, Köln: Dumont

Butler, Judith

1991 Das Unbehagen der Geschlechter, Frankfurt am Main: Suhrkamp

1995 Conscience Doth Make Subjects of Us All. In: Althusser, Balibar, Macherey and the Labor of Reading, Yale French Studies, No. 88: 6-26

Campbell, Bradley / Manning, Jason

2014 Microaggression and Moral Cultures. In: Comparative Sociology, Volume 13, Issue 6: 692-726

Cannadine, David

2002 Ornamentalism: How the British Saw Their Empire, Oxford: Oxford University Press

Castiglione, Baldessare

1996 Der Hofmann. Lebensart in der Renaissance, Berlin: Wagenbach

Chossudovsky, Michel

2016 America's ›Humanitarian War‹ against the World; http://www.globalresearch.ca/americas-humanitarian-war-against-the-world/5539814 (Zugriff: 2016. 12. 26)

Cicero

1855-1893 Brutus oder Von den berühmten Rednern. In: Langenscheidtsche Bibliotheksämtlicher griechischen und römischen Klassiker, Bd. 86: Cicero, IX, Berlin und Stuttgart: Langenscheidt

1986 De oratore. Über den Redner, lat. u. deutsch, Stuttgart: Reclam

2004 Orator. Der Redner, lat. u. deutsch, Stuttgart: Reclam

Colletti, Lucio

1977 Marxismus und Dialektik. In: Ders., Marxismus und Dialektik, Frankfurt am Main, Berlin, Wien: Ullstein: 5-41

Copjec, Joan

1994 Read My Desire. Lacan against the Historicists, Cambridge, MA / London, England: The MIT Press

Dahrendorf, Ralf

1997 Die Globalisierung und ihre sozialen Folgen werden zur nächsten Herausforderungeiner Politik der Freiheit. An der Schwelle zum autoritären Jahrhundert. In: Die Zeit, 14. 11. 1997; http://www.zeit.de/1997/47/thema.txt.19971114.xml/komplettansicht (Zugriff: 2017. 04. 11)

De Paz Nieves, Carmen / Moreno Rodriguez, Guillermo

2010 Progressive Politik in einer Zeit der Polarisierung und Wirtschaftskrise. Aktuelle Situation und Perspektiven der Spanischen Sozialistischen Arbeiterpartei; http://library.fes.de/pdf-files/id/ipa/07516-20101015.pdf (Zugriff: 2017. 03. 04)

Deleuze, Gilles

1985 Nietzsche und die Philosophie, Frankfurt am Main: Syndikat / EVA

Deleuze, Gilles / Guattari, Félix

1977 Anti-Ödipus. Kapitalismus und Schizophrenie I, Frankfurt am Main: Suhrkamp

Descartes, René

1949 Briefe 1629-1650, hg. v. Max Bense, Köln, Krefeld: Staufen

Diederichsen, Diedrich

1993 Freiheit macht arm. Das Leben nach Rock 'n' Roll 1990-93, Köln: Kiepenheuer & Witsch

1995 Wer ist die Gehirnpolizei? In: Spex. Köln, Oktober 1995: 53

1996 Politische Korrekturen, Köln: Kiepenheuer & Witsch

Dinsmore, Emily

2016 The 10 Maddest Things Done by Students This Year. In: Spiked, 27. 12. 2016; http://www.spiked-online.com/newsite/article/the-10-maddest-things-done-bystudents -this-year/19141«.WGpToCPhA9d (Zugriff: 2017. 01. 02)

Drühl, Sven

1998 Sokratische Ironie. In: Pädagogische Korrespondenz, Heft 22, Sommer 1998: 14-24; http://www.pedocs.de/volltexte/2014/8531/pdf/PaedKorr_1998_22_Druehl_Sokratische _Ironie.pdf (Zugriff: 2017. 03. 22)

Durkheim, Émile

1988 Über soziale Arbeitsteilung. Studie über die Organisation höherer Gesellschaften, Frankfurt am Main: Suhrkamp

1994 Die elementaren Formen des religiösen Lebens, Frankfurt am Main: Suhrkamp

Dusini, Matthias / Edlinger, Thomas

2012 In Anführungszeichen. Glanz und Elend der Political Correctness, Berlin: Suhrkamp

Ebner-Eschenbach, Marie von

2015 Die Aufrichtigkeit. Parabeln und Dialoge, Berlin: Hofenberg

Elias, Norbert

1998 Über den Prozeß der Zivilisation. Soziogenetische und psychogenetische Untersuchungen, 2 Bde., Frankfurt am Main: Suhrkamp

Engels, Friedrich

1946 Herrn Eugen Dührings Umwälzung der Wissenschaft [»Anti-Dühring«], Moskau: Verlag für fremdsprachige Literatur

1962 Dialektik der Natur, Einleitung. In: Karl Marx / Friedrich Engels: Werke, Berlin / DDR: Dietz, Bd. 20: 311-327

1962a Über den Verfall des Feudalismus und das Aufkommen der Bourgeoisie. In: Karl Marx / Friedrich Engels: Werke, Berlin / DDR: Dietz, Bd. 21: 392-401

1973 Der Ursprung der Familie, des Privateigentums und des Staates, 11. Aufl., Berlin: Dietz

Epiktet

2004 Handbüchlein der Moral. Griechisch / Deutsch, übers. u. hg. v. Kurt Steinmann, Stuttgart: Reclam

Erasmus von Rotterdam

1987 Das Lob der Narrheit, Zürich: Diogenes

Evans, Dylan

1997 An Introductory Dictionary of Lacanian Psychoanalysis, London, New York: Routledge

Farzin, Sina

2006 Inklusion Exklusion. Entwicklungen und Probleme einer systemtheoretischen Unterscheidung, Bielefeld: transcript

Federhofer, Marie-Theres

2001 ›Urbanitas‹ als Witz und Weltläufigkeit. Zur Resonanz einer rhetorischen Kategorie im 17. und 18. Jahrhundert. In: Nordlit 9 (2001): 3–27; (siehe auch http://www.hum.uit. no/nordlit/9/1Federhofer.html; Zugriff: 2012. 03. 19)

Fink, Bruce

1997 A Clinical Introduction to Lacanian Psychoanalysis. Theory and Technique, Cambridge, MA / London, England: Harvard University Press

Fischer-Lichte, Erika

2004 Ästhetik des Performativen, Frankfurt am Main: Suhrkamp

Fleischanderl, Karin

2012 Wozu ist das Binnen-I gut? In: Der Standard, 16. 11. 2012; http://derstandard.at/ 1350261586642/Wozu-ist-das-Binnen-I-gut (Zugriff: 2017. 02. 24)

Fraser, Nancy

2017 Für eine neue Linke oder: Das Ende des progressiven Neoliberalismus. In: Blätter für deutsche und internationale Politik, 2/2017: 71–76; https://www.blaetter.de/archiv/jahr-gaenge/2017/februar/fuer-eine-neue-linke-oderdas-ende-des-progressiven-neo-liberalismus (Zugriff: 2017. 02. 24)

Fraser, Nancy / Honneth, Axel

2003 Umverteilung oder Anerkennung? Eine politisch-philosophische Kontroverse, Frankfurt am Main: Suhrkamp

Freud, Sigmund

[1895d] Studien über Hysterie [Auszug: Zur Psychotherapie der Hysterie]. In: Ders., Studienausgabe, Erg.-Bd., 4. Aufl. Frankfurt am Main: Fischer 1994: 37–98

[1905d] Drei Abhandlungen zur Sexualtheorie. In: Ders. Studienausgabe, Bd. V, Frankfurt am Main: Fischer 1989: 37–146

[1907b] Zwangshandlungen und Religionsübungen. In: Ders., Studienausgabe, Bd. VII, Frankfurt am Main: Fischer 1989

[1912–13] Totem und Tabu. In: Ders., Studienausgabe, Bd. IX, Frankfurt am Main: Fischer 1993: 287–444

[1914c] Zur Einführung des Narzißmus. In: Ders., Studienausgabe, Bd. III, Frankfurt am Main: Fischer 1989: 37–68

[1915c] Triebe und Triebschicksale. In: Ders., Studienausgabe, Bd. III, Frankfurt am Main: Fischer 1989: 75–102

[1919h] Das Unheimliche. In: Ders., Studienausgabe, Bd. IV, Frankfurt am Main: Fischer 1989: 241–274

[1920g] Jenseits des Lustprinzips. In: Ders., Studienausgabe, Bd. III, Frankfurt am Main:

Fischer 1989, S. 213‒272

[1921c] Massenpsychologie und Ich-Analyse. In: Ders., Studienausgabe, Bd. IX, Frankfurt am Main: Fischer 1993, S. 61‒134

[1925h] Die Verneinung. In: Ders., Studienausgabe, Bd. III, Frankfurt am Main: Fischer 1989: 371‒378

[1927d] Der Humor. In: Ders., Studienausgabe, Bd. IV, 7. Aufl., Frankfurt am Main: Fischer 1989: 275‒282

[1927e] Fetischismus. In: Ders., Studienausgabe, Bd. III, Frankfurt am Main: Fischer 1989: 379‒388

[1921c] Massenpsychologie und Ich-Analyse. In: Ders., Studienausgabe, Bd. IX, Frankfurt am Main: Fischer 1993: 61‒134

[1930a] Das Unbehagen in der Kultur. In: Ders., Studienausgabe, Bd. IX, Frankfurt am Main: Fischer 1993: 191‒270

[1933a] Neue Folge der Vorlesungen zur Einführung in die Psychoanalyse. In: Ders., Studienausgabe, Bd. I, Frankfurt am Main: Fischer 1989: 448‒608

Furedi, Frank

    2005 Where Have All the Intellectuals Gone? Confronting 21st Century Philistinism, London / New York: Continuum

    2016 What's Happened to the University? A Sociological Exploration of Its Infantilisation, Milton: Taylor & Francis

Ganser, Daniele

    2016 Illegale Kriege: wie die NATO-Länder die UNO sabotieren: eine Chronik von Kuba bis Syrien, Zürich: Orell Füssli

Gebauer, Gunter

    2002 Fernseh- und Stadionfußball als religiöses Phänomen. Idole, Heilige und Ikonen am ›Himmel‹ von Fangemeinden. In: Herzog, Markwart (Hg.), Fußball als Kulturphänomen. Kunst‒Kult‒Kommerz, Stuttgart: 305‒314

Giroux, Henry A.

    2014 Neoliberalism's War on Higher Education, London: Haymarket Books

Glastra van Loon, Karel / Marijnissen, Jan

    2016 The Doctrine of Humanitarian War; http://www.spectrezine.org/war/humanitarian.htm (Zugriff: 2016. 12. 26)

Gowans, Stephen

    2016 The Revolutionary Distemper in Syria That Wasn't; https://off-guardian.org/2016/10 /23/31166/ (Zugriff: 2016. 12. 26)

Grawert-May, Erik

    1992 Die Sucht, mit sich identisch zu sein. Nachruf auf die Höflichkeit, Berlin: Rotbuch

Gross, Peter

    1994 Die Multioptionsgesellschaft, Frankfurt am Main: Suhrkamp

    2001 Multioptionsgesellschaft und Selbstverwirklichung. In: Das schöne, neue Leben. Schriftenreihe »Praktische Psychologie«, hg. v. Dieter Korczak, Bd. XXIV, Hagen: ISL‒Verlag, 2001: 63‒74

Grunberger, Béla / Dessuant, Pierre

    2000 Narzißmus, Christentum, Antisemitismus. Eine psychoanalytische Untersuchung, Stuttgart: Klett-Cotta

Guérot, Ulrike

    2016 Warum Europa eine Republik werden muss! Eine politische Utopie, Bonn: Dietz 2016a Wie die EU demokratischer werden kann; http://derstandard.at/2000049931683/ Wie-die-EU-demokratischer-werden-kann (Zugriff: 2016. 12. 31)

Gurjewitsch, Aaron

    1999 Bachtin und seine Theorie des Karnevals, in: Bremmer / Roodenburg (Hg.) 1999: 109-126

Härtel, Insa

    2009 Symbolische Ordnungen umschreiben. Autorität, Autorschaft und Handlungsmacht, Bielefeld: transkript

Hartmann, Jutta et al. (Hg.)

    2007 Heteronormativität. Empirische Studien zu Geschlecht, Sexualität und Macht, Wiesbaden: Verlag für Sozialwissenschaften

Harvey, David

    2003 The Right to the City. In: International Journal of Urban and Regional Research, vol. 27. 4, December: 939-41

Heidegger, Martin

    1993 Sein und Zeit, 17. Aufl., Tübingen: Niemeyer

Heine, Heinrich

    [1853] Götter im Exil. In: Ders., Sämmtliche Werke. Fünfter Band: Vernischte Schriften. (Erste Abtheilung.) Fünfte Auflage, Philadelphia: Verlag von Schäfer und Koradi, 1867: 42-63

Henniger, Gerd

    1966 Brevier des schwarzen Humors, München: dtv

Hentoff, Nat

    1992 »Speech Codes« on the Campus and Problems of Free Speech. In: Berman, Paul(Hg.), Debating PC. The Controversy over Political Correctness on College Campuses, New York: 215-224

Hillebrandt, Frank

    1999 Exklusionsindividualität. Moderne Gesellschaftsstruktur und die soziale Konstruktion des Menschen, Opladen: Leske & Budrich

Hobbes, Thomas

    1999 Leviathan. Oder Stoff, Form und Gewalt eines kirchlichen und bürgerlichen Staates, Frankfurt am Main: Suhrkamp

Hoffmann, Arne

    1996 Political Correctness. Zwischen Sprachzensur und Minderheitenschutz, Marburg: Tectum Verlag

Hughes, Geoffrey

    2010 Political Correctness. A History of Semantics and Culture, Malden, MA et al.: Wiley-

Blackwell

Hughes, Robert

1994 Nachrichten aus dem Jammertal (The Culture of complaint). Wie sich die Amerikaner in ›political correctness‹ verstrickt haben, München: Kindler

Huizinga, Johan

1956 Homo Ludens. Vom Ursprung der Kultur im Spiel, Reinbek: Rowohlt

Humphrey, Caroline / Laidlaw, James

1994 The Archetypal Actions of Ritual. A Theory of Ritual Illustrated by the Jain Rite of Worship, Oxford: Clarendon Press

Hutfless, Esther / Widholm, Roman

2011 Identifizierungen, Wien, Berlin: Turia & Kant

Illouz, Eva

2012 Warum Liebe weh tut. Eine soziologische Erklärung, Frankfurt am Main: Suhrkamp

Jacobs, Jane

1961 The Death and Life of Great American Cities, New York: Random House

Jeges, Oliver:

2012 Generation Maybe hat sich im Entweder–oder verrannt. In: Die Welt, 23. 3. 2012;http://www.welt.de/debatte/kommentare/article13939962/Generation-Maybe -hatsich-im-Entweder-oder-verrannt.html (Zugriff: 2013. 03. 18)

Jochum, Christian

2000 Fernsehen als Religion, Innsbruck (kath.-theolog. Dipl.-Arb.)

Kant, Immanuel

[1790] 1977 Kritik der Urteilskraft. In: Ders., Werkausgabe, Bd. X, Frankfurt am Main: Suhrkamp

[1798] 1978 Anthropologie in pragmatischer Hinsicht. In: Ders., Werkausgabe, Bd. XII, Frankfurt am Main: Suhrkamp: 399–690

Kipnis, Laura

2015 Sexual Paranoia Strikes Academe. In: The Chronicle of Higher Education, 27. 2. 2015; siehe http://laurakipnis.com/wp-content/uploads/2010/08/Sexual-Paranoia-Strikes-Academe.pdf (Zugriff: 2017. 02. 07)

Kirk, Geoffrey S. / Raven, John E. / Schofield, Malcolm

1994 Die vorsokratischen Philosophen. Einführung, Texte und Kommentare, Stuttgart / Weimar: Metzler

Klemperer, Victor

1985 LTI. Notizbuch eines Philologen, Leipzig: Reclam

Kohlenberg, Kerstin

2016 Kampf um echte Männer. In: Die Zeit, Nr. 40, 28. 10. 2016: 6; siehe http://www.zeit. de/2016/40/tv-duell-donald-trump-hillary-clinton/komplettansicht (Zugriff: 2017. 01. 30)

Kohner-Kahler, Christian

2009 Müde Helden. Subjektivierungsprozesse in ängstlichen Zeiten. In: texte. psychoanalyse. ästhetik. kulturkritik, Heft 4/2009, 29. Jg.: 32–55

Kramer, Olaf

2010 Goethe und die Rhetorik, Berlin et al.: de Gruyter

Kraxberger, Sabine

2010 Solidaritätskonzepte in der Soziologie. Siehe http://momentum-kongress.org/cms/uploads/documents/Beitrag_Kraxberger8_3_2011_5523.pdf (Zugriff: 2013. 09. 16)

Kronauer, Martin

2013 Inklusion/Exklusion: Kategorien einer kritischen Gesellschaftsanalyse der Gegenwart. In: Ataç, Ilker / Rosenberger, Sieglinde (Hg.), Politik der Inklusion und Exklusion, Göttingen: Vienna University Press: 21–34.

Kuldova, Tereza

2017 Forcing ›Good‹ and the Legitimization of Informal Power. Philanthrocapitalism and Artistic Nationalism among the Indian Business Elite. In: Internationales Asienforum, Nr. 49: 1–2

Kuldova, Tereza / Varghese, Mathew A. (Hg.)

2017 Urban Utopias: Excess and Expulsion in Neoliberal South Asia, New York: Palgrave Macmillan

Kuznets, Simon

1955 Economic Growth and Income Inequality. In: The American Economic Review, Vol. 45, No. 1 (März 1955): 1–28; siehe https://edisciplinas.usp.br/pluginfile.php/306155/mod_resource/content/1/Kusnetz%20%281955%29%20Economic%20Growth%20and%20income%20inequality.pdf (Zugriff: 2017. 05. 05)

Lacan, Jacques

[1959–60] Das Seminar, Buch VII: Die Ethik der Psychoanalyse, Weinheim, Berlin: Quadriga, 1996

[1964] Das Seminar. Buch XI. Die vier Grundbegriffe der Psychoanalyse, 2. Aufl., Olten, 1980

1966 Écrits, Paris: Seuil

[1972–73] Le Séminaire, livre XX, Encore, Paris: Seuil 1975

1991 Schriften, Bd. I, 3. Aufl., Weinheim, Berlin: Quadriga

Lange, Klaus–Peter

1968 Theoretiker des literarischen Manierismus. Tesauros und Pellegrinis Lehre von der ›Acutezza‹ oder von der Macht der Sprache, München: Fink

Lau, Mariam

2000 Die neuen Sexfronten. Vom Schicksal einer Revolution, Berlin: Alexander Fest Verlag

Lea, John / Stenson, Kevin

2007 Security, Sovereignty, and Non-State Governance ›From Below‹. In: Canadian Journal of Law and Society 22(2): 9–27

Leiris, Michel

[1938] Das Heilige im Alltagsleben. In: Ders., Die eigene und die fremde Kultur, 2. Aufl., Frankfurt am Main: Syndikat 1979: 228–238

Lévi–Strauss, Claude

1978 Die Wirksamkeit der Symbole. In: Ders., Strukturale Anthropologie, Bd. I, Frankfurt am Main: Suhrkamp: 204–225 de Libera, Alain

2005 Der Universalienstreit. Von Platon bis zum Ende des Mittelalters, München: Fink

Liessmann, Konrad Paul

2004 Spähtrupp im Niemandsland. Kulturphilosophische Diagnosen, Wien: Zsolnay

2010 Das Universum der Dinge. Zur Ästhetik des Alltäglichen, Wien: Zsolnay

Lilla, Mark

The End of Identity Liberalism; https://www.nytimes.com/2016/11/20/opinion/sunday/the-end-of-identity-liberalism.html?_r=0 (Zugriff: 2017. 03. 22)

Loock, Reinhard

2002 Spinozas menschliche Knechtschaft−Nietzsches Ressentiment. In: Achim Engstler,Robert Schnepf (Hg.), Affekte und Ethik. Spinozas Lehre im Kontext, Hildesheim, Zürich, New York: Olms: 279−296

Loriedo, Camillo / Vella, Gaspare

1993 Das Paradox in Logik und Familientherapie, Mainz: Matthias−Grünewald−Verlag

Luhmann, Niklas

1989 Gesellschaftsstruktur und Semantik. Studien zur Wissenssoziologie der modernen Gesellschaft, Band 3, Frankfurt am Main: Suhrkamp

Lukianoff, Greg / Haidt, Jonathan

2015 The Coddling of the American Mind. In: The Atlantic, September 2015; https://www.theatlantic.com/magazine/archive/2015/09/the-coddling-of-the-american-mind/ 399356/ (Zugriff: 2017. 02. 22)

Machtan, Lothar / Milles, Dietrich

1980 Die Klassensymbiose von Junkertum und Bourgeoisie: zum Verhältnis von gesellschaftlicher und politischer Herrschaft in Preußen-Deutschland 1850−1878/79, Frankfurt am Main et al.: Ullstein

Mandeville, Bernard

1980 [1705] Die Bienenfabel oder Private Laster, öffentliche Vorteile. [The Grumbling Hive or Knaves turn'd Honest.], Frankfurt am Main: Suhrkamp

Mannoni, Octave

1985 Clefs pour l'Imaginaire ou l'Autre Scene, Mayenne: Seuil

2006 Das Spiel der Illusionen oder das Theater aus der Sicht des Imaginären. In: Maske und Kothurn. Internationale Beiträge Zur Theater-, Film-und Medienwissenschaft, 52. Jg., Heft 1: Mit Freud, Wien: Böhlau: 17−36

Marcuse, Herbert

1980 Der eindimensionale Mensch. Studien zur Ideologie der fortgeschrittenen Industriegesellschaft, 15. Aufl., Neuwied / Berlin: Luchterhand

1980a Triebstruktur und Gesellschaft. Ein philosophischer Beitrag zu Sigmund Freud, Frankfurt am Main: Suhrkamp

Marx, Karl

[1843] Zur Judenfrage. In: Karl Marx / Friedrich Engels: Werke, Bd. 1, Berlin: Dietz, 1976: 347−377

[1859] Zur Kritik der Politischen Ökonomie. In: Karl Marx / Friedrich Engels: Werke, Bd.

13, Berlin: Dietz, 1985: 3–160

[1867] Das Kapital. Kritik der politischen Ökonomie. Erster Band. Buch I: Der Produktionsprozeß des Kapitals. In: Karl Marx / Friedrich Engels, Werke, Bd. 23, Berlin: Dietz, 1984

1984 Das Kapital. Kritik der politischen Ökonomie, Dritter Band. Buch III: Der Gesamtprozeß der kapitalistischen Produktion. In: Karl Marx / Friedrich Engels, Werke, Bd. 25, Berlin: Dietz

Marx, Karl / Engels, Friedrich

[1848] Manifest der kommunistischen Partei. In: Karl Marx / Friedrich Engels, Werke, Bd. 4, 6. Aufl., Berlin: Dietz, 1972: 459–493

Mbembe, Achille

2017 Kritik der schwarzen Vernunft, Berlin: Suhrkamp

McLuhan, Marshall

[1964] Die magischen Kanäle. ›Understanding Media‹, Düsseldorf / Wien: Econ 1968

Meyer, Thomas

2002 Identitätspolitik. Vom Mißbrauch der kulturellen Unterschiede, Frankfurt am Main: Suhrkamp

Michaels, Walter Benn

2006 The Trouble with Diversity. How We Learned to Love Identity and Ignore Inequality, New York: Metropolitan Books

Michéa, Jean–Claude

2014 Das Reich des kleineren Übels. Über die liberale Gesellschaft, Berlin: Matthes & Seitz

Mießgang, Thomas

2013 Die Kultur der Unhöflichkeit. Berlin: Rogner & Bernhard

Milanović, Branko

2016 Die ungleiche Welt. Migration, das Eine Prozent und die Zukunft der Mittelschicht, Berlin: Suhrkamp

2017 The higher the inequality, the more likely we are to move away from democracy; https://www.theguardian.com/inequality/2017/may/02/higher-inequality-move-away-from- democracy-branko-milanovic-big-data?CMP=share_btn_fb (Zugriff: 2017. 05. 04)

Miller, Jacques–Alain

1994 Extimité. In: Lacanian Theory of Discourse, hg. v. M. Bracher et al., New York, London: New York University Press: 74–87

Milner, Jean–Claude

2017 L'enjeu de la République: le rapport droits de l'homme / droits du citoyen; http://www.me-zetulle.fr/lenjeu-de-republique-rapport-droits-homme-droits-citoy en (Zugriff: 2017. 06. 10)

Misik, Robert

2016 Die Theorie, die Demokratie killt. In: Falter 47/2016: 14–15

Moeschl, Peter

2015 Privatisierte Demokratie. Zur Umkodierung des Politischen, Wien, Berlin: Turia &

Kant

Money, John (Hg.)

1965 Sex Research: New Developments, New York et al.: Holt, Rinehart & Winston

Money, John / Erhardt, Anke A.

1975 Männlich−Weiblich. Die Entstehung der Geschlechtsunterschiede, übers. v. Anke Ehrhardt u. Gunter Schmidt, Reinbek: Rowohlt

Mouffe, Chantal

2007 Über das Politische. Wider die kosmopolitische Illusion, Frankfurt am Main: Suhrkamp

2008 Das demokratische Paradox, Wien: Turia & Kant

2014 Agonistik. Die Welt politisch denken, Berlin: Suhrkamp

Münkler, Herfried

2011 Der erste Politiker. Interview. In: Hohe Luft Philosophie-Magazin, Ausgabe 1(2011): 48−52

Neiman, Susan

2015 Warum erwachsen werden? Eine philosophische Ermutigung, München: Hanser Berlin

Nietzsche, Friedrich

[1886] Jenseits von Gut und Böse. In: Ders., Werke, Bd. III, hg. v. K. Schlechta, Frankfurt am Main u. a.: Ullstein 1984: 9−206

[1887] Zur Genealogie der Moral. Eine Streitschrift. In: Ders., Werke, Bd. III, hg. v. K. Schlechta, Frankfurt am Main u. a.: Ullstein 1984: 207−346

[1888] Der Antichrist. Fluch auf das Christentum. In: Ders., Werke, Bd. III, hg. v. K. Schlechta, Frankfurt am Main u. a.: Ullstein 1984: 607−714

Oehmke, Philipp

2016 Das PC-Monster. In: Der Spiegel 49/2016: 132−138

Ohno, Christine

2003 Die semiotische Theorie der Pariser Schule, Band 1, Würzburg: Königshausen & Neumann

Patten, Chris

2016 Der wissenschaftliche Geist ist in Gefahr. In: Der Standard, Kommentar der Anderen, 17. 3. 2016; http://derstandard.at/2000033120251/Der-wissenschaftliche-Geist-ist-in-Ge fahr (Zugriff: 2017. 03. 18)

Pfaller, Robert

1997 Althusser−Das Schweigen im Text. Epistemologie, Psychoanalyse und Nominalismus in Louis Althussers Theorie der Lektüre, München: Fink

2002 Die Illusionen der anderen. Über das Lustprinzip in der Kultur, Frankfurt am Main: Suhrkamp

2003 From Sexual Liberation to Sexual Harassment: An Analysis of Discourse / Von der sexuellen Befreiung zur sexuellen Belästigung: eine Analyse der Diskurse. In: Madam, I'm Adam. The Organization of Private Life, hg. v. Piet Zwart Institute u. Kunstuniversität Linz, Bereich Experimentelle Gestaltung, Rotterdam / Linz: 23−31

2008 Das schmutzige Heilige und die reine Vernunft. Symptome der Gegenwartskultur, Frankfurt am Main: Fischer

2009 Die Sublimierung und die Schweinerei. Theoretischer Ort und kulturkritische Funktion eines psychoanalytischen Begriffs. In: Psyche. Zeitschrift für Psychoanalyse und ihre Anwendungen, hg. v. W. Bohleber, 63. Jg., Heft 7, Juli 2009: 621‒650

2009a Strategien des Beuteverzichts. Die narzisstischen Grundlagen aktueller Sexualunlust und Politohnmacht. In: Irene Berkel (Hg.), Postsexualität. Zur Transformation des Begehrens, Gießen: Psychosozial‒Verlag: 31‒48

2011 Wofür es sich zu leben lohnt. Elemente materialistischer Philosophie, Frankfurt am Main: Fischer

2012 Zweite Welten. Und andere Lebenselixiere, Frankfurt am Main: Fischer

2016 The Althusserian Battlegrounds. In: Agon Hamza, Frank Ruda (Hg.), Slavoj Žižek and Dialectical Materialism, Basingstoke: Palgrave Macmillan: 23‒42

2016a Wie wäre es, wenn Fäuste sprechen könnten? Dada und die Philosophie. In: Genese Dada. 100 Jahre DADA ZÜRICH, Zürich: Cabaret Voltaire: 95‒101

2017 Epilogue: The Promise of Urbanity‒How the City Makes Life Worth Living. In: T. Kuldova / M. A. Varghese (Hg.), Urban Utopias, Basingstoke: Palgrave: 269‒278

Piketty, Thomas

2014 Capital in the Twenty-First Century, Cambridge, MA; London, England: The Belknap Press of Harvard University Press

Plinius Secundus d. Ältere, C.

1978 Naturkunde. Lateinisch‒Deutsch, Buch XXXV. Farben‒Malerei‒Plastik (C. Plinii Secundi: Naturalis Historiae, Libri XXXVII. Liber XXXV), hg. u. übers. von R. König in Zus.arb. m. G. Winkler, Lizenzausgabe Darmstadt

Power, Michael

1994 The Audit Explosion, London: Demos

1997 The Audit Society. Rituals of Verification, Oxford: Oxford Univ. Press

Quintilian

1948 Institutio oratoria, with an english translation by H. E. Butler, Cambridge, MA: Harvard Univ. Press / London: William Heinemann Ltd.

Quintilianus, Marcus Fabius [Quintilian]

1988 Ausbildung des Redners. Zwölf Reden, hg. u. übers. v. H. Rahn, Bd. 1, 2. Aufl., Darmstadt: Wissenschaftliche Buchgesellschaft

Raab, Thomas

2017 Neue Anthologie des schwarzen Humors, Wiesbaden: marix

Ramage, Edwin S.

1973 Urbanitas. Ancient Sophistication and Refinement, Norman, Oklahoma: University of Oklahoma Press

Reed, Adolph

2013 Marx, Race and Neoliberalism. In: New Labor Forum 22(1) 49‒57; https://libcom. org/files/Marx,%20Race%20and%20Neoliberalism%20-%20Adolph%20Reed.pdf (Zugriff: 2017. 03. 16)

2015 Identity Politics is Neoliberalism, interview by Ben Norton;http://bennorton.com/ adolph-reed-identity-politics-is-neoliberalism/ (Zugriff: 2017. 03. 16)

Reich, Wilhelm

1995 Der Einbruch der sexuellen Zwangsmoral, Köln: Kiepenheuer & Witsch

Reiche, Reimut

1997 Gender ohne Sex. Geschichte, Funktion und Funktionswandel des Begriffs ›Gender‹. In: Psyche, Heft 51: 926-957

Renard, Jules

1986 Die Maîtresse, München: Klaus G. Renner

Rousseau, Jean-Jacques

1959 OEuvres completes, 5 Bde., Paris: Gallimard

Sade, D. A. F. de,

1979 Die hundertzwanzig Tage von Sodom oder Die Schule der Ausschweifung, Dortmund: Die bibliophilen Taschenbücher

Salecl, Renata

2011 The Tyranny of Choice, London: Profile Books

Scheler, Max

2004 [1912] Das Ressentiment im Aufbau der Moralen, 2. Aufl., Frankfurt am Main: Klostermann

Schiller, Friedrich

[1793] Über Anmut und Würde. In: Ders., Sämtliche Werke, Bd. 8: Philosophische Schriften, Berlin: Aufbau 2005: 168-204

Schnitzler, Arthur

2006 Lieutenant Gustl. Hg. und kommentiert von Ursula Renner, Frankfurt am Main: Suhrkamp

Schopenhauer, Arthur

2009 Die Kunst, alt zu werden, oder Senilia, München: Beck

Schwarz, Christine

2006 Evaluation als modernes Ritual. Zur Ambivalenz gesellschaftlicher Rationalisierung am Beispiel virtueller Universitätsprojekte, Hamburg: LIT

Sedgwick, Mark

2007 Islamist Terrorism and the ›Pizza Effect‹. In: Perspectives on Terrorism, vol. 1, No. 6 (2007); http://www.terrorismanalysts.com/pt/index.php/pot/article/view/19/41 (Zugriff: 2017. 03. 15)

Selvini Palazzoli, Mara / Boscolo, L. / Cecchin, G. / Prata, G.

1985 Paradoxon und Gegenparadoxon: ein neues Therapiemodell für die Familie mit schizophrener Störung, Stuttgart: Klett-Cotta

Sennett, Richard

[1974] Verfall und Ende des öffentlichen Lebens. Die Tyrannei der Intimität, 12. Aufl., Frankfurt am Main: Fischer 2001

1977 The Fall of Public Man, New York: Knopf

[1980] Autorität, Berlin: Berlin Taschenbuch Verlag 2008

Signer, David

1997 Fernsteuerung. Kulturrassismus und unbewußte Abhängigkeiten, Wien: Passagen

Solnit, Rebecca

2015 Wenn Männer mir die Welt erklären, Hamburg: Hoffmann und Campe

Spinoza, Benedict de

1976 Die Ethik. Nach geometrischer Methode dargestellt, Hamburg: Meiner

Staas, Christian

2017 Political Correctness. Vom Medienphantom zum rechten Totschlagargument. Die sonderbare Geschichte der Political Correctness. In: Die Zeit, Nr. 4/2017, 19. 1. 2017; http://www.zeit.de/2017/04/politicial-correctness-populismus-afd-zensur/kom plettansicht (Zugriff: 2017. 02. 22)

Stephan, Cora

1993 Emma in den Wechseljahren. Ein vorläufiger Abgesang auf die Frauenbewegung. In: Wir wollten alles ⋯ was haben wir nun? Eine Zwischenbilanz der Frauenbewegung, hg. v. Ursula Nuber, Zürich: Kreuz-Verlag: 24‒32

2017 Wer Streit vermeidet, erntet nicht Frieden. In: Neue Zürcher Zeitung, 24. 2. 2017; https://www.nzz.ch/feuilleton/wer-streit-vermeidet-erntet-nicht-frieden-ld.147353 (Zugriff: 2017. 03. 04)

Stiglitz, Joseph

2017 Reich und Arm. Die wachsende Ungleichheit in unserer Gesellschaft, München: Pantheon

Stoller, Robert J.

1968 Sex and Gender. On the Development of Masculinity and Femininity, London: The Hogarth Press et al.

Strathern, Marilyn (Hg.)

2000 Audit Cultures. Anthropological studies in accountability, ethics and the academy, [EASA series in Social Anthropology], London: Routledge

Sundermeier, Theo

1999 Was ist Religion? Religionswissenschaft im theologischen Kontext, Gütersloh: Gütersloher Verlagshaus

Swift, Jonathan

1844 [1729]: Ein bescheidener Vorschlag im Sinne von Nationalökonomen, wie Kinder armer Leute zum Wohle des Staates am Besten benutzt werden können. In: Ders., Swift's humoristische Werke. Erster Band: Vermischte prosaische Schriften. Übers. v. Franz Kottenkamp, Stuttgart: Scheible, Rieger & Sattler: 29‒42

Taylor, Christopher C. W.

1999 Sokrates, Freiburg et al.: Herder

Tertullian [Tertullianus, Quintus Septimius]

2008 De spectaculis. Über die Spiele. Lateinisch / Deutsch. Übers. u. hg. v. Karl Wilhelm Weber, Stuttgart: Reclam

Therborn, Göran

2013 The Killing Fields of Inequality, Cambridge: Polity Press

Thomas, Günter

1996 Medien‒Ritual‒Religion. Zur religiösen Funktion des Fernsehens, Frankfurt am Main: Suhrkamp

Trotzki, Leo (Trockij, Lev. D.)

1994 Literatur und Revolution, Essen: Arbeiterpresse-Verlag

Türcke, Christoph

2012 Hyperaktiv! Kritik der Aufmerksamkeitsdefizitkultur, München: Beck

Ullrich, Wolfgang

2005 Was war Kunst? Biographien eines Begriffs, Frankfurt am Main: Fischer

Unbedingte Universitäten (Hg.-Kollektiv)

2010 Was passiert? Stellungnahmen zur Lage der Universität, Zürich: diaphanes

Veyne, Paul

1987 Glaubten die Griechen an ihre Mythen? Ein Versuch über die konstitutive Einbildungskraft, Frankfurt am Main: Suhrkamp

Vilar, Esther

1997 Der dressierte Mann. Das polygame Geschlecht. Das Ende der Dressur, 7. Aufl., München: dtv

Vogl, Joseph

2010 Das Gespenst des Kapitals, 3. Aufl., Zürich: Diaphanes

Watzlawick, Paul

2005 Vom Unsinn des Sinns oder Vom Sinn des Unsinns, München, Zürich: Piper

Weber, Max

[1905] Die protestantische Ethik und der Geist des Kapitalismus. In: Ders., Gesammelte Aufsätze zur Religionssoziologie I, Tübingen: Mohr 1988: 1-206

Weigel, Moira

2016 Political correctness: how the right invented a phantom enemy. In: The Guardian, 30. 11. 2016; https://www.theguardian.com/us-news/2016/nov/30/political-correctness-how -theright-invented-phantom-enemy-donald-trump (Zugriff: 2017. 02. 22)

Welzer, Harald

2017 Wir sind die Mehrheit. Für eine offene Gesellschaft, Frankfurt am Main: Fischer

2017a Identitätspolitik: Krankheit oder Kur? In: Philosophie Magazin 02/2017: 58-61

Whitehead, Alfred North

1978 Process and Reality. An Essay in Cosmology, New York: The Free Press

Wiener, Oswald

1972 Die Verbesserung von Mitteleuropa, Roman, Reinbek: Rowohlt

Wilde, Oscar

1997 A Woman of No Importance. In: Collected Works of Oscar Wilde. The Plays, the Poems, the Stories and the Essays including De Profundis, Hertfordshire: Wordsworth Editions: 533-588

Wilkinson, Richard / Pickett, Kate

2016 Gleichheit. Warum gerechte Gesellschaften für alle besser sind, 5. Aufl., Berlin: Haffmans / Tolkemitt

Winlow, Simon / Hall, Steve / Treadwell, James

2017 The Rise of the Right: The English Defence League and the transformation of working-class politics, Bristol: Policy Press

Wittgenstein, Ludwig

1980 Philosophische Untersuchungen, 2. Aufl., Frankfurt am Main: Suhrkamp

Woodiwiss, Michael

2005 Gangster Capitalism: The United States and the Global Rise of Organized Crime, London: Constable

Zagrebelsky, Gustavo

2016 Gegen die Diktatur des Jetzt, Berlin: Matthes & Seitz

Žižek, Slavoj

1993 Tarrying with the Negative, Durham: Duke Univ. Press

1998 Ein Plädoyer für die Intoleranz, Wien: Passagen

2001 Die Tücke des Subjekts, Frankfurt am Main: Suhrkamp

2002 Kulturkapitalismus. In: Ders., Die Revolution steht bevor. Dreizehn Versuche über Lenin, Frankfurt am Main: Suhrkamp: 117-126

2003 Die Puppe und der Zwerg. Das Christentum zwischen Perversion und Subversion, Frankfurt am Main: Suhrkamp

2004 Passion In The Era of Decaffeinated Belief; http://www.lacan.com/passion.htm (Zugriff: 2017. 04. 12)

2004a »I am a Fighting Atheist: Interview with Slavoj Zizek«, Interview by Doug Henwood, Intro by Charlie Bertsch. In: Bad Subjects, Issue »59, February 2002; http://eserver.org/bs/59/zizek.html (Zugriff: 2017. 04. 12)

2004b Leidenschaft in Zeiten der Political Correctness. In: Der Standard, 13. 4. 2004, Album A4

2006 The Parallax View, Cambridge, MA, London, England: The MIT Press

2011 Gewalt. Sechs abseitige Reflexionen, Hamburg: Laika

2011a Good Manners in the Age of WikiLeaks. In: London Review of Books, Vol. 33, No. 2, 20. 1. 2011: 9-10; https://www.lrb.co.uk/v33/n02/slavoj-zizek/good-manners-in-the -age-of-wikileaks (Zugriff: 2017. 04. 03)

2014 Absolute Recoil. Towards a New Foundation of Dialectical Materialism, London / New York: Verso, dt. Ausgabe »Absoluter Gegenstoß. Versuch einer Neubegründung des dialektischen Materialismus«, Frankfurt am Main: Fischer 2016

2016 Die schlimme Wohlfühlwahl. In: Die Zeit, Nr. 45/2016, 27. 10. 2016;http://www. zeit.de/2016/45/hillary-clinton-donald-trump-positionierung-us-wahl (Zugriff: 2017. 03. 03)

2016a Migrants, Racists and the Left. Interview. In: Spike Review, Mai 2016; http://www. spiked-online.com/spiked-review/article/migrants-racists-and-theleft/18395«.V9XVPiO LQTG (Zugriff: 2016. 09. 11)

2017 Mehr Selbstkritik, bitte! In: Neue Zürcher Zeitung, 3. 2. 2017; https://www.nzz.ch/feuille -ton/zukunft-nach-trump-mehr-selbstkritik-bitteld. 143572 (Zugriff: 2017. 02. 24)

Zupančič, Alenka

2016 Sex and Ontology, im Erscheinen (unpubl. Manuskript)

옮긴이 후기

이 책의 저자인 로베르트 팔러는 자신의 막역한 지기로 소개하고 있는 슬라보예 지젝과 달리 국내에는 거의 알려지지 않았지만, 『성인언어』를 비롯하여 여러 권의 책을 통해 세상과 적극적으로 소통하는 철학자이다. 그는 이 책을 관통하는 메시지를 꾸준히 개진하고 있으며, 본문에 소개된 'Adults for Adults' 운동의 철학 파트를 이끌고 있는 지도자다. 홈페이지[1]에 접속하면 오늘날 득세하는 정치 유형, 즉 사이비 정치, 생명관리 정치, 유권자를 어린아이 취급하는 정치에 반대한다는 성명을 곧장 확인할 수 있다.

그는 지젝이 라캉의 정신분석학을 전유하며 설명하였던 '상호수동성 interpassivity'을 보다 구체화하여 동명의 책으로 집필하기도 하였다. 상호수동성은 노동과 같은 생산적이고 적극적인 행위가 아니라 웃고 즐기는 수동적인 행위마저도 자신이 아닌 다른 무엇이 대신하게 하는 현상을 일컫는다. 예능프로그램이나 시트콤에서 나를 대신하여 웃어주는 효과

• • •

[1] 홈페이지 주소는 다음과 같다. https://www.adultsforadults.org/

음이 그러하고, 영화를 보는 것보다 스트리밍 형태로 방대하게 확보하는 것에 돈을 내게 하는 최근의 구독 서비스도 이에 해당할 수 있겠다. 오늘날 모든 유무형의 소비는 상호수동적으로 이루어지고 있다고 해도 과언이 아니다.

상호수동성이라는 개념은 이 책에서 저자가 비판적으로 고발하고 있는 정치적 올바름과 정체성 정치의 메커니즘과도 맞닿아 있다. 가령 각자의 '다양한' 정체성을 섬세하게 고려하여 용어를 새롭게 고안해내는 작업은 당사자에 의한 것이기보다는 온갖 위원회나 단체의 소관으로 이루어지는 경우가 많다. 그저 용어 몇 개를 사회적 합의도 없이 임의로 바꿔놓고는 사회의 변화에 기여하리라고 뿌듯해하는 일련의 모습들은 언뜻 생각하기에도 우스꽝스럽다. 막상 그렇게 '발명'된 용어들이 기대에 맞춰 작동하는 것도 아니다. 그러한 용어들은 마치 시트콤 속에 삽입된 웃음소리처럼 어떤 변화나 실천을 대신해주리라는 기대가 투사되었다는 것 외에는 아무것도 보여주지 않는다. 또한 발명된 단어에는 저자가 식탁 위의 얼룩을 덮은 행주에 비유했듯이 기존의 단어가 흔적을 남길 수밖에 없다.

정체성 정치가 급부상하며 누군가의 정체성을 위해 대신 싸워주는 수많은 대행자agent들이 등장하지만 실제 당사자들의 안위에 기여하기보다는 그러한 대행 기관들을 만들어내고 소위 배운 이들의 밥그릇을 보전해주는 양상으로 흘러간다. 이는 책에서도 그렇고 우리의 현실이기도 하다. 정체성 정치가 중요한 정치적 의제로 둔갑한 상황은 다수의 사람들을 상호수동적으로 만들어 소외시키고, 이를 통해 먹고사는 소수의 사람들을 만들어낸다. 오늘날 고등교육기관이 그러한 소수의 사람들의 양성소로 전락하고 있는 상황은 심히 우려스럽다.

알량한 말장난이 대단한 정치적 실천이나 운동으로 변신하는 동안 실제로 물밑에서는 무슨 일이 벌어졌는가? 바로 그러한 '운동'들의 활동 무대인 SNS의 이용량이 엄청나게 증가하였고, 이는 유무형의 수익으로 환산되어 누군가의 주머니로 고스란히 흘러 들어갔다. 서로를 향한 사적인 관심의 무수한 연결망이 특정 국가, 특정 기업, 특정 개인을 향한 부의 집중을 가속화하며 신자유주의가 추구하는 부의 불평등이 영속화하는 상황은 결코 수면 위로 드러나지 않았다.

또한 SNS의 범람은 정치 영역을 사적 영역으로 치환함으로써 공론장을 완전히 박살 내버렸다. 1인 1스마트폰의 보급과 SNS의 일상화로 지극히 사사로운 담화가 공론장을 대체해버렸고, 기존의 매체는 정치와 교양뿐만 아니라 일상의 면면까지도 샅샅이 예능화하고 있으며, 신문은 SNS의 논란을 퍼 나르거나 예능을 요약정리하는 앵무새 수준으로 전락하였다. 모두가 자신의 채널을 가질 수 있게 된 작금의 상황은 나르시시즘적 자아의 대규모 전시장을 방불케 한다.

저자는 이처럼 어린아이 같은 나르시시스트들이 날뛰고, 그런 개인들의 감수성과 정체성을 대변하는 정치가 득세하며, 성숙한 시민으로서 연대할 수 있는 공론장이 파괴되는 양상을 다양한 측면에서 검토한다. 문화 유형에 대한 인류학적 접근을 참조하여 오늘날의 사회가 피해자의식의 문화 중심으로 재편되는 조건을 살펴보는가 하면, 니체의 원한 개념을 역사적, 정신분석학적으로 접근하여 오늘날의 맥락에서 어떻게 작동하는지 분석하기도 하고, 종교마다 상이한 신의 형상에 대한 역사적 고찰을 통하여 나르시시즘적 자아의 구성 원리를 독해하기도 한다.

개인적으로 흥미로웠던 대목은 5장에서 고대 그리스 철학을 가져와 설명하는 '중복'의 개념이었다. 가령 절제는 절제되어 적용되어야 한다는 주장은 당장 우리 사회에도 필요한 논리로 여겨진다. 어떠한 개념이 온전히 성립하려면 개념을 개념 자신에게도 적용할 수 있어야 한다.

개념은 자기반영적이어야 하는 셈이다. 말하자면 사람과 마찬가지로 사상이나 개념도 '내로남불'하지 말라는 것이다. 이처럼 가장 기본적인 이치만 살펴도 우리 사회가 당면한 혼란을 최소화할 수 있지 않을까 하는 생각이 든다.

절제하는 절제가 예시하는 내로남불하지 않는 사고방식을 당장 정체성 정치에만 적용해도 명확해지는 부분이 있다. 각자의 정체성이 그토록 소중하고 또 신성불가침한 것이라면, '이성애 백인 남성'으로 상징되는 기존의 정체성은 왜 그토록 공격당해야 하는가? 젠더 이론이 유독 이성애적 성 정체성은 무시한다는 저자의 말에 공감하게 된다. 정체성 정치가 정말로 사회문화적으로 효력을 발휘하고자 한다면 이성애든 동성애든, 여성이든 남성이든 모두 일관되게 포용하고 존중할 수 있어야 한다. 이와 관련하여 미국에서 방영되었던 시트콤 <모던패밀리>의 한 장면이 떠오른다. 성공한 사업가이자 미국 서부의 보수적인 백인 중년 남성을 대변하는 캐릭터 제이 프리챗은 동성애자 아들을 대할 때마다 크고 작은 홍역을 치른다. 한번은 그런 상황에 지친 그가 다음과 같이 외친다. '왜 나는 내가 생긴 대로 살면 안 되는 거냐?' 이 한마디에는 정체성 정치의 내로남불이 갖는 부당함이 그야말로 응축되어 있다.

오늘날 진보라는 명목하에 자행되는 일련의 사이비 정치에 대항하여 저자가 주장하는 바는 간명하다. 1) 부의 불평등한 분배를 은폐하고 영속화하는 신자유주의의 책략으로서 포스트모더니즘 정체성 정치에 현혹되지 않기. 즉 나르시시즘적 자아가 사적 영역과 공적 영역을 가리지 않고 날뛰게 하는 정치적 올바름의 언어 정치에 빠지지 않기. 2) 성인 시민으로서의 지위를 잃어버리지 않기. 즉 사적 자아와 공적 역할 간의 간극을 보전하여 정치적으로 건강하게 작동하는 공론장 회복하기. 그러니까 우리에게 필요한 것은 빌어먹을 '나'는 잠시 넣어두고 불편함이나 예민함을 감수하면서 활동할 수 있는 무대로서의 공론장을 회복하는 것이다. 무수한 '나'들을 어르고 달래기 위한 의제가 아니라 진짜 당면한 문제, 범세계적 차원으로 진행 중인 극단적인 양극화를 끝장내고 세계가 이만큼 발전한 과실을 모두가 충분히 나누어 가질 수 있는 체계를 모색하는 문제에 몰두하는 것이다. 결국 먼 길을 에둘러서 원래 우리가 가던 길, 가야 하는 길에 다시 오르자는 것이 저자의 메시지이다.

이 책의 번역은 도서출판 b의 기획에 참여하시는 복도훈 선생님이 제안해주셨다. 개인적으로 진보를 빙자한 정체성 정치에 이골이 나 있었던 나로서는 반갑고 고마운 동시에 두려운 제안이기도 했다. 그럼에도 선뜻 번역을 맡은 까닭은 이 책이 일관된 주장을 탄탄한 논리로 관철하고 있다는 판단이 섰고, 그만큼 우리 사회에 필요한 책이라고 생각했기 때문이다. 번역의 기회를 주신 복도훈 선생님과 부족한 원고를 기다려주신 도서출판 b에도 감사드린다.

2021년 6월
이은지

찾아보기

한국어판 ⓒ 도서출판 b, 2021

바리에테 신서 32

성인언어

초판 1쇄 발행 | 2021년 08월 20일

지은이 로베르트 팔러 | 옮긴이 이은지 | 펴낸이 조기조

펴낸곳 도서출판 b | 등록 2003년 2월 24일 제2006-000054호
주소 08772 서울특별시 관악구 난곡로 288 남진빌딩 302호 | 전화 02-6293-7070(대)
팩시밀리 02-6293-8080 | 홈페이지 b-book.co.kr | 이메일 bbooks@naver.com

ISBN 979-11-89898-57-1 03160
값 20,000원